ZERO

제 로

현실을 창조하는 마음상태

천시아 지음

제로, 현실을 창조하는 마음상태 (개정증보판)

ⓒ 천시아, 2012

발행일 초판 1쇄 2020년 5월 21일

　　　　　 2쇄 2020년 8월 04일

발행처 젠북

발행인 천시아

내지 디자인 김태민

표지 디자인 KUSH

인쇄 성원 애드피아

등록번호 제2013-000003호

주소 서울시 강남구 삼성동 146-7, 2층

전화번호 02-722-8420

본책은 천시아가 정신세계사에서 2012년 2월 20일 출간한 내용을 다시 젠북에서
2020년에 재출간 한 내용입니다. 일부 내용은 새롭게 추가로 개정되었습니다.

ISBN 979-11-950729-8-9

당신의 무한한 가능성을 만날 준비가 되었습니까?

CONTENTS

추천사

인류의 역사를 들여다보면, 영원할 것처럼 맹위를 떨치던 소위 '주류'의 문화와 세계관들도 시대의 흐름 앞에서 속절없이 무너지고 대체되는 일이 반복되어왔다. 이처럼 새로운 세계관이 임계점을 넘어 구시대의 세계관을 대체하는 현상을 과학철학자 토머스 쿤은 '패러다임의 전환(paradigm shift)'이라고 불렀고, 물리학자 프리초프 카프라는 '전환점(turning point)'이라고 표현했다.

근대 이후로 인류의 문화 전반을 주도해온 물질과학 문명도 마찬가지이다. 아이러니컬하게도 유물론적 세계관은 그 자신의 산물인 첨단과학의 새로운 발견들을 통해 스스로 모순을 드러내게 되었고, 그 결과 과거의 유물로만 여겨졌던 철학과 사상들이 재조명되는 계기가 마련되었다. 예를 들어 인간의 마음이 일종의 에너지로서 현실에 직접 영향을 미친다는 사실이 밝혀짐으로써 우리는 일체유심조一體唯心造라는 불교의 경문을 다시 들여다볼 수밖에 없게 된 것이다.

오늘날 많은 사람들은 21세기가 과학의 시대를 넘어 영성의 시대, 정신의 시대로 불리게 되리라 예상하고 있다. 바로 그런 측면에서, 천시아가 심신

수련과 마음공부를 통해 직접 경험한 지식과 지혜를 빼곡히 담아낸 이 책은 독자들에게 새로운 의식의 문을 열어주는 훌륭한 지침서가 될 것이다. 또한 이 책은 현대의 심리학과 양자물리학, 철학과 종교의 통합 비전vision으로서의 가치도 충분하다.

그동안 개인의 성장과 성취를 위해 "원하고 바라면 이루어진다"는 취지의 책들이 숱하게 쏟아져 나왔지만, 그저 성공사례만 나열하는 데서 한발 더 나아가서 맹목적인 추종의 반작용까지 포괄한 마음의 원리를 입체적으로 설명한 자기계발서는 찾아보기가 어려웠던 것이 사실이다. 나 또한 독자의 한 사람으로서 오랫동안 그런 갈증을 느껴왔기에, 이 책을 읽으면서 반가운 마음을 금할 수 없었다.

모쪼록 독자들이 이 책을 통해 자신의 삶에서 새로운 가능성을 발견하고, 평화롭고 건강한 행복을 찾아 만끽하게 되기를 기원한다.

설기문

교육박 박사, 설기문마음연구소 원장

추천사

천시아가 이야기하는 제로는 자사의 中庸과 불교의 선(禪)의 개념과 비견할만하다.

선은 心一境性으로 산란한 마음이 단일해진 집중된 상태이다. 이 집중된 상태인 禪은 신수심법의 사념처수행인 마음 챙김(sati) 수행을 바탕으로 가능하고, 선정의 상태에 이르기 위해서는 집중과 자각의 균형이 이루어졌을 때 가능하다.

마음(意,mano)은 안,이,비,설,신의 육체를 다스려서 특정 주제를 유지하게 해주고, 마음 챙김(sati, 念, 守意)은 마음을 도와서 집중 대상에 머물게 하여 선정에 들게 한다.

ZERO에서 이야기하는 심상화, 집중, 마음 챙김, 바르게 삶, 무위 등은 용어상의 차이점은 있지만 내용면에서 禪과 서로 통하고 있다. 제로에서 직관으로 이해하는 것이 바로 선정의 무념무상의 상태에서 인위적인 것이 아닌 수동적으로 알아 지는 것을 말한 것일 것이다.

중용은 희노애락의 감정의 균형과 맛(知味)의 균형, 시간(時中)등으로 중용을 설명하는 데는, 중용이 선악을 아우르는 중간이나, 좋고 싫음의 중간의 직선적이고 단편적인 중용이 아니고, 입체적인 구심점의 중용을 이야기 하고자 해서이다.

ZERO에서도 심상화, 집중, 마음챙김, 바르게 삶, 무위등으로 제로 시스템의 원리를 설명하고 다양한 방법을 제시하는 것은 중용의 입체적 구심적의 특징과 부합한다.

ZERO는 기존의 자기 개발서에서 부자 되는 단순한 끌어당김의 법칙을 제시하거나, 풍요로움의 느낌을 느끼는 등의 단편적인 방법에서 탈피해서, 이제까지 제시하지 못했던 풍요와 긍정의 감정을 유지하게 하는 구체적인 실행방법을 제시하고, 알아차림의 방법을 통해서 일상생활의 통제와 부정적인 요소를 제거하고, 원하는 주제에 집중하게 하면서 마지막으로 가장 중요한 무위적 자세로서 완성하는 구체적인 실천 방법을 제시하고 있다는 점이다.

그리고 이러한 방법과 이론이, 저자의 개인적인 성취와 경험을 통해서, 자신의 언어를 사용하고 있는 것이 더 순박하고 매력적으로 보인다.

류시호
<생태의학> 저자, 현덕서원 원장

추천사

　우리의 일상생활은 여전히 뉴턴의 물리학 법칙 아래서 흘러가고 있고, 원래 영성수련 혹은 마음수련을 목적으로 했던 명상도 요즘은 과학 명상이 대세인 시대입니다. 즉 모든 것이 과학적으로 입증되어야 하고 합리적인 논리로 설득력이 있어야 합니다. 인공지능(AI)이 보편화될 미래는 더욱 그러할 것입니다.

　그러나 우주에는 뉴턴의 고전역학만으로는 설명되기 어려운 현상들이 존재하며, 미시세계를 다루는 양자역학 역시 뉴턴의 고전역학만으로는 설명하기 어려운 부분들이 있습니다.

　마음 역시 그러합니다. 심리학은 마음의 과학이라고 할 수 있는데, 마음은 논리적이고 합리적인 것을 넘어서는 어떤 차원이 있습니다. 이 부분을 다루는 심리학을 자아초월 심리학(transpersonal psychology)이라고 하는데, 이전에는 과학적으로 입증하기 어려운 추상적인 내용을 다루고 있다고 하여 주류 심리학에 들어가지 못했지만, 최근에는 인간에게 정말 중요한 주제들을 다루고 있다 하여 제4의 심리학으로 각광받고 있습니다.

　천시아 원장의 <제로>는 자아초월 심리학 범주에 해당된다고 할 수 있겠습니다. 그는 마음과 우주의 과학적인 면과 함께 그것을 넘어서는 마음과 우주의 차원을 자신의 경험에 비추어 서술하고 있습니다.

그의 지론은 일체유심조(一切唯心造)인 것 같습니다. 그러나 진부한 차원을 넘어서 좀 더 깊은 차원에서 일체유심조를 성찰하고 있습니다. 그는 우리가 비우고 또 비워서 우주의 흐름과 합치되는 상태로 사는 것이 진정한 창조자로 깨어나는 길이고, 의미 있는 삶을 사는 것이라고 강조하고 있습니다.

이 책은 삶에서 의미를 추구하고 행복을 추구하는 사람들에게 좋은 안내서가 되리라고 생각합니다.

윤종모

<치유명상> 저자, 성공회 주

추천사

"우리의 삶은 이미 완전하다"

 책의 마지막 테마가 나를 마음을 이끌었다. 지금과 같은 불확실성의 시대를 살아가고 있는 현대인들에게 감로수처럼 우리들의 영혼을 촉촉이 적셔줄 소중한 지혜를 나눠준 천시아님께 감사함의 마음을 전한다. 더욱이 제로가 재개정 출간되는 시점이 코로나 19로 지구 전체가 뒤흔들고 있는 시점이라 그 의미는 더 크게 다가온다.

 인류는 지난 300여 년 동안 무제한 소비, 무제한 욕망이 발전의 원동력이라는 이기적인 방식으로 살아왔고, 이러한 사고방식은 코로나와 같은 파괴적인 바이러스, 자연재해 등의 결과를 만들어 냈다. 인류의 욕망으로 점철된 저급한 의식을 더 이상 지구 생태계에서 함께 할 수 없는 적대적인 퇴출 대상이 되고 말았다. 제로에서 말하는 본질은 인류가 본연의 자세로 돌아가야 함에 필연적인 대안을 제시하고 있고 그 본질에 대해서 우리의 지속적으로 내면의 문을 두드리고 있다. 인류는 그 어느 때보다 눈부시고 찬란한 문명을 창조해 왔다. 그러나 가장 중요한 인간 본연의 삶의 본질을 망각한 채로 살아왔고, 이제는 인류에게 다양한 형태의 경고가 오고 있다.

그럼 우리는 어떠한 삶을 살아야 할까? 그 첫 번째는 의식의 재무장일 것이다. 욕망을 증폭시키는 자기 계발과 영성이 아닌 가장 성실하고 투명한 최초의 지구 시민으로 돌아가야 할 의식을 회복하는 것이다. 그러기 위해서 우리 마음의 작용에 대한 이해의 깊이를 넓혀나가는 소중한 지혜가 필요하다. 그러한 지혜는 제로의 여정에서 친절히 안내해 주리라 믿는다. 두 번째는 의식의 지평을 넓혀놓은 그 기반 위에 무자비한 욕망의 늪에서 벗어나 공동체가 함께 새로운 형태의 의,식,주에 대한 새로운 대안을 고민하고, 너나 할 것 없이 함께 실천해 나아가는 성숙한 운동을 펼쳐나아가야 할 것이다. 세 번째는 지구 전체가 우주의 섭리에 따라 자연스럽게 살아가는 그날까지 꾸준하게 인내를 가지고 인류는 노력해야 하는 필연적인 책임감을 가져야 할 것이다. 모든 것은 뿌린 대로 거두는 것이고, 작은 티끌조차도 예외란 없다. 더 이상 자신만이 예외의 대상이 될 것이라는 또는 예외가 되기 위해서 끌어모았던 욕망을 이제 그만할 때이다.

2000년 이후 인류는 깨어남의 트렌드에 열광했고, 이제 연습은 끝났고 실전에 임할 때이다. 초기 외국 영성가들의 수많은 저서들이 어떠한 검증도 없이 한국 사회를 휩쓸었었다. 나는 그런 부분에 약간은 회의적인 마음을 가지고 있는 사람 중에 하나였다. 그러나 최근 들어 제로와 같이 우리 한국인의 생각과 말과 글로 안내하는 책들이 나오고 있음에 저자들에게 깊은 감사의 마음을 전하고 싶다. 나는 저자 천시아 대표를 영성 분야의 만능 엔터테이너로서 4차 산업 혁명 시대에 최적화된 사람이라고 부른다. 오래전 천시아의 강의를 들어본 후 긴 시간 지켜봤고 꾸준하게 이 길을 걷고 있는 사람으로 실행력도 뛰어나고 책임감도 강한 사람이다. 이제 오랜 시간 쌓아 온 경험의 지혜를 좀 더 많은 대중들이 함께 공유 할 수 있기를 기대해본다.

　인간의 모든 DNA에 완벽한 예술이다. 새로운 무언가를 주입할 필요도 없이 그저 DNA를 활성화시켜 깨우는 일만 충실히 하면 된다. 그럴 때 인간 내면은 신비롭게 열릴 것이고, 그 과정에서 인류는 다시 치유되고 회복될 것이다.

김 종 근

Gene Keys Korea Ceo & Ambassdar

서문

나는 결코 이성적으로 똑똑한 사람이 아니다. 이렇다 할 위대한 스승으로부터 가르침을 받지도 못했고, 박식한 다른 사람들에 비해 모르는 것이 많았다. 제일 못하는 것이 암기과목일 정도로 무언가를 오래 기억하는 것도 잘 하지 못한다. 하지만 이러한 어리숙함이 오히려 나로 하여금 자만하지 않게 하는 밑바탕이 되어, 주위에 일어나는 일들 속에서 늘 가르침을 찾게끔 만들었다. 그리고 언제부터인가 나는 삶 속에서 일어나는 모든 일을 있는 그대로 관찰하기 시작했다. 나에게 재능이 하나 있다면, 불규칙해 보이는 현상 속에서 질서를 발견해 내는 '통찰력'과 새로운 질서를 만드는 '창조력'이었다.

그렇게 세월이 지나는 동안, 나는 삶의 현상 이면에 존재하는 어떤 진실을 감지하게 되었다. 나의 삶이 내 마음을 조절하는 것을 통해 변화될 수 있다는 마법 같은 이야기! 사람들은 이것을 '현실창조'라고 부른다. 하지만 현실창조가 아무 때나 매번 이루어지는 것은 아니다. 어떤 때는 아무리 하려해도 아무것도 일어나지 않기도 했다.

나는 경험적으로 내가 원하던 것들이 마법처럼 일어나는 잦은 경험들과, 아무것도 변화가 없는 경험들 속에 무슨 차이가 있을까 연구하기 시작했다. 나는 우리가 경험하는 이 세계를 만드는 질서가 궁금했다. 분명히 내 앞에 펼쳐지는 세계는 어떤 질서에 의해 존재했었고, 나의 의식에 의해 변화하는 순간들이 존재했었다. 그리고 끊임없는 실험을 통해 나는 내 안에서 어떤 경계를 벗어나지 않을 때 최선의 현실창조가 가능하다는 사실을 발견했다. 이런 질문과 실험이 이 책을 나오게 한 밑바탕이 되었다.

내가 기적을 체험했었던 순간은 늘 마음을 비워 그 미묘한 경계를 지켰을 때였다. '비움'이라는 비밀지점을 발견한 후부터 나는 계속 내 마음의 경계를 살피는 연습을 해왔다. 아마도 중학교 때부터였던 것 같다. 훗날 이런저런 공부를 더 접하고 나서야 그것이 일종의 위빠사나 명상의 일부였고, 양자 물리학 그리고 모든 철학과 사상의 정수였다는 것을 알게 되었다. 모든 지혜들은 한 자리를 가르키고 있었다.

현실창조의 능력은 누구나 갖고 싶어 하는 것이지만 실제로는 그리 대단한 것이 아니다. 우리는 너나 할 것 없이 모두가 매 순간 자신의 삶을 창조해가고 있기 때문이다. 다만 내가 현재 창조를 하고 있다는 사실을 아느냐, 모르냐의 차이이다. 주변 사람들의 고민을 무심코 듣고 있다 보면, 그들이 처한 상황의 원인은 분명히 그들 자신이 만들어낸 것임에도 불구하고 정작 본인들은 그 사실을 모르는 경우가 많다.

우리 삶의 골치 아픈 문제들은 대부분 '욕심'으로 인해 시작되고, 마음의 '치우침' 때문에 강화된다. 이 두 가지가 제거되면 문제들도 마법같이 사라진다. 문제뿐만 아니라, 바라는 일도 욕심과 치우침만 내려놓으면 마치 물 흐르듯이 수월하게 이루어진다. 내가 상상도 못했던 일들이 뜻밖의 방식으로 말이다. 이것이 '바람 없는 바람'이 만들어내는 기적이자, 제로의 마법이다.

물론 간절히 원하고 열심히 노력하면, 바라던 것을 이룰 수 있을지 모른다. 그러나 간절히 바라지 않아도 이루어진다면 당신은 어떤 방법을 선택할 것인가? 이 깨달음은 참으로 많은 변화를 가져다준다. 그동안 우리가 좇아왔던 모든 상식과 관념을 뛰어넘는다. 그리고 뭐든 자꾸 '해야만 한다'는 강박감으로부터 우리를 해방시킨다.

정말로 '아무것도 하지 않아도' 모든 일이 술술 풀리고 자유로워질 수 있을까?

우리에게는 이 단순한 명제에 대한 두려움이 있다. '아무것도 하지 않으면' 낙오될 것만 같고, 평생 그 상황을 벗어나지 못할 것만 같은 두려움 말이다. 하지만 실상은 그렇지 않다. 우리 안에 있는 근원적인 두려움만 제거하면, 우리는 무한한 가능성의 '본연의 나'로 존재할 수 있게 된다. 온갖 한계와 왜곡으로 덧씌워지지 않은 우리의 참모습 말이다. 그것이 바로 현실창조자의 존재 상태이다.

애쓰지 않고 살다 보니, 나의 삶은 참으로 단순해졌다. 내게 필요한 것들은 그것이 물건이든, 돈이든, 상황이든 꼭 필요한 순간에 나타나고, 날마다 소망의 목록을 일일이 챙기고 염원하지 않아도 모든 것이 완벽하게 펼쳐지고 있었다. 물론 때로는 삶의 곤란한 순간도 찾아왔다. 하지만 매 순간 그 어려움을 넘어가는 방법을 알고 있었기에 결코 두렵지 않았다.

제로를 출간한 지 만 8년이 흐른 뒤, 나는 실로 많은 것들을 창조해내었다. 책을 처음 쓸 당시만 해도 제로는 작은 나의 경험을 공유하는 수준의 책에 불과했다. 하지만 그동안 싱잉볼 문화를 만들어내면서, 제로시스템이 실제로 존재한다는 것을 더 확신하게 되었다. 많은 사람들이 내게 궁금해한다. 어떻게 그리 어린 나이에 (8년이 지난 지금도 난 여전히 젊은 편이지만) 힐링이란 문화가 전무했던 10여 년 전 부터 지금까지 그것을 멋지게 운영할 수 있냐고? 나의 대답은 한 단어로도 가능하다. '제로의 철학'. 나는 8년 동안 제로를 실천하며 살아왔고, 매번 어려움이 생길 때마다 제로를 적용하며 하나씩 해결해 내기 시작했다. 제로 시스템은 힐링과 명상을 통해 녹여지고, 하나의 거대한 싱잉볼 시스템을 만들어내기에 이르렀다. 하나의 정수를 깨닫게 되면, 그것을 다른 것에 접목 시키는 것은 매우 쉬운 일이다. 제로시스템은 삶의 모든 영역에서 적용이 가능한 견고한 우주의 본질이다. 이 책은 그동안 내가 창조를 경험하며, 느끼고 알게 된 모든 것을 담아놓은 현실 창조의 결정판이다.

당신이 진정으로 원하는 것은 무엇인가?

이 질문에 대한 요즘 나의 대답은 "계속 나를 비워서 내가 있는지조차 모르는 상태로 존재하고 싶다"이다. 나 자신을 포기하겠다는 뜻이 아니다. 우주의 흐름에 나를 온전히 맡기겠다는 뜻이다. 그 흐름 속에서 삶의 완전함 기적을 체험하는 것. 우리의 삶은 진실로 완전하다! 나는 이런 통찰을 쉬운 언어로 많은 사람들과 함께 나눌 수 있길 바라며 이 책을 다시 쓰기 시작했다.

세상이라고 하는 모든 것들은 나로부터 비롯돼서 나로 끝이 난다. 그것이 결국 이 세계의 전부이며, 세상 모든 철학의 본질이다. 그렇기 때문에 나는 내면의 고요가 삶의 모든 문제를 해결해 줄 것을 믿는다. 나는 점점 더 많은 사람들이 스스로가 만들어낸 생각의 한계에서 벗어나 내면의 고요를 찾고, 각자의 진정한 행복을 위해 삶을 적극적으로 창조해갈 수 있게 되기를 바란다.

내가 어떻게 제로 시스템의 원리를 알게 되었는지를 설명하는 것은 쉬운 일이 아니다. 사람에게서 배운 것이 아니었기 때문이다. 어느 날 영감이 떠올랐고, 그동안 알고 있던 모든 법칙들이 연결되기 시작했다. 난 우주의 선물을 감사하게 받아들였다. 그리고 우주의 뜻이 왜곡되지 않도록 조심하면서 그것을 나의 언어로 바꾸어 표현했다. 그 일이 바로 내 몫이라는 확신이 들었기 때문이다.

하지만 그런 행위 속에서도 나는 나 자신을 비우고 또 비웠다. 이 글을 쓰고 있는 지금도 계속 나를 비우고 있다. 하늘의 뜻이 온전히 전달되기를, 그저 '바람 없는 바람'으로 기원할 뿐이다.

지금 현 지구는 인류의 마지막 삶의 시대를 살아가고 있다. 인간은 의식적으로 더 확장되고 도약되어야 한다. 지금의 인류가 살아온 생활양식과 의식 수준으로 계속 살아간다면, 인류의 삶은 스스로에 의해 종말을 맞이하게 될 것이다. 우리에게 필요한 것은 인간의 이기적인 삶의 양식을 내려놓고, 좀 더 자연스러운 무위의 생활양식으로서 모두와의 공존을 선택하는 것이다. '나'라는 객체를 넘어 '우리'가 하나라는 확장된 의식 상태. 그것은 바로 '우주의 마음'이다. 우주의 마음이 되어 더 넓은 관점에서 스스로를 바라볼 때, '나'의 안에 갇혀 있을 때는 보이지 않던 많은 것들이 새롭게 보이게 된다.

우주가 자신을 운영해가는 방식을 나는 '제로 시스템'이라고 이름 붙였다. 제로 시스템의 이치를 이해하고 적용함으로써 모든 사람이 자신의 온전한 가능성을 깨닫고, 보다 자유로운 삶을 살아가길 바라며 이 책을 이 지구에 살고 있는 완전한 영혼들에게 바친다.

2020년 5월 18일

천시아

제로 시스템으로의 초대

將欲取天下而爲之

吾見其不得已

天下神器, 不可爲也

爲者敗之 執者失之

故物 或行或隨

或歔或吹

或强或羸

或挫或隳

是以聖人 去甚 去奢 去泰

장차 천하를 취하고자 함에 천하를 억지로 한다면,

내 보기엔 얻을 수 없으리라.

천하는 신기로운 기물이니, 억지로 할 수 없다.

억지로 하는 자는 그것에 패하고, 잡으려는 자는 잃어버린다.

하여 만물은 앞으로 나가는 것이 있는가 하면 그 뒤를 따르는 것도 있고,

따뜻한 것이 있는가 하면 찬 것도 있다.

강한 것이 있는가 하면 약한 것도 있고,

솟아오르는 것이 있는가 하면 가라앉는 것도 있다.

고로 도를 터득한 사람은 극단과 사치와 지나침을 버린다.

- 도덕경 29장

미래에서 온 편지

안녕? 반가워.

나는 천시아라고 해. 오랫동안 너를 기다리고 있었어.

난 너의 미래로부터 왔어. 언젠가 때가 되면 네가 내 편지를 읽게 될 거라고 생각했었는데, 오늘이 바로 그날이구나! 드디어 만나게 되어서 정말 기뻐.

아무래도 내가 기억나지 않는다고? 미안해하진 않아도 돼. 나도 처음엔 그랬으니까. 그래도 이 책을 계기로 우리가 다시 만나게 되어서 다행이야. 이제부터 우리, 다시 새로운 미래를 만들어 나가보자. 점점 시간이 흐를수록 우리에 대한 기억도 하나 둘 떠오르게 될 거야.

우리가 떨어져 있던 시간 동안, 난 이 세계의 비밀을 발견하게 됐어.
내가 뭘 찾아냈는지 궁금하지? 우리가 오랫동안 찾아 헤맸던 그거 있잖아. 원하는 모든 것을 이루는 삶의 비밀! 내가 그걸 찾아냈어. 마법의 램프는 정말 있었지 뭐야!

그리고 나는 우리가 그동안 찾아낸 방법들이 왜 전혀 작동하지 않았는지, 그 이유를 알게 됐어. 모든 것들을 원점부터 다시 시작해야 했었던 거야. 우리가 미처 깨닫지 못했을 뿐, 마법 램프의 지니는 우리의 소원을 들어주기 위해 늘 대기하고 있었던 거야! 단, 지니를 제대로 부리기 위해서는 세 가지 규칙을 꼭 지켜야 해.

첫째, 지니가 실재한다는 사실을 백 퍼센트 믿어야 함
둘째, 지니에게 주문을 하는 올바른 방법을 알아야 함
셋째, 사실은 지니에게 소원을 빌 필요조차 없다는 것 또한 깨달아야 함

첫 번째와 두 번째 규칙은 알겠는데, 세 번째 규칙은 대체 무슨 뜻이냐고? 그게 좀 나도 설명하기 난해하긴 한데…… 중요한 건 세 번째가 바로 창조의 핵심이라는 사실이야!

참, 그리고 창조가 일어나지 못하는 다섯 가지 이유에 대해서도 잘 알아둬야 해. 이 중에서 한 가지만 부족해도 창조가 제대로 일어날 수 없거든.

1. 법칙(Rule) : 마법을 일으키는 우주의 법칙을 모름
2. 소원(Wish) : 자신의 진정한 소원이 무엇인지 모름
3. 시스템(System) : 우주를 움직이는 시스템에 대한 이해가 없음
4. 주문(Order) : 원하는 바를 주문하는 방법을 모름
5. 자격(Right) : 창조자로서 존재하지 못함

아직까진 내가 하는 이야기들을 온전히 이해하기가 힘들지? 그럴 줄 알고 왜 그동안 창조가 일어나지 않을 수밖에 없었는지, 뭘 다르게 해봐야 하는지를 내가 이 책에 세세하게 기록해 놓았어. 그동안 이 비밀을 알고 싶어서 참 오랫동안 애써왔잖아. 거의 다 찾아낸 줄 알았었지. 그런데 우리가 놓치고 있었던 게 하나 있었어. 테크닉이 중요한 것이 아니라, 바로 우리 자체가 그 지니를 부리는 '존재 상태'가 되어야 했던 거야. 그게 진짜 비밀이었던 거라고!

현실창조에 사용될 우주의 에너지를 끌어당겨 올 수 있는 자격, 곧 진정한 현실창조자의 존재 상태에 이르고 나면 아마 너는 그동안 알고 싶었던 모든 것들을 다 알게 될 거야.

이 모든 신비한 세계는 원래 있었고, 너도, 나도 이미 다 알고 있었어. 그저 너는 잠시 기억을 잃어버려서 지금의 재미난 세계로 들어가 버린 거지.

난 최대한 네가 다시 모든 기억을 회복하고, 내가 있는 이 미래의 지점으로 넘어올 수 있도록 하나씩 차근차근 설명해놓았어. 이 뒤에 펼쳐질 내용들은 너로 하여금 그동안 무엇이 문제였는지를 하나씩 되짚어보고, 제거할 수 있도록 도와줄 거야. 그리고 '제로' 상태에 대해서 새롭게 알려줄 거야. 이걸 머리로 이해한다는 건 불가능한 일이야. 몸소 체험해봐야만 비로소 알 수 있게 되거든. 그래서 네가 의식을 새롭게 전환할 수 있도록 생활 속에서 수시로 할 수 있는 '실습과제'를 넣어두었어. 잊지 말고, 꼭 실천해보길 바래.

우리는 늘 외부에서 답을 찾으려 했었지. 하지만 모든 것들은 이미 이 안에 있었어. 처음부터 완전히 잘못 짚었던 거야.

난 네가 다시 너의 모습을 기억해 내길 바래.

그럼, 너도 너의 시간을 넘어 내가 있는 곳으로 올 수 있겠지?

난 언제나 이곳에서 널 기다리고 있어.

안녕, 너의 영원한 천사

천시아

현실을 창조한다는 것

사람들은 보통 자기 의도와는 무관하게, 늘 주어진 상황 속에 저해진다고 생각해. 자신이 통제할 수 있는 건 생각과 감정, 그리고 행동뿐이라고 믿지. 실제로는 늘 펼쳐지는 삶들에 허둥지둥하기만 하는데 말이야. 하지만 사실 네 주위에 펼쳐진 모든 상황들은 오직 너를 위해서 존재하는 거야. 놀랍지 않니?

우리는 삶에 끌려다니기만 하는 피동적인 존재가 아니야. 누구나 자신의 현실을 자신의 뜻대로 창조하면서 살 수 있지. 오로지 네가 상상하는 대로 말이야! 돈이든, 외모든, 인간관계든, 명예든, 재산이든, 그 무엇이든지! 말로는 이렇게 쉬운데, 현실 속에선 왜 그렇게 어려운 거냐고? 창조가 일어나지 않는 가장 근본적인 원인도 결국 나 자신에게 있기 때문이야. 스스로 너의 '상상력'과 '고정관념'에 속박되어 있기 때문이지.

우리는 생각이 미치는 경계 너머를 절대 상상할 수 없어. 우리가 상상할 수 있는 범위는 어디까지나 우리가 그동안 경험하고, 생각해온 테두리 안에서만 일어날 뿐이거든. 그리고 그 테두리는 우리의 무의식에 고착화된 '고정관념'으로써, 우리의 모든 시스템을 지배해. 아마 네가 새롭게 뭔가를 원할 때마다 그마저도 현실로 이뤄지지 않고, 말 그대로 '상상'에만 그치는 경우가 허다 할 거야. 그리고 상상이 실패로 돌아갈 때마다 삶에 대한 불만도 점점 늘어나겠지.

내가 있는 곳에선 머릿속에서 상상한 모든 것을 실제로 얻을 수 있어. 그런데 만약, 그 상상 너머에 있는 것들까지도 창조가 가능하다면 어떨까?

사람들은 이런 내 말에 조금 황당한 표정을 짓곤 해. 하지만 이게 바로 현실창조의 실제인걸! 진정한 현실창조는 네가 '제한된 상상력'으로 무한한 창조성에 한계 긋기를 멈추었을 때 가능해지지. 그때서야 비로소 자신의 상상을 뛰어넘는 현실을 창조할 수 있게 돼.

그 방법이 이 책에 고스란히 담겨있어. 이 책은 네가 원하는 바를 창조하는 것은 물론이고, 그 이상의 결과를 가져다 줄 거야. 이건 단순히 나의 약속이 아니라, 이 커다란 우주의 비밀이기 때문이야.

종종 사람들은 내게 질문해.
"그럼 천시아 씨는 대체 뭘 창조했다는 말입니까?"
나는 웃으며 대답하곤 하지.
"지금 당신이 보고 있는 것, 모두 다요."
창조란 무無에서 유有를 만들어내는 행위야. 그 범위는 아주 작은 것부터 아주 큰 것까지, 그리고 나와 직접 관계된 것부터 전혀 관계가 없어 보이는 것까지 다양해. 사람들은 현실창조란 게 아주 특별한 일인 줄로 잘

못 생각하고 있지만, 창조는 사실 쉼 없이 일어나고 있는 일상적인 과정이야. 우리는 늘 그 과정 속에서 살고 있으면서도, 스스로가 창조자라는 걸 까맣게 모르고 지내지. 창조란 게 별 게 아닌데 말이야.

어떤 생각을 떠올리는 것도 창조이다.
- 생각의 창조
약속을 잡거나 우연히 누군가를 만나는 것도 창조이다.
- 행위의 창조
음식을 소화시켜 똥을 누는 것도 창조이다.
- 변화의 창조
빈병을 멋진 꽃병으로 재탄생시키는 것도 창조이다.
- 용도의 창조
친구와 말다툼을 하여 관계를 불편하게 만드는 것도 창조이다.
- 관계의 창조

이렇게 **창조는 추상적인 차원에서부터 물질적인 차원에 이르기까지 삶의 모든 측면에서 매 순간 일어나고 있어.** '없어 보이는 상태'로부터 '있어 보이는 상태'로 현실이 변해가는 모든 과정을 포함하지. 방법이야 어찌되었건, 네가 원하던 것들이 네 손에 들어왔다면? 그것도 창조라 부를 수 있는 거야!

난 피자가 먹고 싶을 때 친구들한테 전화를 해. 그리고 그들에게 피자 먹고 싶다고 말하지. 그럼 누군가는 내게 피자를 사줘. 맙소사! 내 앞에 피자가 생겼잖아? 여기서 돈을 누가 냈느냐는 중요하지 않아. 내가 낼 때도 있고, 친구가 낼 때도 있지. 중요한 건 창조는 마치 이런 것과 같다는 거야. 나는 피자를 먹고 싶었고, 결국 피자는 뿅 하고 나타났지. 그리고 우리는 피자를 즐겼어! 이러한 변화를 이끄는 주체가 나라면, 그 모든 창조는 결국 나에 의해 이루어 졌다고 할 수 있어. 나는 먼저, 네가 창조에 대해 좀 더 가볍게 생각했으면 좋겠어. 예수님처럼 죽은 자를 살리고, 물을 포도주로 바꿔야만 박수 받을만한 창조가 아니라, 이런 소소한 창조들도 창조라고 생각할 수 있어야 해. 생각을 열어놓으라는 말이지. 네가 먼저 창조에 대해 쉽게 생각을 해야, 그러한 창조가 실제로 일어날 수 있으니까.

어때? 이 정도 창조라면 해볼 만 하겠지?

현실창조란 게 말이야. 내가 그 모든 과정에 끼어들어서 온갖 조건과 변수와 과정을 일일이 확인하고, 시시콜콜 참견하는 것만을 의미하는 게 아니야. 혹시 지금 피자를 누가 와서 굽는지, 재료의 원산지가 어딘지, 토핑의 손질 방법은 어떻게 되는지 등 모든 일에 다 참견하려는 건 아니지? 난 그저 피자가 먹고 싶고, 내 앞에 피자가 생기면 되는 거라고!

창조는 우주의 에너지를 사용하는 거지, 정해진 조리법에 따라 음식을 만드는 과정 같은 게 아니야. 창조의 조리법이 있다고 한들, 아무도 모를 거야. 만약 신이 우리에게 그 모든 것을 다 설명하려 하면, 네 머리는 곧 터져버리고 말걸? 우리는 그저 창조의 모든 재료를 어디선가 날라 와서, 우주의 방식대로 그것이 일어나게끔 하면 되는 거야.

그러니 어렵게 생각하지마. 네가 스스로 만들어놓은 마음속의 제약부터 버리는 거, 그게 현실창조의 방법을 배우기 전에 해야 할 일이야. 예를 들어, 우산이 없는데 갑자기 비가 쏟아진다고 하자. 재수 없게 비가 내리는 걸까? 그럴 때 운 좋게 우산을 구하거나, 아니면 비가 잠깐 내리다 그쳐버리는 게 우리가 기대할 수 있는 가능성의 전부일까? 아니야. 갑자기

매력적인 이성이 나타나 우산을 같이 쓰자고 호의를 베풀 수도 있어. 혹은 하는 수 없이 비를 맞으며 걷다가 그 분위기 덕분에 문득 훌륭한 사업 아이디어가 떠오를 수도 있지. 상상을 보다 창의적으로 해봐! 얼마나 많은 새로운 경우의 수가 생겨날 수 있는지!

이제 창조라는 말이 좀 더 가깝게 와 닿니? 너는 지금까지 이미 많은 것을 창조하면서 살아왔고, 예상치 못한 행운도 적잖이 경험해왔어. 네 스스로 그걸 단지 우연으로 치부했을 뿐이야. 이 세상에 우연이란 건 없어. 잠재된 상태로 머물러 있던 가능성이 우주의 법칙에 따라 현실 속에 모습을 잠시 드러내는 것일 뿐이야.

하지만 네가 원하던 현실이 창조된다고 해서 꼭 행복을 느끼게 되리라고는 장담할 수 없어. 아이러니하게도, 원하는 현실이 만들어졌음에도 불구하고 우린 때때로 또 다른 '결핍'과 '불만족'에 처하기도 해. 그게 삶의 아이러니이지. 그 이유에 대해서는 나중에 이야기 해줄게.

이 책을 사용하는 법

　이 책은 널 현실창조자로서 깨어나게 해줄 안내서야. 최선을 다해서 모든 걸 자세하게 적어놨어. 네가 이런 거에 좀 약하다는 거 알아. 그래도 난 네가 포기하지 않았으면 해. 진심으로 네가 이 책을 통해 최대의 결과를 얻기를 바래. 그러려면 앞에서도 말했듯이, 네가 모든 내용을 직접 실천하고, 수시로 너의 내면을 점검해보는 과정이 필요해.

　이 책을 이해하는데 가장 중요한 것은 '알아차림', 곧 관찰자적인 자세야. 우리는 대부분 자기 모습을 객관적으로 바라보는 일에 익숙하지 않지. 그래서 자신의 문제점을 깨닫지 못하고, 창조의 과정이 어떻게 진행되고 있는지를 알아차리지 못하기도 해. 내가 옆에서 하나하나 다 봐줄 수 있으면 좋으련만. 지금은 그럴 수가 없으니, 혼자서 한번 도전해 보도록 하자. 혹시 이 이야기에 관심을 갖는 주변 사람들이 있다면, 함께 해보는 것도 좋을 거야. 여러 사람들과 함께 실천과정을 해나가면서 서로의 문제점을 보완해주면 더 빠른 변화를 체험할 수 있을 테니까.

　다음은 이 책을 읽어가는 데 도움이 될 만한 팁들이야.

1. 나의 생각은 일단 내려놓으라.

생소한 개념들이 나오더라도 일단 판단하려 들지 말고, 그저 새로운 '정보'들 중 하나로 여기면서 열린 마음으로 받아들여봐. 그것과 관련 있는 정보들은 나중에 너에게 시간이 주어졌을 때 얼마든지 추가로 더 찾아볼 수 있을 거야. 아마 꽤 재밌을 걸?

2. 낡은 정보를 포맷하고 새로운 정보를 입력하라.

단락이 끝나는 몇 군데에 <포맷하고 재입력하기>를 덧붙여 놓았어. 네 머릿속의 낡은 정보를 포맷하고, 새로운 정보를 입력해야 하는 부분들인 셈이지. 내가 말했잖아. 네가 먼저 바뀌어야 된다고. 세상을 좀 더 새롭게 바라보기 위해서 그 내용을 반복해서 읽어봐. 분명 현실창조에 꼭 필요한 기본 정보가 되어줄 테니까.

3. 실천과 검증으로써 이해를 구체화하라.

이 책의 내용이 현실 속에서 정말 이루어지는지를 스스로 검증해봐. 모든 것들이 정말 실제로 벌어지는지 네가 직접 확인해 봐야하지 않겠어? 창조의 체험이 계속 일어나는지, 혹은 한두 번에 그치고 마는지를 꼭 확인해보도록 해. 머지않아 너도 내 말이 진짜라는 걸 느끼게 될 거야! 그리고 새롭게 배운 것과 경험한 것 사이의 연관성을 살펴보고, 기록해가면서 창조의 메커니즘을 좀 더 깊이 이해하려고 노력해봐. 필요하다면 일기로 기록해도 좋아. 오직 네가 경험한 것만이 진실한 너의 것이 될 수 있다고!

4. 현실리딩 능력을 기르라.

현실창조 과정의 중요한 메시지들은 현실 속에서 모종의 '지표'의 형태로 나타나. 일종의 암호 같은 거라고 볼 수 있지. 그건 사람일 수도, 사물일 수도, 상황일 수도 있어. 난 '지표'를 발견하는 힘을 '현실리딩' 능력이라고 부르거든? 너도 그 능력을 터득해야 해. 최대한 생각과 판단을 내려놓고, 직관을 사용해 지표를 찾아냄으로써 이 현실리딩 능력을 길러보도록 해. 그럼 전혀 새로운 관점으로 세상을 바라보게 될 거야!

5. 체험에 빠지지 말고 존재 상태를 체득하라.

이 책의 내용을 따라 하다 보면 '깜짝 놀랄 만한 성공'이 일어나게 될 거야. 그렇다고 일시적인 기쁨에 도취해서 중심을 잃어서는 안 돼. 제로 상태를 유지하는 게 가장 중요하거든. 현실창조가 당연한 일상이 될 때까지 실천을 반복하고, 또 그 결과를 거듭 증명해봐야 해. 우주의 무한한 에너지를 자유자재로 활용하는 상태는 미처 말로 다 표현할 수 없는 거니까. 반복하고, 증명하다 보면 어느 순간 문득 그 느낌을 알아차리게 될 거야. 그리고 그 순간은 온전히 제로가 되었을 때 찾아올 거야. 나아가 그런 느낌마저도 놓아버렸을 때 비로소 자기 우주의 진정한 창조자로서 존재하게 될 수 있지.

다시 한번 강조하지만, 이 책의 내용을 네 것으로 만들려면 생각이 아닌, 직관을 동원해야 한다는 거 잊지 마. 우주의 시스템이란 게 본래 초월적인 개념으로 설명할 수밖에 없는 거잖아. 그러니 가능한 직관을 이용해서 '감感'을 통해서 느껴보도록 노력해봐. 그럼 내가 무슨 이야기를 하는지 알 수 있을 거야.

건투를 빌어!

제1장 Rule 마법의 우주

孔德之容　惟道是從
道之爲物　惟恍惟惚
惚兮恍兮　其中有象
恍兮惚兮　其中 有物
窈兮冥兮　其中有精
其精甚眞　其中有信
自古及今　其名不去
以閱衆甫　吾何以知衆甫之狀哉 以此

위대한 덕의 모습은 오로지 도를 닮으니,
도에서 나온 것은 묘하고 헤아리기 어렵다.
묘하고 헤아리기 어려우나 그 안에 형상이 있고
묘하고 헤아리기 어려우나 그 안에 만물이 있으며
그윽하고 어두우나 그 안에 생명의 근원인 정기가 있으니,
그 미세한 물질이야말로 가장 확실한 실상이며, 그 안에 진실이 있다.
예로부터 지금까지 영원히 변치 않고 존재하면서 모든 것을 주관하는구나.
내 어찌 만물의 시원을 알 수 있으랴? 다만 도를 체득함으로써 알 뿐이다.

— 도덕경 21장

창조의 장

우주에 존재하는 것은 원자와 빈 공간 뿐,

그 외에 모든 것은 의견에 불과하다.

-그리스 철학자 데모크리토스

창조에 대해 이야기하기 이전에 우리가 살고 있는 이곳이 얼마나 놀라운 곳인지를 이해할 필요가 있어.

먼저, '있다', '없다'라는 개념에 대해 좀 다르게 생각해 볼 필요가 있지.

'이 돌은 채워져 있는 거야?'

'그렇지'

'공간은 비어 있는 거야?'

'당연하지'

미안하지만, 그렇지 않아.

너의 몸은 비워져 있는 거고, 공간은 채워져 있는 거야.

이 세상의 이상한 진실에 대해 알려줄게.

우리가 사는 이 세계는 실제로 텅 비어 있는 곳이야. 자, 잠깐만. 알아. 갑자기 이게 무슨 이야기인지 황당할 거야. 만약 내가 당장 너의 손을 가리키며 이것은 없는 거야! 라고 한다면, 넌 나에게 미쳤어? 라고 하겠지.

하지만 잘 들어봐. 내가 이야기 하려고 하는 건 매우 작은 원자의 세계야. 잠시 과학 이야기를 좀 할게. 원자는 원자핵과 전자로 구성되어 있어. 너도 이 정도는 알고 있겠지? 원자의 크기를 축구장이라 가정하면, 원자핵의 크기는 축구장 한가운데 있는 100원짜리 동전만큼 작은 돌의 크기야. 반면에 주위를 돌고 있는 전자는 이 돌을 산산조각 낸 가루 하나 정도의 매우 작은 사이즈지. 이 원자라고 하는 것이 얼마나 텅 빈 공간으로 존재하고 있는지 상상이 되니? 이게 바로 미립자의 세계라는 거야.

근데 이상하지 않아? 그 말이 사실이라면, 내 손은 비어있는 것처럼 보여야 하는데, 실제로는 전혀 그렇지 않잖아? 나도 그게 늘 궁금했었어. 이제야 그 이유를 알게 됐지. 원자 하나만을 보면 엄청나게 광활한 공간 속에 존재하는 것이 맞아. 하지만 물질은 수많은 원자들의 배열로 구성되어 있지. 이러한 셀 수도 없는 원자들이 수도 없이 겹쳐져 있기 때문에 마치 그 빈 공간이 비어있지 않은 것처럼 보이게 되는 거야. 마치 그물을 하나만 두고 보면 그물의 빈 공간이 보이지만, 그물이 몇 만 개 겹쳐있다고 생각하면 더 이상 빈 공간이 보이지 않게 되는 것과 같은 이치야. 각각의 원자들은 빛이 물체에 닿을 때 빛의 진동수에 맞춰 전자기파를 내뿜게 되거든? 그게 바로 원자들의 고유한 떨림이야. 원자들은 이때 서로 간섭현상을 일으키게 돼. 그 수많은 빈 공간의 원자들의 진동들이 결국 나의 몸이라는 거시적인 세계를 구축해내게 되는 거지.

우리나라의 가장 오래된 경전 중 하나인 <삼일신고三一神誥>에 다음과 같은 구절이 있어.

『天訓
하늘에 대한 가르침

主若曰 咨爾衆 蒼蒼 非天 玄玄 非天
天 無形質 無端倪 無上下四方
虛虛空空 無不在 無不容

저 파란 창공이 하늘이 아니며, 저 까마득한 허공이 하늘이 아니다.
하늘은 형태도 속성도 없고 시작도 끝도 없으며 위아래 사방도 없고,
비어 있으나 있지 않은 곳이 없으며, 품지 않는 것이 없다.』
깨달은 사람들은 어쩌면 우리가 사는 이 세계가 비어있다는 사실을 이미 알고 있었던 것 같아. 우리는 눈에 보이는 것들만 세상을 보지만 말이야. 근데 더 재밌는 건 그 비어있는 게, 사실 아무것도 없는 건 또 아니라는 거야.

뒤에서 자세히 이야기하겠지만, 있지 않은 곳 없이 만물을 온통 에워싸고 있는 우주공간은 영점장(zero point field)의 엄청난 에너지로 가득 차 있어. 우리가 비어 있다고 생각하는 우주공간이 사실은 텅 빈 상태가 아니

란 말이지. 단지 우리가 그 꽉 찬 에너지를 감지하지 못하고 있을 뿐이야.

불교 경전인 <반야심경般若心經>에는 "색즉시공色卽是空 공즉시색空卽是色" 즉, 눈으로 보이는 모든 세계는 실제로 비어있고, 비어있는 것처럼 보이는 것에 실체가 있다는 말이 있지. 우리가 보는 세계랑 정반대로 이야기 하고 있는 것 같지? 하지만 현대 과학에서도 이 이야기를 똑같이 하고 있어.

영화 '매트릭스' 봤니? 네오가 오라클을 찾아갔을 때, 기억나? 그가 '그'의 다른 후보들을 만나게 되잖아. 온갖 초능력을 연습하는 아이들이 거기에 있었고, 그중 숟가락 구부리기를 연습하던 아이가 네오에게 숟가락을 건네면서 숟가락을 구부리려 하지 말라고, 그것은 불가능하다고 이야기했어. 그리고 "숟가락은 없어"라고 말했지. 이 아리송한 말을 이해하자, 네오도 숟가락을 구부릴 수 있게 됐어. 현실 창조란 이미 확정되어진 물리법칙을 거슬러선 안되는거야. 그건 불가능한 일이지. 하지만 숟가락 자체가 애초에 존재하지 않았고, 모든 것이 빈 공간이었다고 한다면? 숟가락은 그저 빈 공간일 뿐이니까 그게 좀 굽어 있는 상태든, 흐물 거리는 상태 든 전혀 중요치 않아.

모든 건 네가 보고 있는 '이 세계가 존재하지 않는다'에서부터 시작해야해.

우리는 정말 대단한 세계에 살고 있어. 아무것도 없는 이 세계가 진짜 세계라는 것을 잊지 말아야해. 그럼 너도 네오가 될 수 있다고!

포맷하고 재입력하기

* 포맷

1) 모든 것들은 고정되어 있다 → X

2) 눈에 보이는 것이 전부이다 → X

3) 현상은 불변한다 → X

* 재입력

1) 모든 물질은 텅 비어 있다.

2) 내가 인지하는 세계는 존재하지 않는다.

3) 모든 세계를 반대로 뒤집어서 보이면, 눈에 보이지 않는 세계가
보인다.

끌어당김의 법칙

"자네가 뭔가를 간절히 원하면,

그 소원이 실현되도록 온 우주가 나서서 돕는다네."

— 파울로 코엘료의 《연금술사》

너는 '삶은 내가 생각하는 대로 펼쳐진다'라는 말에 대해 어디까지 동의할 수 있니? 아마 어떤 것들은 절대 불가능해! 라고 생각할지도 모르고, 어떤 것들은 동의해! 라고 말할 거야. 근데 놀랍게도, 이 세계는 정말 내가 생각하는 대로 펼쳐질 수 있어.

지금부터 우리가 살고 있는 이 세계의 보이지 않는 측면에 대한 이야기를 해볼 거야.

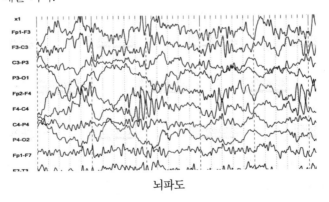

뇌파도

네가 길을 가다 꿈에 그리던 이상형을 우연히 마주쳤다고 가정해보자. 갑자기 네 가슴이 쿵쾅 쿵쾅 뛰기 시작해. 본능적인 어떠한 느낌이 온몸에 퍼지기 시작하지. 너는 재빨리 다시 그녀를 보기 위해 고개를 돌려. 하지만 그녀는 보이지 않아. 어라? 그녀가 어디에 간 걸까? 그 때부터 네 머릿속은 온통 그녀로 가득 차 버리고 말 거야.

우리가 무언가를 인지하면, 뇌의 여러 부위에서는 각기 다른 뇌파(brain wave)를 만들어내게 돼. 뇌파는 뇌의 활동에 따라 일어나는 전기적 파동이야. 긴장을 하거나 생각이 많아질 때 우리의 뇌파는 빨라지고, 마음이 편안해 지면 다시 느려지지. 그녀가 나타난 뒤로, 순식간에 네 머릿속이 그녀로 가득 차듯 말이야. 넌 하루 종일 그녀 생각만 하며 지낼지도 몰라.

우리가 뭔가를 생각할 때 뇌 안에서는 수많은 신호들이 발생하기 시작해. 뇌파들이 춤을 추기 시작하지. 근데 그 파동들을 하나의 에너지라고 생각해봐. 우리의 모든 생각은 매순간 자신만의 독특한 파동을 우주에 퍼뜨리고 있는 거라고. 아~ 그녀는 정말 예뻤는데! 하고 말이야.

우리의 일반적인 생각들을 엄청난 에너지라고까지는 볼 수 없어. 넌 곧 그녀를 잊게 될 테니까. 하지만 간혹 아주 강렬한 생각 에너지를 만들어낼 때가 있지. 이를테면, 네가 진짜 싫어하는 사람을 떠올릴 때 말이야. 시간이 지나도 잊혀 지지 않는 너의 원수…

오랫동안 반복적으로 행해진 강렬한 생각은 고유한 파형의 고립파(soliton)를 만들어내. 고립파란 마치 입자처럼 다른 고립파와 충돌해도 영향을 받지 않고, 자신의 파형을 그대로 유지하는 파동을 말해. 이 녀석들은 파동이지만, 입자처럼 작용하기 때문에 대단한 힘을 지니고 있지. 실제 물질계에 영향을 끼칠 정도로 말이야. 심리학자 칼 융(Carl Jung)은 이렇게 말했어. "마음은 물리계에서 사용되는 것과 동일한 개념의 에너지 성질을 갖고 있기 때문에 그것은 물리적으로 측정할 수도 있고, 다른 사람에게 전달 될 수도 있다"고. 보통의 파동들은 다른 파동을 만나면 상쇄되거나 변형되는데, 이 녀석들은 어찌나 강렬한지 마치 살아있는 에너지 같아. 전설의 고향을 보면, 한이 맺힌 영혼들이 무섭게 등장하잖아? 이렇게 누군가의 한이 맺힌 강렬한 생각들은 실체화된 에너지로 존재하기도 한다는 거야. 나는 이러한 강렬한 고립파들이 물질현실에 영향을 줄 정도의 정신 에너지가 될 수 있다고 생각해. 네가 귀신의 존재를 믿는지, 안 믿는지는 모르겠지만, 깊은 원한의 힘은 생각보다 무서운 거라고!

이처럼 우리가 동일한 생각을 반복할 때, 고립파가 만들어져. 이걸 염원이라고도 부르지. 대표적인 에너지를 가진 고립파에는 종교에서 주로 하는 기도나 찬송, 만트라Mantra, 주문 같은 것들이 있어. 오랜 세월동안 무수한 사람들이 동일한 생각을 가지고 똑같은 소리를 만들어내면, 아주 강력한 에너지가 만들어질 수 있거든. 지금도 전 세계 사람들이 동일한 생각을 갖고, 기도하며, 주문을 외우고 있겠지.

그런데 그렇게 만들어진 고립파보다 더 중요한 것은 바로 공명이라는 개념이야. 진동들은 같은 진동을 만나면 서로 공명하며 커다란 에너지로 증폭되게 되거든. 이것을 '끌림'이라 표현해도 좋을 것 같아. 넌 아마 너와 비슷한 구석이 있는 사람들에게 은근히 끌리게 될 거야. 너의 주변에는 너와 잘 맞는다고 생각하는 사람들로 채워져 있겠지. 너와 맞지 않는 사람들은 이미 너의 주변에 없을 거야. 이런 것들도 우리 주변에서 일어나는 끌림의 한 예야. 그런데 그런 마음이 맞는 사람들이 함께 있을 때 우리는 혼자 있을 때 이상의 더 큰 일들을 함께 할 수 있게 돼.

혹시 카오스 이론의 나비효과(The Butterfly Effect)란 말 들어봤니? 북경에 있는 나비의 날갯짓이 미국에 허리케인을 일으킬 수도 있다는 이론! 그 작은 날갯짓 하나하나가 서로 공명하여 엄청난 에너지를 만들어낼 수 있다는 것이야. 그것이 바로 공명의 진짜 힘이지.

만약 네가 만트라를 한다면, 기존에 수많은 사람들이 이미 만들어놓은 에너지장에 순간적으로 공명을 일으키게 되겠지? 그 덕에 우리는 그 에너지의 일부를 끌어다 쓸 수 있게 되는 거야. 가끔 기도가 이루어 졌다거나, 기적이 일어난 경우는 이러한 에너지를 그 사람이 끌어다 썼기 때문이지. 우리가 하는 생각이나 진동은 시공간을 넘어, 그 순간 모든 곳에 전달된다는 말이야.

마찬가지로, 한 사람의 미미한 생각도 오랫동안 동일한 상상과 말로써 반복적으로 표현된다면 어떨까? 그 파동은 우주의 에너지로 실체화되기 시작할 거야. 여기서 중요한 건 한 번만으론 안 된다는 거야. 지속적으로 해야만 가능하지. 간절히 원하면 이루어진다는 말 많이 들어봤을 텐데, 그게 바로 이런 거야. 간절히~ 오랫동안~ 반복해야 고립파가 만들어지거든. 고립파가 만들어지면, 그것과 같은 그 무언가와 같이 공명시켜(끌어당겨) 현실에서 펼쳐지게 돼. 마치 TV의 채널을 선택하는 것과도 같아. 내가 보고자 하는 것이 스포츠 프로그램이라면, 스포츠 방송의 주파수에 채널을 맞춰야 화면에 나타나게 되잖아. 채널을 맞춘다는 것은 곧 '주파수를 동조시키는' 거야. 공명을 일으키기 위한 거지. 미세한 에너지의 전파에 수신기의 전원 에너지가 공명하면, 전파에 담겨 있던 미약한 정보가 선명한 이미지로 증폭되어 화면에 나타나게 되는 거지. 우리는 이렇게 내가 의식을 쏟는 쪽으로의 현실을 경험하게 돼. 마치 나의 생각과 비슷한 새로운 사람을 만나게 된다던지, 내 꿈을 실현시켜줄 귀인을 만난다든지 말야. 그렇게 현실에서는 새로운 기회들이 나의 의식에 공명하며 새롭게 창조되게 되는 거야. 지금 너의 현실도 어쩌면 너의 의식 에너지와 공명해서 창조되고 있는 하나의 반영물에 불과할지 몰라.

네가 늘 하고 있는 생각 하나가 매우 중요해.

어떤 사람은 늘 '잘 될 거야' 라고 말하고, 다른 어떤 사람은 늘 '죽을 거 같아' 라고 말한다면, 이 둘의 미래는 어떻게 달라질까? 말은 그 사람의 신념이 진동의 형태로 표현된 거라고 볼 수 있어. 늘 긍정의 신념 체계가 돌아가고 있는 사람과 부정적 신념 체계가 돌아가고 있는 사람은 얼마나 다른 생각들을 하며 살아가게 될까? 그들은 자신의 신념을 '말'로써 표현하게 되겠지. 그리고 자신이 신념과 말이 반영된 '행동'을 하게 되겠지. 그 다음으로는 자신의 신념, 말, 그리고 행동과 일치하는 '운명'을 맞이하게 될 거야.

이게 바로 현실을 창조하는 '끌어당김의 법칙'의 원리야!

포맷하고 재입력하기

* 포맷

1) 생각은 별것 아니다 → X

2) 생각한대로 정말 그것이 일어나겠어? → X

* 재입력

1) 모든 생각은 고유한 파동을 만들어낸다.

2) 그 파동은 같은 파동을 만나면 공명하고, 증폭된다.

3) 반복되는 강한 생각은 실제 힘을 만들어낸다.

기괴한 미시세계

"우리가 관찰하는 것은 자연 그 자체가 아니고,
우리가 의문을 갖는 방법에 맞추어 드러나는 자연이다."

- 이론 물리학자 하이젠베르크

　현대물리학은 물질을 구성하는 최소단위를 찾기 위해 꾸준히 노력해왔어. 원자를 쪼개고 쪼개다 더 이상 쪼갤 수 없는 쿼크까지 찾아냈는데, 그 쿼크가 입자이기도, 파동이기도 한 애매모호한 상태를 가지고 있었던 거야. 이 기묘한 녀석을 양자라고 불러. 양자는 답이 딱딱 떨어져야 하는 과학자들의 좌뇌를 굉장히 불편하게 만들었지.

　더 흥미진진한 이야기를 들려줄게. 양자 물리학계에서 20세기 최고의 발견이라 칭하는 전설적인 실험이 하나 있었는데, 이중 슬릿 실험이라는 거야. 물리학자들은 광자를 벽에 난 두 줄의 틈새(슬릿)를 통과시켜, 그 뒤의 스크린에 부딪힐 때 어떤 흔적이 나타나는지 관찰 중이었지. 그때까지만 해도 다들 빛은 입자다, 파동이다 주장이 분분했었거든. 빛이 입자라면 스크린에는 틈새의 모양과 같은 두 줄의 흔적이 남을 것이고, 파동이라면 좀 더 복잡한 간섭무늬가 생길 것이라고 예상했었지.

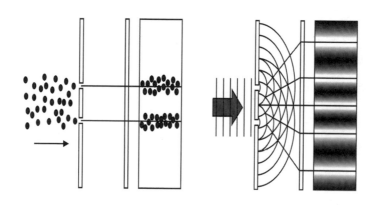

파동이 이중슬릿을 통과하여 만들어지는 흔적

보다 정밀하게 관찰하기 위해 광자 검출기를 슬릿 옆에 두었는데, 재미있는 결과가 나타났어. 광자를 관찰하고 있을 때는 마치 자기들이 입자처럼 두 개의 선을 만들어냈고, 광자 관찰기를 끄면, 파동성이 다시 나타나면서 간섭무늬를 만들었던 거야! 광자는 원래 동시에 여러 장소를 지나가면서 중첩할 수 있었는데, 자기가 관찰당한다고 느끼자마자 입장을 바꿔서 입자인 것처럼 고정되었던 거지. 미립자의 이러한 이상한 특성은 광자 뿐만 아니라, 전자, 양성, 중성자, 쿼크들에도 해당되는 거였어. 모두들 입자-파동의 이중성을 가지고 있었고, 그 순간마다 모습을 변화했어. 모든 미시세계에서는 '관찰'을 하는 순간 그 의도에 따라서 고정되는 변화가 일어났는데, 이와 같이 관찰행위가 양자의 상태에 영향을 미치는 현상을 '관찰자 효과(observer effect)'라고 불러. 그야말로 알 수 없는 세계인 거지.

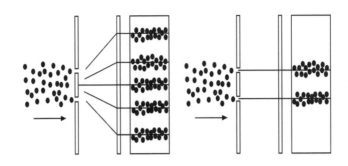

입자가 이중슬릿을 통과하여 만들어내는 흔적

전자가 이중슬릿을 통과하여 만들어내는 흔적은 관찰자의 의도에 따라 달라진다.

김춘수의《꽃》이라는 시를 너에게 들려주고 싶어.

내가 그의 이름을 불러주기 전에는

그는 다만

하나의 몸짓에 지나지 않았다.

내가 그의 이름을 불러주었을 때

그는 나에게로 와서

꽃이 되었다.

독일의 물리학자 하이젠베르크는 특별한 실험을 상상해냈어. 배율이
매우 높은 현미경으로 전자를 관찰할 때, 보통의 가시광선을 비춰서는 전
자를 관찰할 수 없거든. 그래서 파장이 매우 짧은 감마선을 반사시키는
상황을 가정해봤어. 그랬더니 전자와 같은 미립자는 감마선과 충돌하는

순간 운동방향과 운동량이 바뀌어 버리는 거야. 미립자를 관찰하려면 감마선을 이용해야 하는데, 그때마다 바로 그 감마선이 측정값을 불확실해지게 만들었던 거지. 아무리 정교한 측정도구가 있다고 해도, 입자의 속도와 위치를 동시에 측정하는 것은 불가능한 일이었어. 게다가 입자 자체도 늘 정해진 속도와 위치를 가지고 있지 않거든.

　미시세계의 법칙을 연구하는 양자 물리학은 역사가 그리 길지 않아. 올해로 120년 밖에 되지 않았거든. 그럼에도 불구하고 양자물리학자들은 이러한 작은 차원에서 일어나는 원리를 이해하기 위해 부단히 노력해왔어. 물질의 근본 생성원리를 이해해야만, 가장 거대한 우주의 비밀을 이해할 수 있기 때문이지. 양자물리학에는 여러 가설들이 많은데, 지금까지 가장 정설처럼 여겨지고 있는 견해에 대해 말해줄게. 바로 **미시세계에서는 파동-입자의 이중성을 가지고 있으며, 그것은 고정화 되어있지 않고, 관측할 때만 의의를 가지며, 아직까지의 기술력으로는 정확히 관측하기 어렵다는 것.** 다시 말해 아무도 그것이 무엇이라 단정 지을 수 없다는 거야. 모호함의 극치가 바로 미시세계인 거지.

　물리학자 닐스 보어는 양자가 '상보성의 원리'를 따른다고 주장했어. 입자와 파동은 상호보완적이어서 두 개는 하나의 몸으로 존재하며, 미립자가 입자성을 보일 때(입자로서 관측될 때)는 파동성이 사라지고(또는 측정이 불가능해지고), 반대로 파동성을 띨 때는 입자성이 사라진다고 해. 하나의 속성이 결정되어 버리면, 그때부터 분명해 지는 거지. 아까도 말했잖아. '관찰'하기 전까지는 이마저도 결정되어 있지 않다고. 그래서 양자 이론에 의하면 '존재하는 유일한 것은 관측된 입자 뿐'이라고도 하지. 그것만이 확실한 거니까.

양자의 세계에서는 우리가 관찰을 하고, 그에 따라 의식이 한 순간에 결정 되어버려. 관찰하기 전까지는 어떠한 상태도 결정되어지지 않은 가능태의 상태로 존재하는 거지. 흥미진진하지 않아? 그럼 규정되기 전까지는 뭐든지 가능하기도 한 상태라는 거잖아?

포맷하고 재입력하기

* 포맷

1) 물체는 변화할 수 없다. → X

* 재입력

1) 모든 것들은 입자와 파동 두 가지 성질을 가지고 있다.

2) '관찰'되기 전에는 어떠한 것도 확정된 것은 없다.

3) 모든 것들은 무한한 상태로 존재하고 있다.

한 중학생의 이상한 시험 점수

나의 의도에 의해 현실이 변화하는 법칙을 내가 언제 알게 되었는지 말해줄게. 조금 이상하게 들릴 수도 있지만, 이 이상한 실험이 내가 이 법칙을 발견하게 된 시초였기 때문에 네가 내 말을 이해하는 데 매우 중요한 단서가 될 수 있을 것 같아서.

나는 어린 시절 기독교를 믿었어. 그때의 나는 '하나님'이 나를 너무나 사랑하셔서, 나의 모든 것을 들어주신다고 굳게 믿고 있었지. 다들 그런 경험 있지? 난 내가 원하는 것이 있을 때마다 늘 하나님께 기도를 했었어. 다들 무언가 필요할 때 마다 소소하게 기도하듯이. 그럼 난 내가 원하는 것들은 곧장 현실에서 얻을 수 있었지. 가끔씩 필요했던 돈도, 고무줄도, 비닐봉지와 같은 소소한 것들까지도. 난 그렇게 뭐든 내가 원하는 것들을 들어주는 하나님이라는 든든한 빽을 지닌 순수한 어린아이였어. 하지만 내가 좀 더 자라고 나서는 기독교라는 종교가 속물적인 행위들을 함에 실망을 하게 됐어. 그리고 어쩌면 하나님이란 존재가 예수란 사람으로 규격화된 인격적인 존재가 아닌 더 넓고 광활한 우주라고 생각하게 되었어.

난 여자중학교를 다녔어. 꽤나 내성적이었고, 만화를 아주 좋아하는 아이였지. 홀로 조용히 책상에 앉아서 끄적끄적 그림 그리는 것도 좋아했어. 혼자만의 독특한 세계가 있는 아이였지. 외모? 뭐 별로 볼 거 없었고, 공부? 중학교 때는 조금 잘하는 편이었어. 왜냐하면 그림 그리는 거 외에는 딱히 할 일이 없었거든. 그야말로 엄마 말 잘 듣는 착한 아이였지.

아마 중간고사를 보던 때였을 거야. 당연히 시험에 대한 압박도 있었고, 시험을 잘보고 싶은 마음도 가득했지. 엄마에게 100점짜리 시험지를 자랑하고 싶었거든. 그 당시엔 학교 등수가 다 공개되는 때였어. 성적표에는 '수,우,미,양,가'로 등급도 표시되던 때였지. 그땐 성적표에 '우'가 있으면 괜히 자존심 상하던 때였어.

근데 분명 다 아는 문제인데도, 꼭 몇 개씩 실수를 하게 되더라고. 결국 시험점수는 80점대가 나왔어. 조금 더 신중하게 풀었다면 다 맞출 수 있는 문제였지. 그때 나는 100점에 대한 집착이 꽤나 강했거든. 모르는 문제는 어쩔 수 없다고 쳐도, 다 아는 문제를 틀려서 '우'를 받게 되는 건 너무 아깝잖아?

내가 시험지를 받자마자, '뭐야! 되게 쉽네. 이번에는 다 맞을 수 있을 것 같아.' 라고 자신만만해 했을 때 늘 80점대를 맞았던 것 같아. 내가 방심 했던 거지.

한편, '와~ 이번엔 너무 어려운데?' 라고 생각했던 시험의 경우엔 모르는 문제가 있었음에도 불구하고 생각보다 점수가 좋았어. 전혀 기대하지 않았는데 90점대가 나온 적도 있으니까.

나는 이 결과에 대해 조금 '이상한 의문'이 생겼어. 그래서 내 나름대로 성적을 올리기 위해 무엇이 문제인지, 그 원인을 분석하기 시작했지. 그리고 이런 명제를 세웠어.

'쉽다'고 생각함 → 김칫국 마심 (100점 맞을 거야!) → 덜렁됨
→ 실수함 (80점)
'어렵다'고 생각함 → 김칫국 안 마심 (80점 밖에 맞지 못할 거야…)
→ 신중해짐 → 더 좋은 점수 얻음 (90점이상)

이 결과에 대해 나는 단순히 '내가 실수 한 거야. 더 주의 깊게 풀자'라고 생각하는 데 그치지 않았어. 내 마음가짐이 결과에 영향을 끼친다고 생각했기 때문이야. 내가 그렇게 행동 했을 때는 늘 그러한 '마음'이 함께 했었거든.

그래서 난 실수를 줄이기 위해서 시험지를 받자마자, 섣불리 결과를 단정하지 않기로 했어. 어떤 문제가 나오든, 그 문제에 대해 판단 하지 말 것. 마치 처음 보는 문제처럼, 답을 모르는 문제처럼 신중하게 대할 것. 그럼 실수가 줄어들게 될 거야! 라고. 결과를 미리 예상하고, '김칫국을 마시는 마음'이 곧 시험의 실수를 만들어낸다고 생각한 거야. 분명히 그것은 다 아는 문제였는데, 실수를 했던 거였으니까 말이야.

게다가 내가 100점 맞을 것 같아! 라고 이미 확신하고 있었던 과목들이 오히려 점수가 낮게 나온 걸 보고, 결과가 나오기 전엔 어떤 것도 확신할 수 없다는 생각을 했어. 그리고 이렇게 생각했지.

'결과를 지레짐작하고, 김칫국을 마셨던 나의 마음이 시험 결과를 바꾼 걸지도 몰라. 시험결과가 발표되기 전까지는 점수가 정해진 게 아니야. 더 높은 점수일 수도, 더 낮은 점수일 수도 있어. 적어도 내가 그걸 확인하기 전까진 아무도 모르는 거지. 그렇다면 내가 다 맞았을 거란 생각

을 내려놓고, 마음을 비우자. 내가 마신 '김칫국'이 현실을 뒤트는 것이라면, 시험점수가 나올 때까지 김칫국을 마시지 않고, 진중한 태도로 시험에 임할 거야.'

그 뒤로 나는 시험지를 받을 때마다 마인드 컨트롤을 하기 시작했지.
'난 아무것도 모른다. 어떤 내용이 있을지조차 알 수 없다. 처음 보는 이 문제를 하나하나 그저 최선을 다해 풀 것이다. 그리고 그 결과에 대해서 단언하지 않을 것이다. 결과는 점수가 공개될 때까지는 아무도 모르는 것이다. 내가 마음을 비우고 있으면, 예상보다 훨씬 더 좋은 점수가 나올 것이다. 난 모든 가능성을 열어둘 것이다.'
결과는 어떻게 되었는지 알아? 정말로 점수가 더 좋게 나왔었어. 정말 신기하게도 마음을 내려놓은 과목들은 더 높은 점수를 받은 거지. 원하던 100점들을 받기 시작했어. 그리고 이런 결론에 다다랐지.

현실은 일어나기 전까지는 결과가 규정화 되어 있지 않는다.
현실은 내 마음에 따라 반영이 되는데, 그것은 내 무의식의 신념이
반영된다.

물론, 이건 나만의 마법의 규칙이었어. 그리고 난 이 두 가지 규칙을 적용하여 삶을 바라보기 시작했어. 내 마음을 비우고, 바르게 하는데 더 신경을 쓰기 시작한 거지. 재밌는 건 내가 그렇게 믿고, 그렇게 바라봤더니, 정말 현실이 그렇게 바뀌기 시작하더라고!

이상한 궤변처럼 들릴지도 몰라. 내가 시험을 못 본 걸 합리화하거나,

끼워 맞추는 것처럼 느껴질지도 모르지. 그런데 아까도 내가 이야기 했잖아? 양자물리학자들이 밝혀놓은 미립자의 세계에서는 '관찰되기 전까지는 아무것도 결정되지 않는 상태로 존재한다' 고 말이야. 이걸 우리 현실에 대입해보자. 실제로 일이 일어난 걸 내가 확인하기 전까지는 아무도 모르는 거지. 시험 점수는 0점 일 수도 있고, 100점 일 수도 있고, 50점 일 수도 있어. 내가 시험지를 작성할 때도 결과는 정해지지 않았을 수도 있다는 거야. 물론, 나는 당시에 시험결과를 제출했지. 하지만 시험점수는 오직 발표 날 나에게만 '관찰'되어 지는 거야. 그때서야 난 결과를 알 수 있게 되는 거지.

이런 생각을 해 볼 수도 있어.

만약, 내가 시험지를 제출했음에도 불구하고 결과가 무한하게 달라질 수 있다면? 그렇다면 그 결과를 결정짓는 건 무엇일까?

너의 실력!? 에이, 그건 정말 1차원 적인거지.

난 '의식'이라고 생각했어.

그래서 내 '의식'을 관찰하기 시작했던 거야.

난 줄곧 20년 넘는 세월동안 이 '규칙'을 통해서 세상을 바라보고 있었던 거야. 그리고 현실이 내 마음에 의해 춤추고 있다는 사실을 발견했지. 이쯤 되면 어떤 의문점이 생길 수도 있을 거야.

내가 정해놓은 규칙에 의해서 이런 현실을 경험하게 된 것일까?

아니면, 이 규칙이 모두에게 보편화된 질서일까?

답을 찾기 위해서는 먼저 열린 생각을 가져야 해.

이 세상은 양자처럼 아무것도 확정된 것이 없다고 말이야.

포맷하고 재입력하기

* 포맷

1) 모든 일은 내가 한 것에 대한 결과가 정해졌다. → X

* 재입력

1) 미래는 일어나기 전까지는 결정되지 않는다.

2) 내가 어떻게 바라보고, 규칙을 정하느냐에 따라 세상은 다르게
   펼쳐진다.

3) 미래는 내 상상 이상으로도 펼쳐질 수 있다.

신데렐라의 마법

재밌는 사실을 하나 말해줄게. 우리의 몸도 우리가 생각한 대로 변할 수 있어. 내가 그 실험에 성공했었거든! 현실창조에 대한 자신감을 갖게 되자, 내 얼굴도 점점 변해가기 시작했어.

17년전... 그러니까 내 나이 열아홉이었을 거야. 나에겐 정말 마법 같은 일이 일어났지.

중, 고등학교 시절 난 주목받지 못하는 지극히 평범한 소녀였어. 자신감 없는 성격 탓도 있었을 테지만, 그다지 눈에 띄지 않는 내 외모도 한몫했을 거야. 속으로 늘 '얼굴만 예쁘면 다인가? 마음이 고와야 여자지'라며 스스로를 위로하곤 했어. 난 남자애들에게 인기라곤 눈곱만큼도 없는 아이였어. 만화에만 빠져있는 오타쿠 같은 아이였거든.

남자들에게 관심받지 못하는 소녀들은 항상 예쁜 여자들에 대한 동경을 품고 살아가지. 그리고 언젠가는 자신도 주목받을 만큼 예쁜 여자가 되었으면 하는 꿈을 꾸곤 해. 나 역시, 그런 꿈을 꾸는 한 소녀에 불과했어.

2001년 1월 16일 내 생일날   2003년 2월 4일

그런데 있잖아? 내가 현실창조에 대한 확신을 점차 쌓아가는 동안, 예뻐지고 싶다던 나의 바람이 현실로 나타나기 시작했어. 물론, 무작정 예뻐지고 싶어! 라고만 생각했던 건 아니야. 아주 뜨뜻미지근한 희미한 바람으로… 난 이미 규칙을 잘 알고 있거든. 이 방법은 나중에 자세하게 알려줄게!

하여튼 내 외모의 변화는 생각보다 매우 빨리 일어났어. 불과 1년 만에 어디서든 사람들의 주목을 받게 됐거든. 아무도 관심 가져 주지 않았던 소녀가 어느 순간부터 여신이 되어 버린 거지. 엄청난 화장술을 터득한 것도 아니었고, 성형수술을 한 것도 아니었는데 말이야. 외모가 예쁘게 변하게 된 이후에는 틈틈이 사진모델로 활동하기도 했어. 그때부터 난 전혀 다른 삶을 살게 된 거지. 어디서든 주목받는 반짝 반짝 빛나는 여자로서!

만나는 사람들 마다 내게 이야기 했어.

"꼭 일본 사람 같이 생겼어요. 마치, 일본만화 속 여주인공처럼."

맞아. 난 아마도 매일같이 만화책을 보면서, 만화 속 여주인공의 삶을 꿈꿔왔을지도 몰라. 그런데 그 꿈이 현실이 되어버린 거지.

| 2004년 | 2020년 현재 |

그 이후로 17년이라는 시간이 흘렀지만, 여전히 동안(?) 미모를 유지하고 있어.

어떻게 이런 일이 일어날 수 있었을까? 누구나 매년 달라지는 외모에 깜짝 놀란 적이 있지 않니?(자연스러운 노화과정은 예외야!) 우리의 얼굴과 인상은 늘 변화하고 있어. 몸 전체가 내면의 에너지 변화에 반응하고 있기 때문이야. 나도 어떤 날엔 부쩍 나이가 들어 보이기도, 못생겨 보이기도, 인상이 날카로워 보이기도 했어. 한편, 어떤 날엔 매우 순수하고 맑은 어린아이 같은 모습이기도 했는데, 주로 마음이 행복하거나 명상이 잘 된 날이었던 것 같아. 난 일상생활 속에서 시시각각 달라지는 모습을 통해 사람의 외모는 내면의 에너지에 의해 계속 달라질 수 있음을 알게 됐어. 자기 얼굴은 곧 자기 내면의 반영이라는 걸.

하와이 샤먼들의 치유법을 연구한 심리학자 서지 카힐리 킹(Serge Ka-hili King) 박사의 말을 빌려 더 자세히 이야기해볼게. 그의 말에 따르면 신체를 뜻하는 하와이어 키노(kino)는 '고도로 에너지화된 생각의 덩어리'라는 뜻을 가지고 있는데, 우리의 몸은 깊은 무의식 속의 의도가 물질화된 것이어서 나의 인식과 태도와 습관을 바꿈에 따라 얼마든지 변해갈 수 있다고 해. 우리의 신체가 사실은 진동하는 에너지에 의해 형성된 거라는 말이야.

실제로 우리 몸의 상태는 생각과 느낌에 의해 쉽게 변하곤 해. 한 가지 재밌는 사실을 알려줄까? 몸에 이로운 것을 손에 쥐면, 무의식은 우리가 자각하지 못하는 사이에 신체의 힘을 증가시켜. 반대로 몸에 해로운 것을 손에 쥐면, 힘이 빠지게 되지. 이런 현상을 이용해 나에게 잘 맞는 것이 무엇인지를 알아낼 때 사용하는 오링(O-Ring) 테스트를 알려줄게.

자, 만약 어떤 물건이나 음식이 나에게 잘 맞는지 궁금하다면, 어떤 음식에 한 손에 올려놓고, 다른 손의 엄지와 검지를 O자 모양으로 둥글게 말아 양손가락 끝을 힘주어 붙여봐. 그리고 다른 사람에게 나의 오링을 벌려보라고 하는 거야. 이 때 평소보다 더 힘이 세어져서 손가락 끝이 잘 떨어지지 않는다면, 그 음식은 너에게 좋은 거야. 반대로 손가락에 힘이 빠져서 오링이 너무나도 쉽게 벌어져 버린다면, 그 음식은 너에게 해로운 거지.

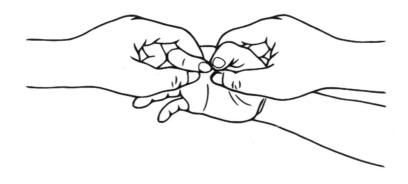

오링 테스트

이건 우리의 신체와 무의식이 아주 긴밀하게 연결되어 있으며, 무의식은 현재의식의 한계를 넘어서 내 몸에 이로운 것과 해로운 것이 무엇인지를 이미 알고 있음을 의미해.

오링 테스트의 원리를 좀 더 자세히 설명하자면, 다음과 같아.

1. 현재의식이 테스트의 내용을 인지한다.

'나는 지금 이 음식이 내 몸에 맞는지 알아보려고 한다. 내 몸에 맞는 음식이라면 나는 평소보다 힘이 강해져서 손가락이 떨어지지 않을 것이고, 맞지 않는 음식이라면 힘이 빠져서 손가락이 쉽게 떨어질 것이다'라고 생각한다.

2. 현재의식이 인지한 내용이 개인의 무의식에 전달된다.

3. 그것은 다시 집단무의식으로 전달된다.

4. 그 내용과 관련된 집단무의식의 반응 또는 답이 신체의 에너지장에 전달된다.

5. 집단무의식의 메시지가 오링을 유지하는 힘의 세기로 나타난다.

보기 싫은 직장상사를 떠올리기만 해도 배가 슬슬 아파오거나, 원인 모를 두통이 발생하는 일들이 종종 있잖아. 의사들은 이걸 '심인성 질환'이라고 불러. 심인성 질환은 신체적으로는 별다른 병인이 없는데도, 정신적 스트레스에 의해 증상이 반복해서 나타나는 질병을 말해. 반대로는 불치에 가까운 말기 암을 진단받았던 환자가 살아야겠다는 강한 의지로써 기적적으로 완치되는 일이 일어나기도 하지.

우리의 생각이 몸의 구석구석까지 실질적인 영향을 미칠 수 있는 이유는 바로 생체 매트릭스 때문이야. 이전까지의 의학상식은 우리의 몸은 체내의 신경계를 통해 전달받은 정보들만을 인식한다고 보았어. 하지만 최근의 연구들은 우리의 몸이 체내의 모든 정보를 전기신호의 형태로 주고받을 수 있게 하는 '생체 매트릭스'를 갖추고 있다는 사실을 밝혀냈지.

알버트 센트 죠지(Albert Szent-Gyorgyi)박사는 생체 매트릭스의 발견으로 노벨상을 받았는데, 이러한 생체 매트릭스가 바로 결합조직 속에 존재한다고 발표했어. 여기서 결합조직이란 조직과 조직, 기관과 기관 사이를 결합하는 조직을 말해. 피부, 근골격계, 신경계, 내장 기관 등 인체의 모든 세포와 세포를 연결하는 조직을 의미하는 거지. 하나의 '연결된 세포'라고 생각하면, 좀 더 이해하기 쉬울 거야.

결합조직

이 결합조직의 생체 매트릭스는 몸의 한 부위에서 어떤 변화가 생기면, 즉시 그 정보를 근막조직을 통해 에너지로 바꾸어 우리 몸 전체로 전달해. 서로 정보를 주고받는 거지. 이처럼 우리의 뇌는 신경계뿐 아니라, 몸의 미세한 생체 매트릭스를 통해 매순간 엄청난 양의 정보를 몸 전체에서 전달받고 있어. 그리고 그걸 해석하는 거지. 그동안에는 뇌만이 모든 정보를 제어한다고 생각해왔어. 하지만 몸 전체가 정보를 주고받는 하나의 거대한 연결망이자, 정보 그 자체였던 거야.

2009년의 최고 화제작이었던 영화 《아바타》 알지? 《아바타》의 배경인 판도라 행성 중심부에는 행성의 모든 생명체를 보호하는 신성한 '홈트리(Home Tree)' 나무가 있어. 식물연구가인 그레이스 박사는 행성의 모든 식물이 뿌리와 뿌리로 연결되어 서로 정보를 교류하고 있기 때문에, 그 시스템의 중심인 홈트리 나무에 절대 해를 입혀서는 안 된다고 주장하지. 판도라 행성에서는 식물뿐만 아니라, 동물들도 신체의 일부를 맞닿게 하여 서로의 생각과 감정 상태를 공유해. 정보를 소통하는 '교감' 행위를 하는 거지. 물론, 극적인 재미를 위한 설정일지도 몰라. 그래도 생체 매트릭스를 생각해보면, 결코 터무니없는 상징은 아닐 거야.

생화학학자인 글렌 라인(Glen Rein)은 《양자생물학》이라는 책에서 인간의 몸도 결국 양자로 이루어져 있으므로, 입자와 파동의 상보성 원리를 따른다고 이야기 했어. 우리 몸도 사실 거대한 미립자들의 덩어리니까 말이야. 실제로 우리의 신체는 무수한 세포와 조직으로 구성된 섬세한 신경 전달 체계 그 자체이며, 모든 세포 각각 독립된 개체로서 고유한 에너지를 가지고 있어. 그리고 그것들이 주고받는 미세한 전기신호들은 특정한 정보를 품고 살아 움직이면서 물리적 변화를 일으키게 되는 거지.

독일의 생물물리학자 포프(Fritz-Albert Popp)에 따르면, 세포와 조직은 생체광자장(biophoton field[1])에 의해 서로 연결되어 빠르게 정보를 교환하고 있다고 해. 우리는 이렇게 몸이 주고받는 정보들을 이용해 더 많은 정보를 얻어낼 수도 있지.

또 UCLA의 재활의학과 발레리 헌트(Valerie Hunt) 교수는 심전도 검사 혹은 근전도 검사를 통해서 해당 부위뿐 아니라, 인체 모든 부위의 정보를 얻을 수 있다고 말했어. 이와 같은 일이 가능한 건 인체의 각 조직 및 장기의 정보-에너지장이 하나로 연결되어 있기 때문이야. 각 진동의 특성을 이해함으로써 장기들의 상태도 이해할 수 있게 되는 거지. 실제로 이런 기술은 인바디나 심전도검사등과 같이 우리가 흔히 쓰는 장비들에 적용되고 있어. 덕분에 몸의 다양한 상태를 쉽게 점검할 수 있게 되었지.

우리 몸 자체가 하나의 거대한 정보 체계이며, 모두 고유한 진동을 가지고 있다고 생각해봐. 미시세계에 나의 의도가 만약 변화를 줄 수 있다면, 의식의 힘만으로 신체를 바꾸는 일도 가능할 것 같지 않니?

물론, 네가 '특정 연예인'을 상상한다고 해서 네 몸이 그렇게 바뀌진 않을 거야. 그 이유에는 여러 가지가 있겠지만, 그 중 가장 큰 이유는 네가 그걸 '불가능하다'고 생각하기 때문이야. 아마 보통 사람들은 '공상과학 영화에 등장하는 초능력을 지닌 여주인공에게만 가능할 법한 일이잖아?' 라며 코웃음 치겠지. 하지만 그거 아니? 불가능하다고 제한된 의식세계에서는 당연히 불가능한 반면, 가능하다는 가능성을 열어놓으면, 전혀 불가능한 이야기가 아닐지도 모른다는 걸.

---

1. 세포에서 방출되는 빛 에너지장, DNA에서 97% 방출되어, DNA의 정보-에너지장이라 불린다.

그냥 이 놀라운 세계에 대해서 순수하게 믿어봐. 넌 어쩌면 생각했던 것보다 훨씬 더 놀라운 세계에 살고 있는지도 모를 테니.

나는 정신 에너지의 사용을 통해 나의 신체, 그리고 내 눈앞에 펼쳐지는 상황까지도 조절할 수 있음을 분명히 깨닫게 되었어. 에너지의 원리는 어디에나 적용되기 때문이야. 분명한 자각이 일어난 이후, 난 내가 만들어낸 시나리오를 진정으로 즐길 수 있게 됐지.

우리는 의식을 특정한 방향으로 사용함으로써 몸은 물론, 현실까지도 변화시킬 수 있어. 그 핵심은 의식의 컨트롤 능력에 있어. 소위 '정신력'이라고 부르는 게, 바로 그거야. 내 경험상 정신력은 안간힘을 써서 강력히 집중하고 바라는 그런 종류의 힘이 아니었어. 거기에는 에너지의 줄타기와 같은 미묘한 상태가 개입되어 있었는데… 자세한 건 뒤에서 차차 설명하기로 할게.

포맷하고 재입력하기

* 포맷

1) 주어진 환경을 받아들이고 살아야 하는 것이 현실의 법칙이다?

  → X

2) 몸과 정신은 별개이다? → X

* 재입력

1) 몸은 정신으로써 컨트롤할 수 있다.

2) 내가 처한 환경 또한 정신으로써 컨트롤할 수 있다.

3) 모든 것은 유기적으로 이어져 있다.

4) 이 세상에 존재하는 모든 것은 에너지이다.

내가 걸으면 길이 된다.

넌 내가 하고 싶은 대로 모든 것들을 하면서 살아온 편이야. 누군가가 정해놓은 길을 가기보단, 나만의 독특한 이력을 만들어왔지. 그건 아마도 현실을 창조하는 방법을 알고 있었기 때문일 거야.

난 만화 속에 살고 있는 아이였어. 만화 같은 삶을 늘 꿈꿨던 것 같아. 공상하기를 좋아하는, 꿈 많은 아이었다고 볼 수 있지. 내가 말했었지? 중학교 때 난 공부 꽤 잘했었어. 하지만 그림 그리는 걸 더 좋아했지. 고등학교 진학을 결정하는 시기, 난 상업고등학교에 가고 싶었어. 미술과 디자인을 배우고 싶었거든. 하지만 부모님과 담임 선생님의 반대에 부딪혔어. 공부를 곧잘 했으니까, 다들 좀 더 공부해서 좋은 대학에 진학하길 바랐지. 그 때의 난 그저 내가 하고 싶은 걸 이왕이면 더 일찍 하고 싶은 마음이었어. 사회의 시선 따윈 중요하지 않았어. 그래서 상업고등학교의 디자인과를 가겠다고 졸라댔는데… 어떻게 되었냐고? 결국 부모님의 마음을 아프게 해드리고 싶지 않아, 일반 고등학교에 진학하게 됐어. 하지만 이미 공부에 대한 흥미가 떨어진 터라, 한동안은 공부는 뒷전으로 하고 그림만 그리며 방황했어. 성적은 점점 떨어져만 갔지.

그러다 고3 때, 나다운 선택 하나를 하게 됐어. 직업반에 들어간 거지. 직업반이 뭘 하는 곳이냐면, 1년 동안 다른 학교에 가서 위탁교육을 받으면서 '기술'을 습득하는 곳이었어. 대학진학보다는 기술을 배워서 취업하려는 애들을 위한 곳이지. 난 내가 원하는 그림을 더 그리기 위해서 '애니메이션과'에 들어갔어. 다른 친구들이 열심히 수능 공부를 할 때, 나는 열심히 그림을 그렸지. 참 즐거웠어. 영상 만드는 법과 애니메이션 만드는 법을 배웠고, 1년 동안 2편의 단편 애니메이션도 만들었거든. 내가 만든 애니메이션으로 전국의 공모전을 다 휩쓸었고, 1년 동안 받은 상장의 개수가 15개나 됐었으니까… 나름 실력과 유망주였지.

당시엔 진정으로 내가 하고 싶은 일을 마음껏 할 수 있다는 게 너무 좋았어. 한편, 부모님의 걱정은 커져만 갔지. 내가 대학에 진학하길 무척이나 바랬거든. 그런 부모님을 안심시키기 위해서 나는 약속을 한 가지 했어. 엄마의 소원 들어줄 테니 걱정하지 말라고. 내가 원하는 그림도 그리고, 대학도 붙겠다고.

1년동안 받은 상장들

그렇게 매일 그림을 그리면서, 나 홀로 수능준비를 했어. 물론 정말 열심히 공부 했다고는 자신 있게 말할 정도는 못되지만, 수능에 실기시험까지 쳐서 경희대학교 멀티미디어과에 진학했으니까 내 최소한의 약속은 지킨 거지. 공부한 시간 대비 매우 '고효율'이의 결과가 나온 거였어. 나 같은 케이스가 매우 드물어서, 직업반에서도 본교에서도 난 '별종'으로 기억되곤 했어. 넌 공부 1도 안하고, 대학도 갔다면서…(사실 난 그리 똑똑하진 않아. 뭐, 운이 좋았던 거겠지?)

난 내가 가고자 하는 길이 있으면, 그냥 직진하는 스타일이었어. 어떠한 두려움이나, 어떠한 해야 함이 없이 '그냥'이었어. 마치 삶이 하나의 '놀이'인 것처럼.

고3 수험생에서 어엿한 대학생이 되던 1-2년 동안 내 삶은 엄청난 자신감과 에너지로 가득 차있었었어. 모든 에너지가 나에게로 끌려옴을 느꼈어. 이때 내 외모도 부쩍 예뻐졌던 것 같아. 난 내 삶에서 무언가 하나씩 이뤄갈 때마다 내게 특별한 '창조'의 힘이 있다고 느꼈어.

대학에 진학한 후, 난 '최연소 영상 디렉터'로의 꿈꿨어. 수많은 영상물을 만들었고, 다양한 곳에서 실력을 인정받았지. 이쪽으로 계속 갔어도 꽤나 잘 나갔을지 몰라. 그런데 불현 듯 22살이 되던 해에 영어를 배우기 위해 인도로 반년 동안 떠나기로 결정했어. 이때부터 내 삶에 전환점이 찾아왔어. 마치 운명처럼 말이야. 난 인도에서 돌아오자마자, '정신세계'를 탐구하는 데 빠져버렸거든. 이후 '힐링'과 '명상'에 심취하게 되면서 하던 것을 모두 내려놓고, 삶의 경로를 아예 바꿔버리고 말았지. 이 시기의 깨달음들이 내가 일찍이 '젠힐링샵'을 시작할 수 있게 만들었어. 그 당시만 해도 한국이란 나라는 힐링과 명상 불모지였지. 아무도 관심이 없었어. 내가 2009년 경기대학교 대체의학대학원 석사과정에 들어갔을 때만 해도, 모두들 나에게 "대체 왜 그러냐고, 잘 하던 거나 계속하지…" 라며 만류했었어. 난 또 다시 아무도 가지 않은 길을 스스로 걸어가야만 했어.

내 선택은 늘 어느 누구의 지지도 받지 못했어. 한 치 앞도 보이지 않는 들판을 홀로 걷는 느낌이었지. 하지만 생각보다 힘들진 않았어. 나를 응원해주는 내 자신이 있었고, 어떤 확신이 있었거든. 모두가 아니라고 했지만, 난 묵묵히 내 인생을 바꾸는 모험을 다시 시작했지.

힐링도 10년을 하다 보니, 어느덧 전문가 소리를 듣게 됐어. 처음엔 사람들이 싱잉볼에 대해서 거의 이해하지 못했어. 비싸기도 했지만, 필요성을 전혀 못 느꼈던 거지. 명상이란 게 그냥 아무것도 없이, 고요히 혼자 앉아서 하는 거잖아. 하지만 꽤 오랫동안 싱잉볼이란 도구를 이용해 힐러들과 명상지도자들을 양성하고, 싱잉볼 명상을 쉽게 보급하기 위해 노력했더니, 한국에도 싱잉볼 문화가 조금씩 퍼지기 시작했어. 난 싱잉볼을 통해 힐링과 명상의 패러다임을 바꾸고 싶었어. 누구나 힐링과 명상을 쉽게 하고, 즐길 수 있길 바랬거든. 그리고 그걸 가장 쉽게 할 수 있는 도구가 싱잉볼이라고 확신했어. 난 싱잉볼이 "쉽고, 재밌고, 빠르다"라는 슬로건을 내걸고, 획기적으로 누워서 하는 명상법을 소개하기 시작했어. 그런데 그게 먹혔던 거야! 왜냐하면 다들 명상을 하고 싶어도, 어렵게 느껴서 선뜻 하지 못하는 경우가 많았거든. 난 명상의 모든 틀을 깨버렸고, 누구나 쉽게 할 수 있는 새로운 명상법을 보급하기 시작했어. 나만의 명상법, 즉 '천시아식 명상'을 말이야. 난 그저 내가 이해한 명상을 사람들에게 쉽게 전했을 뿐이었는데, 변화가 생겨났어. 우리나라 대부분의 대기업들이 '싱잉볼 명상'을 도입하기 시작한 거야. 하나의 새로운 명상 장르가 탄생한 거지. 난 제로시스템의 체계를 세웠던 것처럼 싱잉볼 시스템의 모든 체계를 만들었고, 꽤 많은 사람들이 그 체계를 사용하기 시작했어. 아직도 싱잉볼의 효과에 대해서는 증명되어야 할 부분이 많음에도 불구하고, 다른 어떤 분야보다도 많은 관심과 열광을 받기 시작했어. 사람들은 내가 알려주는 길을 따라가기 시작했지. 싱잉볼은 명상을 하는 사람이라면 하나쯤 있어야 하는 기본 도구처럼 여겨졌어. 사람들이 내 창조의 세계에 발을 들여놓은 거야!

하지만 이것은 시작에 불과해. 과정의 일부분일 뿐이지. 내 창조는 여전히 진행 중이니까. 난 여전히 내가 걸어가는 곳에 새로운 길이 생긴다는 걸 알아. 그리고 계속해서 새로운 길을 걸어가고 있지. 한 번 누군가가 걸어간 길은 흔적이 남기 마련이며, 덕분에 그 길을 뒤따라가는 사람들이 생기게 되고, 결국 그 길은 진짜 '길'이 되어버리지. 이게 바로 창조의 핵심이야.

나에게 '한계'라는 건 없었어. 그저 '목적'이라는 점 하나가 있었고, 무엇이 일어날지 모르는 그 과정을 그저 묵묵히 걸어갔던 거야. 어떠한 두려움도 없이.

'나 이거 하고 싶어' → '그래, 그냥 그거 해'

난 떠오르는 것을 실천하는 단순한 사람이었어. 세상의 어떤 시선도 날 흔들리게 할 순 없었어. 나 자신을 강력하게 믿었지. '내가 원하는 것을, 내가 창조할 수 있다는 것'을 말이야.

너의 세계를 만들어나가기 위해서는 스스로 삶의 설계자가 되어야해. 네 삶의 주인은 너니까. 네가 바로 너만의 세계, 너만의 우주의 주인공인 거야. 너에겐 절대적인 힘이 잠재되어 있거든. 그 힘을 끌어내리려면, 네가 어떤 세계에 살고 싶은지에 대한 명확한 '목표'가 필요해. 내 경우에는 목표가 명확하게 있었고, 끊임없이 나만의 세계를 창조해 나가는 데 모든 에너지를 쏟았어. 결코 의심하지 않았으며, 내가 원하는 것들이 실제로 만들어짐을 그대로 즐겼지.

네가 원하는 대로 삶이 펼쳐질 거란 믿음이 당연한 사실이 될 때, 그 믿음은 비로소 작동할 수 있게 돼. '네 삶의 설계자이자, 주인공'이 되느냐, 아니면 '설계자가 너라는 사실을 믿는 엑스트라'가 되느냐의 차이인 거지.

이제, 네가 해야 할 일을 정리해줄게. 먼저 '어떤 삶을 살아가길 원하는가'에 대해 명확히 질문하고, 답을 찾아야 해. 그리고 네가 걷는 길이 곧 길이 될 것을 믿고, 그저 너만의 길을 걸어가면 되는 거야. 끝! 생각보다 간단하지?

포맷하고 재입력하기

* 포맷
1) 세상에 잘 사는 기준이란 존재 한다 → X

* 재입력
1) 내가 선택한 모든 것은 옳다.
2) 내 삶의 창조자는 나 자신이다.
3) 내가 선택한 모든 것은 가치가 있다.

삶은 거대한 홀로그래피

내게 삶이란 하나의 '게임' 같은 거야. 난 이 세계가 하나의 홀로그래피[2]라는 사실을 알고 있거든. 어떻게 알았냐고? 내 의식과 마음이 삶에 어떻게 반영 되는지를 계속해서 관찰했으니까. 이 관찰은 하나의 실험이자, 미묘한 에너지를 컨트롤 하는 수행이라고 볼 수도 있지.

내가 그동안 했던 몇 가지 체험들을 이야기 해줄게.

내가 한창 정신세계에 심취하기 시작할 무렵에는 여러 명상단체들을 전전하기도 했어. 그러다 '도'를 만나게 됐어. 친구가 나에게 '도'를 전해 줬는데, 당시에 내 호기심을 패나 불러일으켰어. 결국 난 본격적으로 도를 닦게(?) 됐지. 그 단체는 대순OOO 였는데, 주된 내용은 이러했어.

지금은 말세다. 곧 여러 가지 재앙이 닥쳐 올 거다. 특히 전염병이 돌 텐데, 그땐 어떠한 치료법도 없고, 오직 '의통(의학이 통해 신통력을 얻는

---

2. 레이저 광선을 이용하여 렌즈 없이 한 장의 사진으로 입체상을 촬영 · 재생하는 방법

것)'해야만 죽어가는 사람들을 살릴 수 있을 거다. 의통을 얻으려면, 도를 닦아야 한다…

　난 이미 그때 힐링에 관심이 많았던 터라, '의통'이라는 것에 대해 몹시 궁금했어. 그런 능력을 얻을 수만 있다면, 얻고 싶었지. 일종의 신통 같은 거잖아. 사람을 살릴 수 있는 특별한 기술이니까. 약도 듣지 않는 시대라는데, 어쩌면 의사가 되는 것보다도 멋진 일이잖아? 그래서 나는 정말 열심히 도를 닦아 보기로 했지. 내가 속했던 단체의 도를 닦는 수행법은 조금 특별했어. 주문수련과 포덕(덕을 퍼트린다: 일종의 전도행위)이라는 걸 했거든. 지금 생각해 보면, 세를 늘리기 위해 새로운 신도를 데려오는 것에 불과한 건데, 그 방법만이 의통을 얻는 유일한 길이라고 세뇌가 됐던 거야. 순진했던 그때의 나는 의심 없이 도를 닦았지!

　결론적으로는 1년 동안 열심히 도를 닦고(!), 포덕도 열심히(?)해서 단체 안에서는 작은 성과를 내기도 했어.(난 뭐든 일단 하면 열심히 했었으니까) 하지만 교리의 모순과 사이비 같은 행태를 깨닫고 나오게 됐지. 그럼에도 그곳에서 배운 건 있었어.

　포덕을 할 땐 마음을 비워야 하더라고. 내가 실적을 채우기 위해서 사심 있는 마음으로 그 사람을 꾀어내려고 하잖아? 그러면 그 사람은 절대 넘어오지 않아. 그런데 진실한 마음으로 마음을 비우고, 그 사람을 돕고자 하는 마음으로 이야기를 하면 그 사람은 정말로 아무런 의심 없이 내 말을 들어주고, 심지어 등록까지 했지.

　너도 알다시피, 이런 이상한 단체 사람들이 누군가에게 접근하면 보통 어떻게 반응하는지 알지? 그래서 그들은 이상한 사람 취급을 받지 않기 위한 여러 가지 접근 방법을 이용하곤 해. 그런데 가장 신기했던 건 내 마음을 비우면, 그게 통한다는 거야. 물론 난 잠깐 동안 말도 안 되는 단체에 잘못 빠져들었던 거지만, 이 행위만은 수행의 일종이었다고 생각해. 내가 마음을 비울 때 일어나는 현상과, 내 마음이 사심으로 가득 찼을 때 일어나는 현상은 판이하게 달랐거든.

내가 그 단체에서 배운 건, 이거 하나였어.

현상은 내 마음의 반영이다.

물론, 난 원래부터 내 마음이 현실을 움직인다고 생각하던 사람이지만, 1년간의 치열한 수련을 통해 더 몸소 느끼게 된 거지. 좀 이상하긴 했어도, 수련은 수련이었으니까. 처음 보는 사람들에게 이상한 취급도 당하고, 멸시도 당하고… 자신을 내려놓을 수 있게 하는 '하심下心'의 수련들인 거잖아. 내가 언제 또 그런 경험을 해보겠어? 한번쯤 겪어볼 만은 했다고 생각해.

이후로 나는 현실을 더 '체험'적인 관점으로 바라보기 시작했어. 좋고 나쁨의 경계를 허물게 된 거지. 사이비 종교에서조차 배울 점은 있었잖아. 선과 악을 비롯한 모든 건 그저 '체험'일 뿐이며, 내가 어떻게 받아들이느냐가 가장 중요하다는 걸 알게 됐어. 그리고 '자신의 체험을 스스로가 비관적으로 여기지 않는다면, 실제로도 그건 나쁜 게 아니다. 설사 나쁜 체험일지라도, 그저 '헤프닝'에 불과한 것이다.' 라고 가볍게 생각할 수 있게 됐지.

가만히 생각해보면, 난 다양한 경험을 했지만 그에 비해서는 순조롭고 안락한 삶을 살아왔던 것 같아. 어둠보다 환한 빛의 순간이 많았었지. 실패를 거의 겪지 못했으니까. 내가 말했잖아? 나는 내가 하고 싶은 대로, 웬만한 건 다 이루며 살아왔다고.

그러던 어느 날, 누군가 내게 이런 말을 했어.

"천시아님은 온실 속의 화초 같아요. 삶의 한쪽 측면밖에 보지 못하기에 진정한 힐링을 다 알지 못할 테지요. 힐링을 위해 여기에 오는 사람들이 과연 당신의 실력을 보고 오는 걸까요? 당신의 외모를 보고 오는 겁니다."

그 말은 내게 꽤나 충격적이었어. 한편으론 공감이 가기도 했지만 말이야. 난 20대부터 영적 통찰력이 뛰어난 편이었고, 이른 나이에 많은 사람들을 상담하고, 이끌었지. 나이에 비해 의식수준이 높았던 건 사실이지만, 삶의 굴곡을 겪고 있는 중장년층의 아픔을 온전히 공감하기엔 나는 아직 알지 못하는 것들이 많았어. 그리고 당시에는 내 얼굴을 보고 찾아온 남자회원들이 내 클래스에 주를 이루고 있었거든.

나는 부족한 내공을 더 쌓아서 외모가 아닌, 실력으로 승부할 수 있는 힘을 길러야겠다고 생각했어. 스스로 삶의 어둠을 체험해 보기로 했지. 마치 왕자의 지위에 있었던 고타마 싯다르타[3]가 세상을 알기 위해 모든 자리를 내려놓고, 스스로 고행의 길을 떠났듯이. 난 일부러 사람들이 나쁘

---

3. 불교를 창시한 인도의 성자의 이름

다, 비천하다, 괴롭다고 생각하는 것들을 찾아 체험해 보기 시작했어. 예쁘기만 한 온실 속의 화초가 아니라, 세상 풍파를 모두 견뎌낸 노련하고 강한 야생화가 되고 싶었거든.

스스로 자처해서 비련의 여주인공이 되어보기도 하고, 쓸데없이 담배를 피워보기도 하고, 클럽을 드나들면서 아무 남자나 만나보기도 했어. 심지어는 술집에서 일해보기도, 내가 제일 애지중지한 것을 버려보기도, 거지처럼 살아보기도....

변명처럼 들릴 수도 있겠지만, 단지 자발적인 체험일 뿐이었어. 삶의 다양한 측면에서 다양한 감정을 느껴보고 싶었거든. 물론, 유쾌한 경험은 아니었지. 하지만 내가 갖고 있던 모든 고정관념을 깨뜨리기엔 매우 의미 있는 수행이었어. 몰랐던 세상의 반쪽을 체험하고 나니, 빛과 어둠의 모든 면들을 어느 정도 이해할 수 있게 됐어. 이 세상에는 선과 악도, 부귀도. 귀천도 존재하지 않았지. 경계를 만든 건 우리의 '관념'이었어. 나는 삶의 어떠한 역할도 담담히 수행해 낼 수 있고, 모든 것은 그저 경험과 체험뿐이라는 걸 더 깊이 깨달았어.

난 내게 좋지 않아 보이는 일이 일어날 때마다, 그걸 좋지 않음으로 받아들이지 않고, 그저 '체험'으로 받아들였어. 내가 판단하지 않게 되니, 내 안에도 부정적인 감정의 찌꺼기가 남아있지 않게 됐지. 모든 삶은 내게 환상에 불과한 것 같았거든. 과거의 기억도 거짓말처럼 희미해지기 시작했어. 분명 경험을 했던 사실은 기억하고 있는데, 그 기억에 대한 감정은 남아있지 않았어. 모든 것으로부터 자유로워질 수 있게 된 거야.

그리고 큰 깨달음이 찾아왔지. 이 책의 주된 내용이 되는, 바로 '제로'라는 삶의 완전한 측면을 이해하게 됐어. 상대성을 체험하면서, 양 극단의 의미를 완전히 이해했기 때문에 가능했던 일이었지. 그렇게 나는 더 단단해졌고, 강해졌지.

나는 어떠한 삶의 선택도 스스로 할 수 있다는 사실과 이미 벌어진 삶에 대해서는 어떠한 선택을 해야 하는지를 알게 됐어. 삶의 작고, 큰 풍파가 내겐 더 이상 두려움으로 다가오지 않았고, 나는 진정한 '창조'의 의미를 깨닫게 됐지.

모든 것들은 내 마음속에 있었어.

뇌는 무한히 진화 한다

우리의 모든 생각과 행동들은 늘 뇌의 통세를 받고 있어. 호르몬의 지배역시, 받고 있지. 웃기도 하고, 분노하기도 하는 많은 감정들은 그저 엔도르핀이나 아드레날린과 같은 호르몬의 작용에 의한 거야. 즉, "인간의 삶은 뇌 안에서 일어 난다"고 말해도 과언이 아니야.

뇌 과학 분야에서 큰 영향력을 지닌, 스페인의 신경해부학자 산티아고라몬이카할(Santiago Ramón y Cajal)은 "성인의 신경회로는 고정되어있고, 완결되어 있으므로 변할 수 없다"고 선언하기까지 했지. 이러한 주장은 신경과학계에서 거의 정설로 받아들여져 왔어. 사람들은 오랫동안인간의 뇌가 지능이라는 유전적 요인에 의해 태어날 때부터 이미 결정되어 있으며, 나이가 들수록 퇴화할 뿐이라고 믿어왔어.

하지만 현대의 뇌 과학과 신경생리학 연구들은 뇌가 지속적으로 발달해갈 수 있다는 사실을 새롭게 밝혀내고 있어. 이걸 '뇌가소성(brain plasticity)'이라고 부르는데, 뇌는 세포분열을 통해 스스로를 유지하고있으므로 외부자극과 환경의 변화를 통해 그 기능과 구조도 변화할 수 있다는 말이야.

'실버스프링의 원숭이들' 실험이 그 대표적인 예야. 1970년대 미국 행동과학연구소의 에드워드 타웁(Edward Taub)박사가 원숭이의 팔 신경세포를 절단하여, 감각능력의 상실을 측정하는 실험을 진행했어. 조금 끔찍한 실험이긴 하지만, 당시까지 과학자들은 감각신경이 차단되면 그에 해당하는 뇌의 기능도 멈출 수밖에 없다고 믿었지.

안타깝게도 타웁의 실험은 동물학대 실험이라는 이유로, 몇 년간 중지됐어. 그런데 다행히(?) 10년이 지난 후 양팔의 감각신경이 절단된 원숭이 빌리를 마취하여 뇌를 해부해볼 수 있는 기회가 생겼지. 결과는 놀라웠어. 양팔의 감각을 인지하는 뇌 부위에서 활발한 전기신호가 측정된 거야.

그건 팔에서 온 감각신호가 아니었어. 양팔 대신, 얼굴에 가해지는 자극에 반응했던 거였지. 즉, 한동안 감각신호가 전혀 입력되지 않자, 양팔 대신 얼굴의 감각을 인지하는 쪽으로 스스로 기능을 전환시켰던 거야! 이 실험은 뇌가 구조적 결함을 극복하기 위해 계속 변화를 일으키고 있음을 시사한 거였어. 빌리에게만 그런 일이 일어났던게 아니라, 감각절단을 당했던 다른 원숭이들인 오거스터스, 도미티안, 빅보이도 같은 양상을 보였거든. 뇌는 스스로의 기능을 변화시키고, 새로운 환경에 적응하는 법을 알고 있었던 거지. 우리 몸이 이미 가지고 있는 자연치유력과도 같은 거야. 마치, 우리의 몸이 스스로 완벽한 유기적 시스템으로 돌아가고 있는 것처럼 말이야. 그건 작지만, 완벽한 하나의 소우주였지.

우리의 뇌는 무한한 잠재능력을 가진 '창조력'의 근원과도 같아. 뇌는 물리적인 하드웨어뿐 아니라, 우리의 '의식'이 있는 곳이기도 하니까. 심장이 우리 몸의 전원 장치라면, 우리의 의식의 전원장치는 뇌인 거야. 여기서 '의식'이 정말 중요해. 왜냐하면, 이 의식이 물리계를 변화시킬 수 있는 힘의 원동력이거든.

조금 어렵지? 의식을 "관찰하는 주체"라고 이해하면 좀 쉬울 거야. 네가 잠에서 깨어났을 때, 너의 몸은 '무의식'상태에서 '의식' 상태로 바뀌어. 네 몸에 전원이 켜진 거지. 그제서야 너는 눈을 뜨며, 세상을 인식하게 되지. 의식은 세상을 바라보는 눈이기도, 내 자신을 관찰하는 눈이기도 해. 나의 생각, 느낌, 의도, 행동, 감정 등을 관찰하는 주체인 거야. 가끔 네가 너 자신을 관찰할 때를 생각해봐. '아, 배가 아프네?' '기분이 나빠지려고 하는 거 같아…' 이런 경우처럼 말이야.

의식이라는 녀석은 참 중요해. 이 녀석은 일어나는 모든 것을 늘 '관찰'하거든. 명상의 목표도 '의식'을 내 의지에 따라 사용하기 위함이야.

그런데 이 의식이 마음을 가지고 있을 때도 있어. 내가 무언가를 원할 때, 그 순간 그 마음은 '천시아'의 마음일까? 아니면, '천시아'를 바라보고 있는 '나라는 의식'의 마음일까?

이제부터 그동안 네가 '너'라고 알고 있었던 것에 대해서 이야기하려해. 그리고 진짜 너의 주체인 '본래 의식'이 무엇인지에 대해서도 이야기해줄게. 이 세계를 움직이게 하려면, 의식이 먼저 명령을 내려야 해. 의식이 미립자의 변화를 주는 주체이기 때문이야.

신경과학자 프레드 게이지(Fred Gage) 박사는 "환경과 경험이 우리의 뇌를 바꿉니다. 현재 여러분의 모습은 여러분이 살고 있는 환경과 여러분이 쌓아온 경험에 의해 만들어진 것입니다." 라고 말했어. 과거의 내가 지금의 나를 만들었다면, 지금 이 순간에 새로운 미래를 창조하는 것도 얼마든지 가능하단 얘기지. 네가 지금 무엇을 창조할지, 스스로 선택할 수 있다면 말이야. 앞서 언급했던 뇌가소성과 같이, 우리는 뇌의 기능까지도 변화시킬 수 있는 거야.

이렇게 놀라운 세상에서 왜 모든 것들이 내 맘대로 이루어지지 않는 것일까? 그것은 네가 그 선택을 못하고 있기 때문이야.

제2장 Wish 나의 진정한 소원은 무엇일까?

五色令人目盲

五音令人耳聾

五味令人口爽

馳騁畋獵令人心發狂

難得之貨令人行妨

是以聖人

爲腹不爲目

故去彼取此

화려한 색채와 모양은 사람들로 하여금 자기 내면을 향하는 눈을 멀게 하고,
온갖 아름다운 음악은 사람들로 하여금 자기 내면을 향하는 귀를 멀게 하며,
온갖 다채로운 요리의 맛은 사람들로 하여금 원래 있는 입맛을 상하게 한다.
달리는 말을 사냥하면 사람의 마음의 광기가 일어나게 하며,
어려운 재화를 얻으면 사람의 나아감을 방해한다.
그런 이유로 성인은
외부의 감각적 자극은 버리고 의식의 내면만을 취한다.

　— 도덕경 12장

심상화가 실현되지 않는 이유

'시크릿'의 메인 테마는 '끌어당김의 법칙', 즉 '간절히 원하면 이루어진다'는 거지. 너도 이미 알고 있을 거야. 그런데 있잖아. 그 법칙을 알고 있는 너의 삶은 정말로 변했니?

참 재밌는 게, 우리의 뇌는 환상과 실제를 인식하지 못해. 마음속에 깊이 각인된 상상의 이미지를 실제적인 사실로 인식하기 때문이지. 반복적으로 '나는 예뻐' 라는 상상을 하면, 뇌는 스스로를 정말 '예쁜 사람'으로 인식하기 시작하지. 어쩌면 우리의 뇌는 이 세계의 홀로그래피를 인식하는데 최적화 되어있는 것 같아. 심상화기법은 이런 원리를 이용한 뇌 컨트롤 기법 중 하나야. 이미 효과가 인정되어, 스포츠나 예술, 최면, 자기계발 분야에서 실력을 향상시키기 위한 목적으로 심상화 기법을 널리 이용하고 있어. 내가 이야기 했었지? 우리가 강렬하게 생각하면, 그 생각에너지는 실제로 힘을 갖는다고. 뇌는 우리의 생각과 상상을 단순하게 사실로 인식하면서도, 미시세계와 상황에까지 영향을 끼쳐. 이건 분명한 사실이지.

하지만 그 효과가 모두에게 똑같이 나타나진 않아. 사람마다 천차만별인 이유는 스스로 방해에너지를 내뿜고 있기 때문이야. 방해에너지가 큰 사람의 경우에는 효과가 미미할 테고, 방해에너지가 적은 사람의 경우에는 효과가 커지겠지?

단순한 '바람(want)'만으로는 현실창조가 이루어지지 않아. 우리는 저마다 다른 의식체계를 가지고 있으며, 그 다름이 현실창조에도 영향을 끼치게 되지. 어떤 사람은 긍정적이지만, 어떤 사람은 부정적이야. 누구는 게으르지만, 누구는 열정적이지. 이런 변수들이 사람들의 창조력을 크게 좌우하는 거야.

우리의 뇌는 상상 속의 이미지를 마치 현실인 것처럼 받아들인다고 했어. 하지만 그 과정에서도 상황의 차이는 있기 마련이거든. 우리는 보통 어떤 것을 사실로 받아들이기 전에 먼저 근거를 찾으려 해. 그리고 그 근거들은 경험을 통해서 축적되지. 그래서 개개인의 경험이 현실창조에 절대적인 영향을 미치게 된다는 거야.

마음에 어떤 생각을 품으면 그 뒤에는 무수한 생각들이 따라와. 아무리 마음을 다잡으면서 '긍정적으로 살아야지!', '생각하는 대로 이루어질 거야!'라고 믿으려 애써도, 경험에서 올라오는 불안과 불신이 계속 떠오르면 '과연 그렇게 될까?'하고 의심하게 되어버려. 어느새 '아무 소용없을 거야. 그런 건 쉽게 일어날 수 없어.' 라며 부정하는 자신을 발견하게 될 거야. 이런 생각들 때문에 아무리 열심히 심상화하고, 염원해도 좀처럼 생각이 현실로 이루어지질 않는 거지.

의식의 명령과 무의식의 명령은 지금 이 순간에도 계속해서 서로 충돌을 일으키고 있어. 우리가 의식으로써 처리한다고 생각하는 일들의 대부분은 사실 무의식의 영향을 받아 결정되거든. 우리가 무의식을 넘어선 결정을 한다는 건, 절대 있을 수 없는 일이지. 그래서 먼저 무의식을 이해하고, 제어하는 방법을 배워야만 해.

먼저 네가 살아온 과정과 사고방식을 되살펴보고, 너의 의식구조가 어떻게 이루어져 있는지를 알아야해. 깊은 내면에서 현실창조를 방해하는 부정적 생각과 감정들이 계속 떠오른다면, 아무리 간절히 바라고 집중을 해도 온전히 실현되기가 어렵거든.

또한 네가 아무리 뭔가를 열심히 염원한다고 해도, '왜곡된' 바람이라면 우주의 에너지는 결코 내 뜻대로 움직여주지 않는다는 사실도 알아야 해. 여기서 왜곡된 바람이란 내가 바란다고 생각하는 그것이 내가 '진정으로' 바라는 것이 아닐 수 있다는 말이지. 즉, 잘못된 명령이라는 거야.

지금부터는 인간이 가진 보편적인 의식 시스템에 대해 알려 줄게. 너의 의식 프로그램이 어떻게 되어있는지 알아야, 네가 진정으로 원하는 바를 실행하는 명령내릴 수 있을 테니까.

결핍에너지 vs. 염원에너지

생각은 언제나 좋은 것만을 끌어당기지는 않아. 나쁜 것들도 끌어당기지. 오히려 기대했던 일보다는 염려했던 일이 실제로 더 잘 일어나는 듯 보이기도 하지. 그 이유가 뭘까?

걱정에 잠겨 있다 보면 생각이 꼬리에 꼬리를 물어 안 좋은 상상이 끝없이 이어지곤 하지. 실제로는 나쁜 일이 일어나지도 않았는데 지레 겁을 먹거나, 누군가를 의심하거나 오해하여 일을 그르치기도 하고 말야. 그리고 정말 나쁜 일이 일어나게 되면 "내가 이럴 줄 알았어… 왠지 불안했다니까!" 라며 금세 자기합리화를 하고, 책임을 회피해버리지.

하지만 걱정이 시작되었던 이유가 정말 '직감한' 대로 나쁜 일이 일어날 운명이었기 때문일까? 아니면, 지나친 걱정 때문에 나쁜 일을 스스로 만들어버린 걸까? 아마도 후자가 정답에 가까울 거야. 실로 사람들이 만들어내는 의식의 힘은 대단하거든. 이러한 면에서 모든 사람들은 마법사일지도 몰라!

무언가를 바란다는 것은 그 무언가가 필요하다는 뜻이야. 그 무언가가 필요한 이유는 그 무언가가 지금 없기 때문이지. 예를 들어 볼게. 우리는 돈이 필요할 때, 돈이 많이 생겼으면 좋겠다고 생각해. 하지만 돈을 생각하면 할수록, 내겐 지금 돈이 없다는 '결핍'의 의식도 함께 커져가지.

이미 자신이 갖고 있는 걸, 새롭게 갖고 싶어 하는 사람은 없어. 모든 '바람'은 '나의 현실은 부족하고, 불완전하다'는 바탕 생각으로부터 시작되는 거니까.

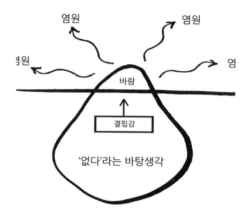

그래서 뭔가를 강력하게 원하면 원할수록, 무의식 속에서는 반대로 '결핍'의 에너지를 계속해서 만들어 내. 원하는 바를 아무리 '끌어당겨도' 현실에서는 좀체 변화가 일어나지 않는 원인이 바로 이거야. 계속 방해에너지를 만들어내고 있기 때문인 거지. 의식의 표면에서는 돈을 많이 벌기를 바라고 있을지라도, 의식의 이면에서는 바라면 바랄수록 '돈을 가지고 있는 생각' 대신, '돈이 없다는 생각'을 더 많이 하게 되거든.

결핍이라는 부정적인 에너지만 잔뜩 만들어놓고서는 결코 원하는 바를 이룰 수가 없어. 현실창조를 한다고 하면서 오히려 그 반대의 에너지를 강화시키는 건 무지한 짓이야. 이런 고질적인 패턴을 끊고 원하는 바를 이루려면, 결핍의 에너지를 없애고 동시에 바람의 에너지를 키워야 해.

우주는 내가 무엇을 원하든 그것을 그대로 이루어준다고 했지? 거기에 선악의 기준은 아무런 의미가 없어. 단지 에너지의 양만이 중요할 뿐이야. 네가 진정으로 간절히 원하는 바가 있다면 결핍의 에너지 대신, 바람의 에너지의 양을 끌어올려야 한다는 말이야. 그럼 우주는 너의 바람을 꼭 이루어 줄 거야!

만약 오랫동안 꿈꿔왔지만, 여전히 멀게만 느껴지는 소원이 있다면 너의 내면을 들여다볼 필요가 있어. 혹시 너도 모르게 엄청난 '결핍'의 에너지를 만들어 내고 있지는 않은지.

마음의 구조

우리가 지각할 수 없는 무의식은 물밑에 감춰져 드러나지 않은 거대한
빙산이며, 우리가 지각할 수 있는 의식은 수면 위로 드러난
빙산의 일각일 뿐이다.

-심리학자 프로이트

우리의 무의식 속에는 그야말로 감추어진 정보들이 가득해. 의식의 대부분은 사실 무의식이라고 해도 과언이 아니지. 프로이트는 '자유연상법'을 통해 인간의 무의식을 탐구하고자 했어. 자유연상법이란 편안하게 누운 상태에서 떠오르는 단어나 생각들을 마음껏 중얼거리는 거야. 의식적인 통제와 방어기제를 풀어놓으면, 무의식 속의 정보들이 현재의식 위로 불쑥불쑥 솟아오르지. 그때가 바로 내 안에 있는 무의식과 만나게 되는 순간이야. 우리가 선택하는 언어와 행동들의 상당 부분들은 무의식으로부터 비롯되기 때문에, 거꾸로 현재의식을 관찰함으로써 무의식을 살피는 역 관찰 방법이 가능한 거지.

인간의 무의식을 묘사한 한 광고 포스터

위 그림은 인간의 무의식과 현재의식을 잘 묘사하고 있어. 수면 위의 현재의식은 승리의 트로피를 높이 들고 있지만, 수면 아래 빙산에는 승리의 순간이 있기까지 돈이 없어 고생했던 순간, 힘들게 연습했던 고통의 시간, 좋아하는 것들을 포기해야만 했던 아픔, 좌절과 고통 등의 다양한 경험들이 각인되어 있지. 이렇게 삶의 모든 순간마다 축적되어온 것들이 커다란 무의식의 몸통을 만들게 돼.

너무 오래전 일이라 기억조차 나지 않더라도, 모든 경험들은 잠재의식 깊은 곳에 단단히 얼어붙어 저장되어 있지. 그렇게 무의식은 자신도 모르는 사이에 '결핍'이라는 이름으로 현재의식에 끊임없이 영향을 미치게 되는 거야.

아래는 네 안에 잠재되어 있는 창조력을 깨워줄 워크북이야. 하나씩 채워나가면서 스스로를 되돌아볼 수 있길 바래.

내 무의식속에 무엇이 존재할까?

1. 당신이 가지고 있는 가장 긍정적인 성격 및 특성 10가지를 적어보자.

  (예) 나는 솔직하다, 인내심이 있다, 사랑이 많다 등

2. 이제 당신이 작성한 것들과 정반대되는 성격 및 특성 10가지를 적어보자.

(예) 인내심과 반대되는 조바심, 애정적인 것과 반대되는 미워하는 또는 무관심한 등

긍정적인 성격들과 그것의 반대되는 성격을 적다보면, 본래 있었지만 생각지도 못했던 성격들이 꽤나 많을 거야. 하지만 왠지 낯설지는 않게 느껴질 거야. 반대 성격 또한 분명히 나와 연관이 있는 것들이니까. 우리는 모두 양면성을 갖고 있어. 누구나 좋은 면과 안 좋은 면을 동시에 갖고 있지. 이를 정신분석에서는 '그림자 자아'라고 불러. 좋은 면도, 안 좋은 면도, 실제의 나도, 그림자 속의 나도 자기 자신인 거지. 그러니 우리는 자신의 양면성을 받아들여야 해. 그리고 내가 좋아하고 추구하는 대상들의 이면에 그와 상반된 결핍감이나 기피하는 대상에 대한 저항심리가 숨어 있지 않은지를 살펴봐야만 해. 날 방해하는 요소가 될 수 있거든.

현재의식은 모두 무의식으로부터 만들어지기 때문에 현재의식과 무의식은 한 몸이나 다름없지. 이 둘의 관계를 잘 이해하면 잠재의식의 지도를 쉽게 그려볼 수 있어. 자신의 현재의식을 역 탐색하여 무의식의 내용을 들여다봄으로써 자신이 어떤 결핍에너지를 끌어안고 있는지를 발견하고 나면, 비로소 올바른 '의도(wish)'를 품을 수 있게 되지.

불교의 심리학이라 불리는 아비담마(Abhidhamma)에 따르면, 인간의 마음은 결코 독립적으로 존재하는 게 아니야. 모든 '마음'은 마음과 그것의 내용물(마음을 구성하는 여러 가지 인지적 정보들)로 이루어져 있기에 결코 독립적으로 생겨날 수 없지. 우리의 무의식 속에 저장되어 있던 무의미한 정보들은 특정한 상황을 만나면 서로 그룹을 짓기 시작하면서 어떤 유의미한 형태를 이루게 돼. 이때 처음의 무의미했던 정보들이 자기도 모르게 유의미한 정보로 바뀌면서 '마음'의 형태로 등장하게 되는 거야.

인도의 아유르베다 철학에서도 마음을 '갖가지 생각, 느낌, 감각의 점들로 이루어진 것으로, 그 무수한 마음의 점들은 특정한 모양이 있는 것이 아니라, 서로가 서로를 아주 신속하게 잇따르면서 한데 모이면 '선'으로 인지되는 "인식"을 하게 되는 것'이라고 정의했어.

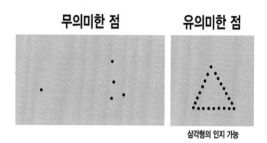

무의미한 점　　**유의미한 점**

삼각형의 인지 가능

마치 점을 불규칙하게 막 찍어놓으면, 그 점 자체는 아무런 의미도 없지만 어떤 관점에서 바라보면 특정한 형상으로 보이는 것과 같은 이치야. 점들의 의미는 우리의 관점에 따라 늘 변하게 되지. 너의 무의식에서 점들의 형태를 유추해 내기 시작할거니까.

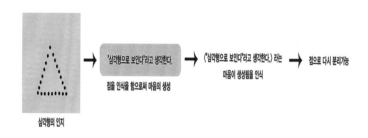

'삼각형으로 보인다'라고 생각한다.

점을 인식을 함으로써 마음의 생성

《'삼각형으로 보인다'라고 생각한다.》라는
마음이 생성됨을 인식

점으로 다시 분리가능

삼각형의 인지

우리가 내 마음이라고 느끼는 감정과 생각들은 감각기관으로부터 얻은 정보들의 조합이야. 그중에서도 특히 내가 주의를 기울인 쪽으로 의미가 부여된 것들이지.

예를 들어 외모가 아름답고(시각정보), 피부가 부드럽고(촉감정보), 목소리가 상냥하고(청각정보), 대인관계가 넓고(성격정보), 마음씨가 고운(정서적 정보) 여성이 있다면, 우리는 그녀에게 호감을 갖게 될 거야. 그녀에 관한 다양한 정보들이 긍정적인 속성을 부여하기 시작하기 때문이지.

하지만 마음은 새로운 정보를 얻는 즉시, 180도 돌아서기도 해. 알고 보니 그 여자의 모든 행동은 연기였고, 말과 행실이 다른 이중생활을 하고 있으며 엄청난 사기꾼이라는 사실을 알게 되었다면, 그녀에 대한 호감은 곧바로 사라지고 불쾌하고 괘씸한 감정으로 가득해질 거야.

마음은 이렇게 '정보'에 의해 수시로 변화해. 마음의 본질은 결국 '정보의 덩어리'인 거야.

<법구경法句經>에서는 "마음은 저 멀리까지 갈 수 있으며, 혼자서 떠돈다. 마음은 물질적 형상을 지니고 있지 않으며 보통은 동굴 속에서 산다"고 이야기했어.

마음이 멀리까지 갈 수 있다는 말은 시공간의 제약을 받지 않는다는 뜻이야. 이를테면 우리가 미국을 떠올리는 순간, 이미 그곳에 가 있는 듯한 느낌을 느낄 수 있는 것처럼.

마음이 혼자서 떠돈다는 말은 한순간에는 하나의 마음밖에 존재하지 않는다는 뜻이야. 마음은 원one 바이by 원one! 하지만 매우 빠르게 변화해서 마음이 이리저리 변하는 것처럼 보이는 것이지. 예를 들자면, 미국을 떠올린 순간 우리는 '여행을 가려면 경비가 얼마나 들려나?' 하는 생각에 빠지고, 저렴한 비행기 티켓을 알아보기 위해 인터넷에 접속해. 그런데 갑자기 유명 연예인의 스캔들 기사에 정신을 뺏긴 거야. 그럼 미국은 까맣게 잊어버릴 수도 있겠지? 결국 생각은 얼핏 순차적으로 일어나는 듯 보이지만, 실은 불연속적인 정보들의 나열일 뿐인 거야.

마음이 동굴 속에 산다는 말은 어두컴컴한 나의 잠재의식 속에 특정한 정보가 들어오면, 그와 연결고리가 있는 내용들이 꼬리에 꼬리를 물면서 의미 있는 덩어리를 만들어가기 시작한다는 뜻이야. 만약 우리가 마음의 불규칙한 널뛰기를 한시도 벗어날 수 없다면, 현실창조는 애초부터 불가능한 일이야. 하지만 내 안의 생각들이 본래 무의미한 정보의 집합에 불과하다는 사실을 깨닫는다면, 나는 내 맘대로 그 의미를 더욱 강화시키거나 해체할 수 있게 되지.

현실적으로 미국여행을 다녀올 시간적 여유가 없음에도 열심히 저렴한 항공노선을 찾고 있는 자기 자신에게 '내가 지금 뭘 하고 있는 거지?' 하는 물음을 던지는 순간, 그 무의미한 생각과 행동은 저절로 멈춰지게 돼. 그저 처음에 '미국'이라는 단어를 떠올렸던 결과일 뿐임을 알아차리고, 아무런 미련 없이 그걸 잊어버릴 수 있게 되는 것이지.

마음을 가만히 들여다보면 우리의 생각과 감정, 행동들의 상당 부분이 상황조건에 따라 자동적으로 올라온 것임을 깨닫게 돼. 반대로 그렇게 눈덩이처럼 커져가는 마음을 제때 해체하지 못한다면, 시간을 헛되이 낭비하며 결국은 실망과 좌절로 치달아 자신을 비난하게 만들 수도 있거든. 과연 내가 정말로 그런 비난을 받아야만 할 상황이었을까? 그건 처음부터 아무것도 아닌 하나의 생각일 뿐이었는데 말이야.

아래의 '분리 기법'을 통해 좋지 않은 감정으로부터 우리의 마음을 해체 시키는 연습을 해보자. 폭풍우 같던 마음속이 한층 더 고요해 질 수 있을 거야.

분리 기법

1. 지금 이 순간 어떤 마음이 떠올랐는지를 알아차린다.

2. 그 마음이 생겨난 이유는 무엇이며, 내가 그렇게 생각한 이유는 무엇인지를 살펴본다.

3. 그것이 처음에 어떤 주제 또는 단어에 의해 생겨났는지를 찾아본다.

4. 지금 이 순간의 마음(1번 항목)이 그저 한두 가지 아이디어(3번 항목)에서 생겨난 것일 뿐임을 인식한다. 그것은 단지 불규칙하게 솟아난 아이디어로부터 파생된 생각으로, 본래 무의미한 것이다.

5. 3번 항목의 답(단어)들을 마음속에서 하나씩 버려가면서 지금 이 순간의 느낌이 어떻게 변화하는지를 관찰한다.

6. 마지막 단어까지 버렸는데도 별다른 저항감이나 부정적 반응이 나타나지 않는다면, 마음의 분리가 잘 일어나고 있는 것이다. 만약 또 다른 이유나 감정이 떠올라 마음의 분리를 방해한다면, 2번 항목으로 돌아가서 자신이 잠재의식 속에 가지고 있는 신념을 다시 점검해본다.

방어 프로그램

　다시 잠깐 뇌 이야기로 돌아가 볼게. 우리 몸의 모든 시스템을 관장하는 인간의 뇌는 발달 순서에 따라 기능적으로 신피질, 구피질, 뇌간의 세 층으로 나뉘어.

　진화의 역사에서 가장 오래된 뇌간은 '파충류의 뇌' 또는 '원시뇌'로 불리며, 호흡과 심장박동과 같은 생명현상을 직접 담당하지. 구피질은 포유류가 출현하면서 발달한 것으로, '포유류의 뇌'라 불려. 변연계로써 감정과 스트레스 반응을 관장해. 마지막으로 신피질은 대뇌피질로서 전두엽, 두정엽, 후두엽, 측두엽을 말하는데, 언어활동을 토대로 기억, 분석, 판단 하는 등 고차원적 정신활동을 담당해. 다른 말로는 '인간의 뇌'라고 불리지.

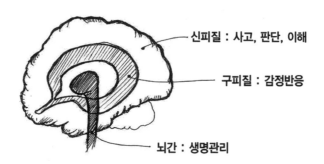

구피질은 우리의 감정 중에서도 두려움을 주로 관장하는데, 두려움이란 감정은 위험한 순간에 자신의 몸을 지키게 해주는 중요한 생존 도구야. 평생 동안 우리를 위험으로부터 보호해주는 일종의 방어 프로그램이라고 볼 수 있지. 신피질 역시, 의심이라는 생각과 판단 중심의 방어 프로그램을 갖추고 있어.

이처럼 두려움과 의심은 우리 인간이 살기 위해 진화시켜온 특별한 자기방어 프로그램이야. 덕분에 우리는 다양한 경험 속에서 어떤 것은 안전하고, 어떤 것은 위험한지를 재빨리 파악할 수 있지.

하지만 방어 프로그램이 의식을 완전히 지배해버리면, 우리는 새로운 경험을 함에 있어서 방해 받게 돼. 실제로 진화를 통해 물려받은 집단 무의식 차원의 방어 프로그램 중 상당 부분은 오늘날의 문명사회 속에서는 불필요한 경우가 많아. 지금은 당장 굶어 죽거나, 맹수로부터 죽임을 당할까봐 걱정할 일이 거의 없잖아? 그럼에도 불구하고 삶 속에서 생존에 대한 두려움이나 의심들이 불쑥 튀어나올 때가 있어. 그럴 때 방어적인 자세를 취하게 되지. 방어적인 자세는 생존에 도움을 주기도 하지만, 한편으로는 현실창조의 장애물이 되기도 해. 그렇기 때문에 우리는 최소한의 의심과 두려움만 남겨놓고, 불필요한 방어 프로그램의 가동을 최소화해야 할 필요가 있어.

거듭 말하지만 마음은 정보들의 집합이야. 그리고 그 정보들이 어느 방향으로 이어지느냐에 따라 마음의 방향도 달라지게 되지. 우리는 '마음의 소리'라 불리는 무의식의 배심원들을 가지고 있어. 이들은 각각의 경험들을 토대로, 자신의 발언권을 통해 내가 위험에 처하지 않게 하기 위해 서로 열렬히 회의하고, 결정된 내용을 나에게 전달해주는 거야. 가끔 마음속으로 이걸 할까, 저걸 할까 고민할 때 여러 마음들이 뒤섞이곤 하잖아? 그 순간이 바로 무의식의 배심원들이 열렬히 회의를 하고 있는 순간이지. 그런데 이들은 종종 자신의 짧은 경험만을 바탕으로 주장을 하는 오류를 범하기도 해. 다른 사람들이 아무리 새로운 사실과 증거를 보여줘도, 그저 '변명'으로 치부하면서 자신의 판결만을 고집하기 일쑤거든. 조금 미심쩍은 정보가 눈에 띄기만 해도, '나를 보호한다'는 명목 아래 지극히 주관적인 판결을 내려버리는 거야. 과잉보호가 좀 심한 편이지.

마음속의 배심원들은 '방어기제'라 불리는 놀라운 언변과 사고력으로 자기에게 유리한 쪽으로 진술을 늘어놓곤 하는데, 이때 주로 사용하는 방어기제들은 다음과 같아.

방어기제(defense mechanism)

방어기제란 자아가 위협받는 상황에서, 무의식적으로 자신을 속이거나 상황을 다르게 해석하여 감정적 상처로부터 자신을 보호하는 심리적 패턴이나 행위를 가리킨다.

1. 억압(repression): 불안에 대한 일차적 방어기제이다. 가장 흔히 쓰는 방어기제로서 받아들이기 힘든 생각, 욕망, 충동들을 무의식 속으로 눌러 넣고 회피해버리는 것이다.

2. 상환(restitution): 무의식 속의 죄책감을 씻기 위해서 스스로 고생을 자처하는 것을 말한다. 예컨대 실수로 누군가에게 해를 입혔을 때 그 죄책감에 평생을 봉사하면서 살아야 한다고 믿는 사고방식이 그러하다. 누구도 그렇게 시킨 적이 없다. 스스로 그렇게 해야만 죗값이 치러진다고 믿고 있을 뿐이다.

3. 적대적 동일시(hostile identification): 제일 닮고 싶지 않은 사람을 오히려 모방하는 것을 말한다. 예컨대 폭력적인 아버지 밑에서 학대받고 자란 아이들은 아버지를 증오하면서도 커서 똑같이 폭력적인 성향을 띠는 경우가 많다.

4. 투사(projection): 자신에게 내재한 단점들을 상대방에게 투사하여 그를 비난하는 것이다. 예컨대 자신이 이유 없이 특정 인물에게 특별히 가혹하게 굴고 있다면 그 사람에게서 내 안의 나약한 측면을 발견했기 때문일 수 있다.

5. 전치(displacement): 원래 자신이 품은 감정을 덜 위험한 대상에게로 옮겨가서 풀려고 하는 것이다. 예컨대 자신의 도덕적 타락에 대해 죄책감에 빠진 사람이 강박적으로 손을 씻는 등의 결벽증을 나타내는 경우가 그러하다.

6. 부정(denial): 가장 원초적인 방어기제 중 하나로, 자신이 감당하지 못하는 상황들을 아예 받아들이지 않는 것이다. 암 선고를 받은 사람들이 자신의 진단결과에 오류가 있다고 주장하는 것이 그 예이다.

6. 합리화(rationalization): 그럴듯한 논리로 자신의 부조리한 생각이나 행위가 타당하다고 주장하는 것이다. 이솝우화에서 여우가 포도를 보면서 보나 마나 신포도일 테니 따먹지 않는 것이 좋겠다며 포기하는 것이 그 예이다.

7. 저항(resistance): 억압된 기억들이 의식으로 떠오르는 것을 스스로 막는 것으로, 때로는 그 기억 자체를 제거해버리기도 한다. 큰 충격을 받고 나서 그 원인이 되었던 사건을 아예 머릿속에서 지워버리는 단기 기억상실증이 그 예이다.

8. 반동형성(reaction formation): 마음속에서 솟아난 욕구와는 정반대로 행동함으로써 그 욕구를 틀어막는 것이다. 속으로는 동생을 시기하고 미워하는 아이가 겉으로는 동생에게 지나친 사랑과 애정을 보이는 모습이 그 예이다.

9. 승화(sublimation): 본능적인 욕구나 참기 어려운 충동을 사회적으로 용인되는 형태로 돌려서 해소하는 것이다. 폭력적인 충동과 에너지를 스포츠나 예술 활동 등으로 대신 풀어내는 것이 그 예이다.

우리의 무의식은 이처럼 다양한 방어기제로써 본래의 정보와 사건들이 무엇이었는지를 알아차리지 못하도록 훼방을 놔. 꼭 나쁘다고는 볼 수 없지만, 객관적이지 않다는 점에서는 그리 좋은 게 아니야. 왜곡된 삶을 합리화하여 살아왔던 대로 계속 살아가게끔 하니까. 그들에게 새로운 경험이란 매우 두려운 거야. 네가 그들이 알고 있던 것에 반하는 걸 하려고 하니, 그들은 열렬히 방해하게 되는 거지. 그 탓에 우리는 진짜 원하는 것이 무엇인지 알기가 어렵게 된 거야. 주관적인 판단은 결코 진실일 수 없잖아.

어쩌면 네가 지금 바라고 있는 것들도, 잠재의식 속의 결핍과 상처로부터 비롯된 방어기제의 아우성은 아닐까?

희소성의 달콤한 유혹

보석이 아름답고 귀한 이유는 아무나 갖지 못하기 때문이야. 보석이 주위에 널린 돌처럼 흔했다면, 아무도 보석을 귀하고 아름답다고 여기지 않았을 거야.

네가 이 세상에서 어느 누구도 갖지 못한 걸 갖고 있다면, 넌 이 세상에서 가장 희소성이 높은 걸 가진 셈이 되는 거지. 아마 사람들은 부러운 시선으로 너를 쳐다볼 거고, 넌 한껏 의기양양해진 채로 그 시선을 즐길 거야.

누가 특정한 대상에 그런 가치를 부여했을까? '나는 남들이 못 가진 무언가를 가지고 있으니, 그들보다 우월하다'는 '인정을 받고 싶은' 욕구로부터 나온 거야. 그러니 희소성의 가치는 사실 희소한 대상 그 자체에 있는 것이 아니라, 내 안의 욕구와 맞아 떨어졌을 때 생겨나는 거야. 네가 끌리지 않는 것은 남들이 아무리 다이아몬드라 해도 의미가 없겠지.

'남의 떡이 커 보인다'는 말이 있듯이, 모두가 똑같은 것을 가지고 있어도 남의 것이 내 것보다 더 나아보이는 묘한 심리가 존재해. 우리는 남들이 가지지 못한 것을 가졌을 때 엄청난 카타르시스를 느끼게 되지. 반대로 남들이 다 가지고 있는 것을 가지지 못했을 땐 엄청난 패배감과 열등감에 사로잡히게 돼. 그래서 우리는 항상 남들이 가진 것보다 더 나은 뭔가를 원하는지도 몰라.

하지만 우리가 그렇게 '염원하는 대상'들을 살펴보면, 대중매체에 의해 만들어진 희소성의 가치에 매몰된 것들이 대부분이야. 유명 연예인들이 입고 나오는 의상과 액세서리를 걸침으로써 자신을 그와 동일시하고 대리만족을 느끼려 하듯이. 혹시 너도 세계 10위 부자들의 성공스토리를 부러워하며, 그들처럼 살고 싶다고 꿈꾸고 있지 않니? 월 1억 넘게 번다는 인기 유튜버들을 부러워하며, 그렇게 되어야겠다고 마음먹고 있지는 않아? 정작 그것이 내가 진정으로 원하는 것인지는 생각해보지도 않고 말이야.

우리는 마음에 품고 있는 대상이 진정 내가 원하는 것인지, 아니면 '희소성' 때문에 자기도 모르게 원하게 된 것인지를 먼저 파악해야해. 행복의 기준은 지극히 주관적인 건데도, 우린 특정한 대상을 추구해야만 정상적인 삶을 살 수 있는 것처럼 세뇌당하고 있지. 이게 문제인 거야.

남들과 다르게 살아도 얼마든지 행복할 수 있어. 아니, 오히려 남들과는 다른 나만의 기쁨을 찾아야만 행복할 수 있지.

"네가 원하는 게, 정말 그게 맞아?"

외모, 돈, 명예를 향한 맹목적인 집착은 결코 행복으로 이어질 수 없어. 현실창조는 희소성이라는 가치와 무관하게 나만의 '맞춤형' 행복의 조건을 발견해가는 과정 속에서 빛을 발할 수 있어.

정보 바이러스

"나는 어떤 생각을 하면서 살며, 그 정보는 어디서 얻은 것일까?"

행동경제학자인 댄 에이리얼리(Dan Ariely) 교수는 인식된 정보의 유무가 실제로 미각을 좌우할 수 있다는 한 실험을 했어.

그는 술집에서 시판하는 버드와이저를 '맥주 A'로, 식초를 몇 방울 넣은 버드와이저를 '맥주 B'로 분류하고, 학생들이 시음하도록 했어. 그리고 마음에 드는 쪽을 골라 한 잔 더 마시게 했지.

맥주 B에 식초가 들어 있다는 사실을 알지 못한 학생들은 대부분 맥주 B를 선택했어. 반면, 맥주 B의 정체를 안 학생들은 시음 전부터 코를 막으면서 진저리를 치더니 맥주 A를 선택했어.

이어 그는 아무 정보가 없는 상태에서 맥주 B를 선택한 학생들에게 맥주 B의 정체를 공개했어. 식초가 들어갔다는 사실을 알았으니, 학생들의 선택이 바뀌었을까? 결과는 의외였어. 학생들은 맥주의 정체를 알고 나서도 식초가 들어간 맥주를 더 선호했고, 심지어는 식초 몇 방울을 더 첨가해서 마시기도 했거든. 먼저 있는 그대로의 맛부터 접한 학생들은 부수적인 정보에 영향을 받지 않고, 자신의 선택을 고수했던 거야. 하지만 처음부터 '식초 탄 맥주'라는 선입견을 갖고, 맥주 B를 마신 학생들은 있는 그대로의 맛을 느끼지 못했지.

이처럼 정보가 우리의 미각을 변화시킨다면, 신체도 의식을 통해 변화될 수 있을까?

양쪽 집게손가락을 나란히 맞붙여 길이를 확인해봐. 그리고 양손을 뗀 후에 왼쪽 집게손가락을 보면서 "길어져라, 길어져라!" 하고 되뇌고, 오른쪽 집게손가락을 보면서는 "짧아져라, 짧아져라!" 하고 되뇌어봐.

2분 정도 후에 두 집게손가락을 맞대어 다시 길이를 비교해봐. 어때? 정말 생각대로 왼쪽 집게손가락이 더 길어졌지?

거봐. 우리는 생각만으로도 신체를 변화시킬 수 있어. 특정한 정보를 지속적으로 입력하면, 불가능해 보이는 신체적 변화까지도 가능해질 수 있단 말이야. 건강 상태든, 외모든, 그 무엇이든.

우리는 어릴 때부터 축적해온 경험을 통해 서로 다른 삶을 살아가. 어렸을 때의 가정환경이 미래의 인생을 좌우하는 이유는 그때 획득한 정보의 질이 우리의 삶에 직접적인 영향을 미치기 때문이야. 맹자의 어머니가 맹자를 교육시키기 위해 세 번이나 이사를 다녔던 이유도 그곳에서 아들이 보고 배울 정보의 가치를 알았기 때문이지.

우리는 어렸을 때 받은 정보를 그대로 수용하거나, 일부러 반대되는 삶을 선택하기도 해. 아버지의 절약 습관을 그대로 물려받아 알뜰한 딸이 있는가 하면, 그런 모습이 지겨워서 허풍이 심하고 씀씀이가 헤픈 남자에게서 호감을 느끼는 딸도 있지. 실제로 일상 속의 사소한 정보들이 우리 삶에 의외로 큰 영향을 미쳐왔으며, 그것들이 모여 오늘날의 우리를 만들어 버린 거야.

"정보가 왜 현실창조에 방해가 되는 걸까?"

이 질문의 답은 우리의 무의식과 관련이 있어. 모든 정보는 '무의미한 정보'의 형태로 무의식에 저장되어 있었으나, 특정한 상황을 겪으면 그것과 연관된 '특정한 정보'를 떠올리게 돼. 그럼 특정한 정보들이 다시 연결되면서 잠재된 상태로부터 표면으로 떠올라 의식을 지배하게 되는데, 이걸 '정부의 지배'라고 해. 그러니 무의식을 살펴보지 않고는 현실창조를 논할 수가 없겠지.

무슨 장면 일까요?

위 그림을 보면 어떤 생각이 들어? 사람들은 자신에게 지금까지 주입되어온 정보에 따라 이 그림을 저마다 다르게 해석하곤 해. 각자의 반응을 통해서 우리는 자신의 속마음이 어떤 정보로 구성되어 있는지를 알 수 있지. 내가 떠올린 단어들의 패턴과 조합, 어휘가 바로 내 의식을 구성하고 있는 정보이기 때문이야.

정보는 이렇게 아무도 모르는 사이에 우리를 감염시켜버려. 우리는 그 정보들의 조합이 마치 우리의 생각인 것처럼 행동하지만, 그 생각의 주체는 결코 내가 아니야. 네가 외부의 정보를 선택적이고 합리적으로 받아들인다고 믿는다면, 그건 대단히 큰 착각이지. 우리는 자신도 모르는 사이에 온갖 정보를 무분별하게 받아들이고, 그것에 의해 세뇌 당해버리게 되거든. 나는 이걸 '바이러스 정보'라고 불러.

하루는 친구와 쇼핑을 갔는데, 친구가 쇼 윈도우에 걸린 옷을 보고 "참 예쁘다."고 했어. 그 옷은 하늘색 계열의 체크무늬로 되어 있어서 내 취향과는 거리가 멀었지. 친구는 계속 너무 예뻐서 사고 싶다고 했지만, 나는 그 옷에 관심이 없었지.

며칠 후 나는 백화점에 갔다가 우연히 그 옷을 발견하게 됐어. 그리고 전부터 눈여겨보았던 옷이라고 아는 척을 하며 덜컥 그 옷을 구입하고 말았어. 전혀 내 취향이 아니었지만, 웬일인지 그날따라 그 옷이 무척이나 예뻐 보였거든. 지금 생각해 봐도 그 옷은 여전히 내 취향이 아닌데, 대체 왜 그 옷을 산걸까? 나는 어느 틈엔가 친구의 '정보 바이러스'에 감염되었던 거야.

이처럼 우리는 알게 모르게 온갖 정보의 지배를 받으며, 그게 곧 나의 생각이라고 당연하게 믿으며 살고 있어. 버스에서 흘러나오는 노래 한 구절, 거리에 붙어 있는 작은 전단, 슈퍼마켓 아주머니의 수다 등 온갖 정보가 오늘도 우리의 잠재의식 속에 차곡차곡 쌓이고 있지.

하지만 이 모든 건 그저 무의미한 '정보'들일 뿐이야. 절대적으로 옳은 것도, 그른 것도 없지. 이 사실을 인식하지 못한다면, 우리는 '정보 바이러스'의 노예 신세를 벗어날 수 없게 돼.

나의 무의식 속에 저장되어 있는 긍정적 정보와 부정적 정보의 스코어(비율)가 변화하는 것을 나는 '정보 싸움'이라고 불러. 긍정적 정보와 부정적 정보 중, 어느 정보가 더 많은지에 따라 무의식 속의 정보들에 대한 판단의 기준이 달라지게 되지. 정보 싸움은 곧 에너지의 싸움이야. 모든 판단은 스코어에 의해서만 변하기 때문이야. 그래서 우리는 늘 깨어있어야 해. 현실을 자각하지 못하고, 무의식적으로 살아간다면 우리는 정보의 노예일 뿐인 거니까.

어떻게 하면 정보의 지배를 벗어날 수 있을까?

정보 바이러스에서 해방되기

1) 생각 내려놓기

모든 생각은 정보의 조합이기 때문에, 정보 바이러스에서 해방되기 위해서는 먼저 생각부터 멈춰야 한다. 아무리 좋아 보이는 생각이 떠오르더라도, 단호하게 그 모든 생각을 잠시 멈춰보라.

2) 행동하기

아무 의미 없는 행동을 해본다. 아무 말이나 지껄여보라. 몸을 아무렇게나 움직여보라. 그냥 바보처럼 웃어보라. 나의 행동에서 의미를 찾으려고 하지 말라.

3) 직감 따르기

갑자기 무언가를 해야겠다는 생각이 떠오른다면, 당장 해보라. 그것이 나에게 어떤 이득을 주는지, 어떤 의미가 있는지를 생각하지 말라. 그러면 그 순간의 진실에 가까워지게 된다. 생각에 휘둘리지 않고, 순수하게 행동할 수 있는 법을 자연스럽게 터득하게 된다. 우리의 잠재의식 속에는 이미 나에게 정말 필요한 것들이 완벽하게 프로그램 되어있으나, 잡다한 생각들이 그것을 가리고 있다. 그러므로 생각을 멈추고 직감을 따르면 적시 적소에서 필요한 일들이 순조롭게 일어나기 시작할 것이다.

4) 순수정보 찾기

순수정보란 과거의 경험을 통해 덧씌워진 인식의 이면에 존재하는, 그 에너지가 가진 정보 그 자체를 말한다. 덧씌워진 정보를 제거해야만 비로소 직감을 통해 순수정보를 찾을 수 있다. 그것이 바로 '통찰'이다. 하지만 순수정보는 늘 가려져 있기 때문에 그것을 볼 줄 아는 내면의 시야를 키워나가야만 한다.

"부처를 만나면 부처를 죽이고, 조사를 만나면 조사를 죽여라!"

<임제록>

왜 부처를 만나면 부처를 죽이라고 했을까? 부처가 무슨 잘못이라도 했나? 그게 아냐. 잘못은 사실 우리가 가진 정보의 오류에 있어. 부처는 하나의 상징일 뿐이지. 내가 믿고 있는 내용을 이미지화시킨 것에 불과해. 정보는 정보일 뿐, 그 이상도 그 이하도 아니지. 그러므로 우리는 부처의 본질, 그 자체로 들어 가야해.

기존에 갖고 있던 그 모든 정보를 내려놓고, 앞에 있는 사람을 있는 그대로 바라봐봐. 기존에 가지고 있던 정보를 무의식적으로 재생하는 것이 아니라, 지금 이 순간 드러나고 있는 순수정보들을 직감으로써 찾아봐. 그리고 눈에 보이는 현상 이면의 고유한 에너지를 느껴봐.

관념이 다시 끼어들어 해석하고 판단하려 들거든, 의도적으로 그 흐름을 끊어버려! 그리고 다시 무덤덤하게 현실을 바라보는 거야. 그리고 나의 이성과 판단, 선입견과 외부적 정보와 무관하게 떠오르는 순수한 의도를 알아차렸다면, 그것을 '행동'으로 옮겨!

"생각보다 행동을 먼저 하라!"

이게 바로 분석하지 않고 정답을 찾아내는 방법이야. 우리는 자신이 선호하는 정보만을 받아들여 왔지. 하지만 지금 이 순간 있는 그대로 받아들인다면, 뒷전에 감추어져 있던 현실이 차츰 보이기 시작할 거야.

진짜 세계는 무엇이었을까?

포맷하고 재입력하기

※ 포맷

1) 내 생각은 합리적이다? → X

2) 고민해서 얻은 결정은 옳다? → X

3) 정보가 힘이다? → X

※ 재입력

1) 모든 정보는 그저 그 자리에 있었을 뿐, 본질적으로 무의미하다.

2) 눈에 보이는 정보 너머의 것을 찾아라.

3) 세상에 가득한 정보의 함정에서 스스로 벗어나라.

4) 진실로 믿을 수 있는 것은 정보에 휘둘리지 않는 상태의 나 자신 뿐이다.

인식의 오류

우리는 인간의 뇌를 종종 컴퓨터에 비유하곤 하지. 우리의 뇌가 컴퓨터의 정보처리 과정과 비슷하게 작동하기 때문이야. 우리는 어떤 사건을 인지하고, 그로부터 얻은 정보를 기억이라는 방식으로 머릿속에 저장해. 그리고 그 기억들을 토대로 자동적 사고가 일어나게 되지. 이 자동적인 사고의 틀을 심리학에서는 도식(schema)이라고 해.

1934년에 행동주의 심리학자 왓슨(John B. Watson)은 자신의 아들에게 실험을 했어. 태어난 지 1년도 채 안 된 아들 앨버트가 흰 쥐를 만질 때마다 큰소리를 들려주어 놀라게 했지. 이때부터 앨버트는 흰 쥐뿐만 아니라, 흰색의 물체만 봐도 깜짝 놀라며 두려워하게 됐어. 놀라기 전에는 흰 물체에 대한 부정적인 사고를 전혀 가지고 있지 않았지만, 큰소리에 여러 번 놀란 이후에는 '흰색은 무섭다'는 도식을 갖게 된 거야.

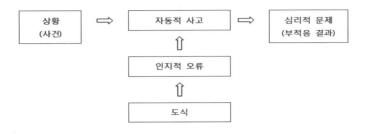

인식의 과정

이렇게 한번 생긴 도식은 어떤 상황이 있을 때마다 자동으로 튀어나오곤 해. 흰색만 봐도 자동적으로 놀라게 되지. 그런데 세상의 모든 흰색이 나쁜 건 아니잖아? 이 자동시스템은 선악이나 옳고 그름에 대한 고려는 전혀 하지 않은 채 무조건적인 반응만을 일으키는 거야. 편리한 만큼이나 큰 오류를 일으킬 위험성도 가지고 있는 거지. 이를 '인지오류'라 부르는데, 제한된 도식을 통해 현실을 바라보면 필연적으로 정보처리의 오류가 발생할 수밖에 없다는 말이야.

인지오류의 종류는 다음과 같아.

인지오류

1) 과잉 일반화: 단지 몇몇 경험으로부터 보편적 규칙을 추론하여 이를 관련 없는 상황에까지 광범위하게 적용하는 것으로, 첫 사랑에 실패한 사람이 지레 겁을 먹고 다시는 사랑에 빠지지 않고 혼자 살겠다고 다짐하는 경우가 그 예이다.

2) 선택적 주의: 다른 정보를 무시한 채 내가 보고 싶은 점들만을 계속 개념화시키는 것으로, 한쪽 시점에서 바라보기 때문에 전체 상황을 파악하기 어려우며 왜곡된 인지가 지속된다.

3) 개인화: 별다른 근거도 없이 외부적 사건의 원인을 자신에게서 찾는 것으로, 과도한 책임감으로 자신이 지구를 지키겠다거나 다른 사람들을 구제하겠다고 나서는 식의 자기중심적 사고가 그 예이다.

4) 재앙화: 미래를 자꾸 나쁜 쪽으로 추리하고 기대하는 것으로 종말론자, 비관론자들이 보이는 일반적인 오류이다. 하지만 세상은 한쪽 방향으로만 흘러가지 않으며, 우리의 선택에 따라 기아나 전쟁 등의 전 지구적 불행도 하루아침에 사라질 수 있다.

5) 임의적 추론: 현실적 근거 없이 도식에 근거해서 단번에 추론하는 것으로, 다른 사람이 기분 나쁘게 쳐다본다고 분노해서 폭행을 가하는 경우가 이에 해당한다. 우리는 주관적인 감정보다 현실적인 관계를 살펴서 행동해야 한다.

앞서 살펴봤듯이 도식은 종종 인지오류를 만들어내고, 그릇된 자동적 반응을 일으키게 돼. 우리는 이러한 도식을 무비판적으로 사용하고 있기 때문에 상황을 주관적으로 해석하게 되는 경우가 많아. 이럴 때 주로 삶에서 문제를 겪게 되는 거지. 도식이란 기본적으로 과거의 산물이야. 하지만 우리의 삶은 시시각각 변화하고 있잖아. 이 세상에서 매 순간 변화하지 않는 것은 아무것도 없지. 변하지 않는 것이 있다면, 오직 내 머릿속의 도식뿐일지도 몰라. 도식은 처음 형성될 때가 가장 중요해. 그 도식이 확실하다는 판정이 나면 두 번째, 세 번째의 경험에서는 자동적으로 일어나게 되거든. 이처럼 특별한 사고과정 없이 동일한 반응을 자동적으로 내보내는 걸 흔히 '습관' 또는 '고정관념'이라고 불러. 우리의 뇌는 도식에 비춰봤을 때 '경계하지 않아도 좋다'고 분류되는 자극들에 대해서는 점차 에너지를 덜 쓰는 쪽으로 작동해. 이를테면 우리는 밥을 먹을 때 자신이 젓가락질을 어떻게 하는지에 굳이 신경을 쓰지 않지. 길을 걸을 때도 마찬가지야. 매일 반복되는 일상은 특별한 자극으로 인식되지 않기 때문에 자동적으로 처리하는 거야. 일상생활의 많은 부분을 자동으로 처리하기 때문에, 매 순간 일어나는 미세한 변화는 인지하지 못하는 거야. 우리가 새롭게 정보를 인지하는 건 오직 과거의 기록을 대치할 만큼 큰 변화나 자극이 있을 때야. 다시 말해 우리는 뇌의 자동시스템에 의해 늘 과거 속에서 살고 있는 셈인 거지.

"예쁜 여자를 만나야 성공한 삶을 살 수 있다"고 생각하는 사람이 있다고 가정해보자. 그는 왜 이런 생각을 하는 걸까? 아마 그는 삶 속에서 예쁜 여자가 화목한 가정을 이루며, 자식들을 잘 길러냈고, 그 자식이 성공을 해서 가문이 일어서는 실례를 경험했을 수도 있어. 마치 오랜 세월 누적된 하나의 드라마 같은 거지. 그는 그 드라마를 봐온 거야. 드라마 속에서 결국 성공한 그들의 모습을 보며 부러움을 느꼈을 테고, 자신도 그런 삶을 살면 좋겠다고 생각을 했을 거야. 그리고 무언의 동의처럼 그는 드라마 속 케이스를 자신의 롤 모델 삼아 신념처럼 하나의 도식을 만들어 버리게 된 거지. 우리는 모두 이러한 과정을 통해 자신만의 신념체계를 구축해 나가고 있어. 하지만 이러한 과정들 속에 오류는 만들어지게 돼. 왜냐하면 일부의 체험으로 비롯된 신념체계일 뿐, 삶 속의 모든 부분에 적용시킬만한 도식은 아니기 때문이야. 그는 자신이 경험한 그것을 모든 사람에게 적용시키려 하고, 때로는 자식에게, 주위 사람들에게 그것을 강요한다면, 그 순간 문제가 일어나게 돼. 서로 다른 도식들이 충돌하게 되니까.

예쁜 여자를 만나야 성공한 삶을 살 수 있어!
아니. 세상에 그런 법이 어디 있어? 얼굴이 무슨 상관이야?
능력이 중요하지!

그렇다면 우리 삶 속의 대부분을 구성하고 있는 이러한 도식을 어떻게 발견하고, 재세팅해야 할까? 도식을 발견하는 건 생각보다 쉬워. 그 사람이 평소 반응하는 일상생활 속을 표현하는 말을 들어보면 알 수 있거든. 다음의 워크북을 통해 네가 가진 도식을 한 번 파헤쳐보도록 하자.

도식발견하기

우리는 질문기법을 통해 자신의 머릿속에 어떠한 도식이 들어있는지를 알아낼 수 있다. 다음의 대화는 머릿속의 도식이 드러나는 과정을 보여준다.

내담자 : 얼마 전에 한 고객이 저에게 전화를 걸어 말도 안 되는 이유로 트집을 잡아서 정말 어이가 없고 답답해서 미치는 줄 알았어요.

상담자 : 답답하게 느낀 이유가 뭔가요?

내담자 : 제가 아무리 친절하게 설명해도, 그 사람은 자기주장만 하고 제 말을 도무지 알아듣질 못하더라고요. 전화기를 무려 30분이나 넘게 붙잡고 있었어요. 아주 꽉 막힌 고객이었어요.

상담자 : 그 사람이 뭐라고 하던가요?

내담자 : 자기는 100% 울만 입는데 저희 제품을 입어보니 아닌 것 같다는 거예요. 라벨에 분명히 100% 울이라고 써져 있는데도 불구하고 못 믿겠다는 거죠. 그러면서 원산지를 알려달라는 둥, 제조과정을 알려달라는 둥 그러는 거예요. 제가 그걸 어떻게 알아요? 저는 그냥 그걸 수입해서 파는 사람인데요.

상담자 : 어쩌면 그 사람이 느낀 것이 맞을 수도 있잖아요? 그것이 100% 울이라는 걸 어떻게 알죠?

내담자 : 라벨에 쓰여 있잖아요. 그럼 맞는 거죠. 그걸 믿지 않으면 어떻게 장사해요?

상담자 : 그렇다면 그 고객은 왜 라벨을 믿지 못하는 걸까요? 왜 자기가 느낀 느낌이 맞다고 우기는 걸까요?

내담자 : 글쎄요. 저희 제품이 중국에서 수입해오는 거라서 믿지 못하는 걸까요? 가격은 좀 싸지만, 제가 설마 가짜를 팔겠어요?

상담자 : 그 고객이 이전에 비슷한 일을 겪은 적이 있나 보죠. 당신은 혹시 그런 경험을 한 적이 없나요?

내담자 : 음. 생각해 보니까, 중국에는 가짜 명품이니, 음식이니 장난치는 사람들이 많다고 뉴스에 늘 나오잖아요. 백화점에서 파는 물건도 가짜가 많다고 하더라고요. 저도 중국에서 수입한 음식은 절대 안 먹어요.

상담자 : 아마 그 고객도 당신과 같은 생각을 가졌을지 모르겠네요. 울에 대해서는 잘 안다고 자부하시니까 그분의 느낌이 맞을 수도 있지 않을까요?

내담자 : 그럴 수도 있겠네요. 그분이 정말 울을 좋아한다면 진짜와 가짜의 차이를 잘 알겠죠? 저도 제가 좋아하는 커피는 원산지까지 다 알아맞히거든요.

상담자 : 이제 그 사람이 왜 그렇게 열변을 토했는지 이해가 되세요?

내담자 : 네, 조금 이해가 되네요. 사실 전 제가 팔고 있는 물건에 대해 자부심이 있어요. 그리고 제 물건에 대해선 누구보다도 제가 제일 잘 알고 있다고 생각했죠. 고객이 다짜고짜 라벨을 믿지 못한다고 하니까 어이없고 황당했었는데, 그럴 수도 있겠다는 생각이 드네요. 공장에 한번 알아봐야겠어요. 고객의 말대로 정말로 울 100%가 아니라면, 저도 이 제품을 파는 것에 대해 다시 생각해봐야겠어요.

상담자 : 상품을 다시 한번 점검해 볼 수 있는 기회가 되었으니, 오
히려 감사하네요.

내담자 : 정말 그러네요.

내담자의 머릿속에서는 자신이 파는 상품에 대한 자부심과 자신이 상품에 대해 제일 잘 알고 있다는 도식이 들어있었기 때문에, 고객의 불만을 제대로 수용하지 못한 것이다. 이런 도식들은 우리의 삶속의 많은 부분에서 오류를 일으킨다. 이 질문과정을 혼자서 진행해볼 수도 있다. 위의 대화 내용을 참고하면서, 다음 순서를 따라 자기점검을 해보도록 하자.

이것은 내가 평소에 가지고 있던 도식을 발견하는 연습이다. 가능한 자주 시간을 내서 다음의 과정을 따라, 내가 어떤 도식을 가지고 있는지를 발견해보자. 내가 무의식중에 하는 생각과 말들의 경향성이 어떠한 관념에서 비롯되었는지를 발견하는 데 도움이 될 것이다.

1. 내가 평소 경험하지 않았던 사진, 영화, 장소, 사람을 만나라. 신선한 자극일수록 좋다.

2. 낯선 환경 속에서 느껴지는 감정들을 글로 기록한다. 마음속에서 일어나는 모든 반응들을 세세하게 기록하자.
예) 난 별로 영화를 좋아하진 않지만 영화관에 오니까 사람들이 왜 이렇게 많냐? 지금 이 시간에 영화관에 오다니. 난 그렇다 치고 사람들은 정말 할 일 없네. 등등

3. 자신이 기록한 모든 반응들을 각개의 문장으로 쪼갠다.
예) 나는 영화를 좋아하지 않다.

영화관에 왔다.

사람들이 많다.

이 시간(낮 3시)에 오니 사람들이 할 일 없는 사람들이란 생각이 들었다.

4. 각 반응들 중 사실과 주관적인 반응을 분리해낸다.
예) 나는 영화를 좋아하지 않는다. (반응)

영화관에 왔다. (사실)

사람들이 많다. (반응) : 많다란 숫자도 주관적인 것이다.

이 시간에(낮 3) 시에 오니 사람들이 할 일 없는 사람들이란 생각이 들었다. (반응)

5. 우리는 언제나 매 순간의 사실만을 인지해야 한다. 반응들은 나의 어떠한 도식에 근거해서 반응되게 된 반사작용이다. 그것은 실제가 아니다. 하나의 허상일 뿐이다. 반응들에 대해 '왜'라는 질문을 해보자. 그리고 그 속에 어떠한 도식이 있는지를 발견해 보자.

예) 나는 영화를 좋아하지 않는다. -> 왜? -> 어릴 적에 영화를 볼 때마다 엄마에게 혼이 났다.

사람들이 많다. -> 왜? -> 반 정도 꽉 차면 많은 것이 아닌가?

이 시간(낮 3시)에 오는 사람들은 아마 할 일 없는 사람들일 것이다. -> 왜?

-> 낮 3시는 당연히 일할 시간이다. 일하지 않는 사람들은 할 일 없는 백수 아닌가.

6. 모든 도식이 오류를 만들어 낸다. 찾아낸 도식들을 마음속으로 제거한다. 그것은 자라온 환경에 의해 생성된 도식일 뿐이며, 지금의 현실과는 아무 상관도 없는 것이기 때문이다. 지금 이 순간부터 그 도식을 내려놓겠다고 선언한다.

7. 처음의 낯선 환경 속에서 느낌을 다시 기록해보자. 만약 이전의 반응이 또 올라온다면, 그 반응을 제외한 반응들을 의도적으로 찾아보자. 그리고 다시 사실과 반응을 분리하고, 도식을 찾아보자.

8. 사실만이 지금 현재 일어난 삶에 대한 정확한 반응이다. 이 과정을 기억하고, 삶 속에서 매 순간 느끼는 미세한 감정들을 알아차려, 도식에 의해 왜곡된 반응을 만들어내고 있지는 않은지를 체크해 보자.

질문을 계속하다 보면, 내가 가진 고질적인 도식을 발견하게 돼. 그 도식들은 그동안 살아오면서 생겨난 어떤 상처 나 두려움, 제한, 걱정 등에 의해 생겨난 것일지도 몰라. 그 도식들이 계속 남아있는 한, 우리는 외부 세계를 인지함에 있어서 계속 오류를 범할 수밖에 없을 거야. 객관적으로 나를 관찰하다 보면, 실제 사실과는 무관한 많은 것들이 인지적으로 잘못 처리되고 있었음을 깨닫게 될 걸? 내 도식들의 상당수는 나도 모르게 생겨나서, 내 무의식을 굳건하게 지켜오고 있었음을 알게 될 거야. 우리는 결코 새로운 선택을 할 수 없는 프로그램 안에서 살고 있는 거야. 만약 너의 고집들이나 바람, 목표, 꿈들이 잘못된 도식에 의해 생겨났다면, 너는 어떻게 해야 할까? 만약에 네가 굳게 믿어왔던 모든 것들이 틀린 것일 수도 있다면? 왜곡된 도식에 의한 자동적 사고가 현실 창조를 방해하고, 현실 생활에서 모든 문제들을 발생시킨 거라면?

현실창조를 위해서는 우리 안에 있는 도식을 반드시 수정해야 해. 도식을 수정하는 방법은 그리 어렵지 않아. 도식이 일어나는 순간을 알아차리고, 잠깐 멈춘 후에 다시 본래의 정보를 볼 수 있도록 관점을 수정해주면 돼.

일상생활 속에서 도식이 일어나는 순간을 알아차렸다면, 심상화 명상을 통해 도식 수정하기를 시도해 볼 수 있다. 방법을 숙지한 다음, 스스로 명상을 진행해본다.

1. 잠시 눈을 감고 되뇌어본다. '내가 지금 가지고 있는 생각은 옳지 않다. 나의 오류이다. 이것은 나의 경험에 의해서 생겨 난 하나의 허상이다. 실체가 없으며, 아무 의미도 없는 것이다. 그렇기 때문에 나는 이 의미 없는 정보를 그냥 흘려보낸다.'

2. 상상을 통해 도식의 이미지를 최대한 구체화 시킨 후, 그것이 연기처럼 흩어 공기 중으로 사라지는 상상을 한다. 실제로 존재하는 대상이 아닌, 상상일 뿐이므로 결국 사라질 수밖에 없는 것이라고 생각한다. 예를 들면, 여자는 예뻐야만 한다는 도식이 있는 경우에는 홀딱 반할 정도의 매력적이고 예쁜 여자를 상상한다. 그녀는 홀로그램 영상이다. 너무 매력적이지만 사라져버릴 수밖에 없다. 그리고 그 여자가 천천히 흩어 사라지는 상상을 한다. 이내 여자는 완전히 사라져 버렸다.

3. 그 관념은 더 이상 내 머릿속에 남아있지 않다. 모두 공기 중으로 사라져서 흔적조차 찾아볼 수 없기 때문이다.

4. 본래의 모습을 고스란히 볼 수 있는 투명한 렌즈가 있다고 상상해본다. 그리고 투명한 렌즈를 자신의 눈에 끼워본다. 렌즈를 끼자, 본래의 모습들이 더욱 선명하게 보이기 시작한다. 이제 도식에 의해 왜곡된 세상을 바라보는 것이 아닌, 본래 있었던 세상을 볼 수 있게 되었다.

5. 눈을 뜨고 다시 현실을 즉시하자. 지금 상황을 있는 그대로 바라본다. 그 어떤 왜곡된 관점도 허용해서는 안 된다. 본래 있던 정확한 모습을 보자. 실제의 모습은 무엇인가? 그 대상이 어떻게 보이는가? 예전에 내가 가지고 있던 도식은 수정되었다. 앞으로는 투명한 도식을 가지고, 있는 그대로의 상황을 볼 수 있다.

자동적으로 일어나는 도식의 오류를 매 순간 알아차림으로써 수정해주지 못한다면, 우리는 영원히 무엇이 잘못된 줄도 모른 채 살아가야 할지도 몰라. 하지만 마음속에서 일어나는 반응들은 매우 미묘해서 쉽게 알아차리기가 힘들지. 내가 방법을 알려줄게. 알아차림을 생활화하면, 도식을 조금씩 수정해 나갈 수 있어. 마음속에 일어나는 하나하나의 반응들을 관찰함으로써 마음을 제어하는 힘을 길러나가는 거야. 이 작업은 오랜 시간 투자를 해도 모자라지 않아. 할 수 있는 한, 많은 도식들을 제거해 나갈수록 좋지. 도식을 다시 세팅함에 있어서 기준은 언제나 제로라는 사실을 꼭 기억해. 모든 정보들로부터 벗어난 제로 상태에 머무르는 것이 핵심이거든.

도식은 나의 에고ego와 고정관념을 구성하는 핵심 프로그램이야. 그렇기 때문에 편협한 도식들을 제거하고 나면, 직관적이고 순수한 정보를 훨씬 잘 받아들일 수 있게 되지.

도식을 깨버리는 또 다른 방법은 도식의 명령과는 반대로 행동하는 거야. 가장 하기 싫은 것을 일부러 찾아서 해보고, '내가 그걸 왜 싫어했을까, 왜 두려워했을까'를 생각해봐. 가장 참을 수 없는 조건 속에 나를 내던져보는 거야. 내가 처음에 말했잖아. 난 사람들이 가장 하찮다, 비천하다 생각하는 것들을 굳이 찾아서 해봤다고…

하기 싫은 걸 억지로 하면, 참기 힘들 것 같다고? 그렇지 않아. 싫은 것을 직면하는 순간 강하게 올라오는 거부반응을 만나게 되는데, 그건 도식에 의한 것일 뿐이니까. 그렇다면 어떤 도식에 의해 생겨난 반응일까? 궁금하지 않니? 알고 싶다면, 도식이 명령을 거슬러 볼 필요가 있어. 일단 제일 싫은 걸 찾아서, 눈 딱 감고 해보는 거야. 네가 옳다고 굳게 믿어온 습관이 있다면, 그것과 반대로 생각하고 행동해봐(그렇다고 범법을 저지르라는 것은 아냐). 엄청난 거부반응을 뚫고 이겨냈을 때, 너는 아마 엄청난 해방감을 느끼게 될 거야. 그리고 분명히 새로운 사실을 깨닫게 될 걸? 여태껏 아주 별것 아닌 것에 갇혀 있었다는 사실을!

만약 도식을 넘어선다면, 즉 신념체계와 자동적 사고를 넘어서서 있는 그대로의 현실과 마주한다면 우리는 엄청난 양의 순수정보를 발견하게 될 거야. 무한한 가능성의 열린 세계를 말이야. 적어도 네 발목을 잡는 거짓된 두려움 따위는 없을 거야. 창조의 순간은 무한한 가능성의 세계로부터 시작되어야 해. 매 순간 열린 마음으로 순수정보를 받아들여봐. 머지않아 새로운 세계가 펼쳐지게 될 테니까.

우리는 그동안 자신이 진정 무엇을 원하는지도 알지 못한 채 환상 속에서 살아온 거야. 자신이 진심으로 원하는 게 아니었기 때문에, 그걸 이룰

제2장 Wish 나의 진정한 소원은 무엇일까?　133

수 있는 힘도 약했던 거지.(오링테스트 할 때 이야기했었지? 우리는 무의식으로 원하지 않는 것에 대해서는 아무런 힘도 쓸 수 없다고.)

도식을 과감히 깨버림으로써 자신이 진정으로 원하는 것을 재발견할 준비를 해봐. 너의 무의식을 깊이 들여다봐야해. 이 프로그램을 넘어설 수 없다면, 아무리 간절히 바라고, 끌어당김의 법칙을 적용하려 애써도 결코 원하는 바를 창조할 수 없으니!

도식 깨기 게임

1. 주변의 사물에 다른 이름을 붙여본다.

주위에서 쉽게 볼 수 있는 사물을 하나씩 손가락으로 가리키며 본래의 이름이 아닌, 다른 이름으로 불러보라. 이를테면 시계를 가리키면서 "밥그릇"이라고 말해보라. 우리의 도식은 익숙한 이름을 말하라고 명령하겠지만, 의도적으로 그 정보를 바꿔보라. 다른 사물의 이름을 말함으로써 대상과 이름을 분리시킬 수 있다.

2. 사물에 새로운 이름을 무작위로 만들어 붙여본다.

첫 번째 게임에 익숙해졌다면, 이번엔 같은 방법으로 사물을 가리키면서 전혀 새로운, 의미조차 알 수 없는 이름을 붙여보라. 이를테면 시계를 가리키며 "찌파뚜이"라고 말해보라. 우리가 도식으로 가지고 있던 모든 언어 패턴을 무시하라. 어차피 그 대상의 용도는 이름에 있는 것이 아니다. 그러므로 이름은 얼마든지 새롭게 바꿔 불러도 상관없다.

3. 의미 없는 말로 떠들어본다.

우리는 대개 자신이 알고 있는 단어들을 조합해서 의미를 전달하려고 한다. 하지만 이 순간만큼은 아무 의미 없는 말들로 이야기를 해보라. 각 단

어에서 의미를 찾지 말라. 이 세상 어느 나라 말도 아닌, 그저 소리로 내가 전하고 싶은 마음을 무작정 떠들어보라. 마치 외계인이 된 것처럼. 아무도 알아듣지 못할지라도, 당신은 이미 전하고 싶은 내용을 전한 것이다. 내가 전하고자 하는 순수정보가 전해지기만 하면, 그걸로 된 것이다.

4. 나의 한계를 넘어본다.

지금까지 결코 해본 적 없는 일들을 그저 해보라. 우리에겐 스스로 정해놓은 한계가 있다. "나는 부끄러움이 많은 사람이야", "그건 나와 어울리지 않아", "난 겁이 많아서 그런 건 못해." 이건 단순한 게임이다. 아무런 의미 없이, 내가 스스로 할 수 없다고 제한했던 것을 해보기만 하면 되는 것이다. 한 번도 넘어본 적 없던 금단의 선을 한번 넘고 나면, 그 금단은 어떻게 될까? 한번 경험해보자.

포맷하고 재입력하기

※ 포맷

1) 나는 늘 새로운 정보를 받아들이며, 옳은 결정을 한다? → X

2) 인지오류는 특정한 경우에만 일어난다? → X

※ 재입력

1) 모든 정보는 헛된 것이다.

2) 정보에서 벗어나, 매 순간 새로운 순수정보를 받아들여라.

3) 모든 생각과 사고는 오류투성이다.

4) 생각을 멈춘 그 상태가 오히려 옳다.

초기 명령어를 찾아라!

 네가 바라고 있는 것들이 정말 너에게 필요한 것인지는 어떻게 확인할 수 있을까? 어쩌면 너는 헛된 이상만을 꿈꾸며, 그것이 이루어지지 않는다고 좌절하고 있었던 건 아니었을까? 진짜 원하는 게 무엇인지도 모르는 채, '현실창조'를 외치고 있었던 건 아닐까?

 네가 원하는 것이 이루어지지 않았던 건, 지극히 당연한 일인지도 몰라! 네가 원한다고 '생각한' 것이 네가 진정으로 원하는 것이 아니었을지도 모르거든.

 우리는 대개 단순히 표면의식에 나타난, 타인들이 제공한 허상을 나의 바람인 줄 알고 살아가. 그래서 더 깊은 곳에서 내가 진실로 바라는 것, 즉 나의 '근원적인 바람'은 실제로 전혀 다른 것일 때가 많지. 나의 근원적인 바람이 무엇인지를 알아내야만, 지금 내가 원하고 필요로 하는 바를 이룰 수 있어. 자동적인 생각을 넘고, 도식을 넘어 내가 진정으로 원하는 것이 무엇인가에 대한 근원적인 질문을 던져봐야 한다는 말이야.

 우리의 행동은 뇌의 정보처리 과정 가운데, 최종 명령만을 반영할 뿐이야. 최종명령은 우리의 뇌가 어떤 아이디어를 떠올렸을 때의 최초 명령과는 상당히 다른 경우가 많아. 그래서 최초 명령을 발견하는 게 중요하지. 최초 명령을 발견하기 위해서는 행동을 일으킨 최종 명령에서부터 역추적을 해야만 해.

"나는 저 빨간 스포츠카가 갖고 싶어!"

너는 옛날부터 저 빨간 스포츠카를 갖고 싶어 했지. 그래서 갖게 됐니? 몇 달, 아니 몇 년 동안이나 아무리 강하게 염원해도 소망이 현실로 이루어지지 않았다면, 대체 무엇이 문제였을까? 너의 창조 에너지가 부족해서일까? 시간이 좀 더 흐르면, 이루어질 수 있을까?

아니야. 네가 실제로 원하는 건, 빨간 스포츠카가 아니기 때문이야. 정확히 말하자면, 창조의 명령어가 틀렸기 때문이지.

"내가 갖고 싶은 것은 바로 저 빨간 스포츠카인데, 무슨 엉뚱한 소리야?"

넌 이렇게 화를 낼지도 몰라. 하지만 너의 현재의식이 스포츠카를 떠올렸을 뿐, 사실 너의 무의식이 원하는 건 예쁜 집, 좋은 직장, 또는 행복한 가정일 수도 있어. 이해가 잘 안 간다면, 좀 더 쉽게 이야기해줄게.

너에게 좀처럼 이뤄지지 않는 염원이 있다면, 왜 하필 그걸, 그토록 원하는지 스스로에게 물어봐. 빨간 스포츠카를 갖고 싶은 이유가 중요하다는 거야. 왜 굳이 '스포츠카'여야 하고, 왜 굳이 '빨간색'이어야만 하지?

네가 빨간색을 좋아하는 이유는 관심 받고 싶은 욕구가 숨어 있기 때문일지도 몰라. 혹은 정열적이고, 활동적인 너의 성격 때문일 수도 있지. 네가 파란색이나 노란색이 아니라, 빨간색을 택한 데는 그럴 만한 이유가 있는 거야. 그 이유에서 결핍이 발견된다면, 결핍을 충족시켜봐. 그럼 빨간색이 아닌, 다른 색을 선택하게 될 수도 있고, 색깔에 대한 집착이 아예 없어질 수도 있지.

왜 스포츠카여야만 하지? 빠른 속도로 달리면서 자유롭고 시원한 느낌을 즐기고 싶어서? 혹시 답답한 일들이 많니?

그게 아니라면, 남들에게 과시하고 싶은 욕구 때문에 잘 빠진 스포츠카를 원하는 거야? 과시하고 싶은 이유는 뭔데? 자신만만한 모습을 보여주고 싶은 특정한 사람이 있는 거야?

빨간색 스포츠카는 하나의 상징에 불과해. 상징의 이면에는 여러 가지 결핍의식이 존재하지. 만약 결핍이 어느 정도 채워지고, 더 이상 그 에너지의 영향을 받지 않게 된다면 너는 스포츠카가 아닌, 다른 무언가를 바라게 될지도 몰라. 네가 근원적으로 원하는 것! 바로 그 초기 명령어를 발견하는 것이야말로 현실창조의 열쇠인 거야.

우리는 빨간 스포츠카뿐만 아니라, 으리으리한 궁궐도, 엄청난 명예도, 더없이 화목한 가정도 얼마든지 얻을 수 있어. 이 무한한 우주에서는 어떤 것이든 창조가 가능하지. 단, 창조의 법칙을 지키고 올바르게 주문할 수 있다면 말이야.

"그래. 생각해보니 사실 난 외로운 거였어. 그래서 사랑과 관심을 받고 싶었고, 빨간 스포츠카가 있으면 괜찮아질 것 같다고 스스로를 위로했던 거야."

이처럼 자신의 무의식 속에서 원하는 바와 부족한 바를 정확히 찾아내는 통찰이 필요해. 숨겨져 있던 초기 명령어가 드러날 때, 비로소 창조의 에너지를 움직이고 우주를 진동시킬 수 있게 되지. 이것이야말로 원하는 바를 창조하는 가장 정확하고 빠른 길이야.

그 결과, 내 무의식의 염원에 가장 부합하는 현실이 만들어지게 되지. 내 의식은 빨간 스포츠카를 원했을지라도, 내 무의식이 진정으로 바랐던 것이 사람들의 사랑과 관심을 받는 것임을 깨달았다면 스포츠카 대신 사랑하는 여인을 만나게 될 거야. 그땐 더 이상 빨간 스포츠카 따위에 관심조차 없을 걸? 근원적인 바람이 충족되었을 때서야 우리는 상상했던 것 이상의 행복과 만족을 느낄 수 있게 되지.

진정한 창조란 이런 거라고. 창조는 언제 어디서나 일어나고 있지. 현실은 우리의 의식이 이끄는 대로 정확히 생성되고 있어. 우리가 그것을 창조라고 여기지 못할 뿐이지. 창조를 알아차리기 어려운 이유는 현실과 내 의식 표면의 바람이 서로 다르기 때문이야. 하지만 창조의 과정 속에서는 현실과 생각이 전혀 달라 보이는 현상조차도 결국 내가 진정으로 원하는 것에 한 발짝 다가가기 위한 단계인 거야. 만약 네가 진정으로 원하는 '초기 명령어'를 발견할 수 있다면, 생각과 창조된 현실이 동일한, 군더더기 없고 직접적인 창조가 일어나게 될 거야.

소원들을 목록으로 적어놓고, '이것이 내가 진정으로 원하는 것인가?' 라는 질문에 답을 할 수 있을 때까지 너의 내면을 깊이 들여다보도록 해봐. 네가 진짜 원하는 건 지금 머릿속에 떠오르는 상징적인 대상과는 전혀 다른 무엇일 수 있으니까. 원하는 바를 이루는 첫 번째 단계는 표면의 거품을 걷어내고, 최초의 명령어를 찾아내는 일이야.

초기 명령어를 찾는 방법

1. 당신이 간절히 원하는 것은 무엇인가?

_____

_____

_____

2. 그 이유는 무엇인가? 떠오르는 대로 적어보고, 이외에도 추가적으로 찾아서 적어보자.

이유1 _____

이유2 _____

이유3 _____

이유4 _____

이유5 _____

이유6 _____

3. 여섯 가지 이유들에 대해 '그것이 진정 내가 원하는 것인가?'라는 질문을 다시 던져보자. 그리고 진정으로 원하는 것이 아닌 경우엔 하나씩 제거해나가자. 그것들은 나 자신의 행복을 위한 것이 아니라, 타인과 사회로부터 주입된 관념에서 비롯된 것일 확률이 높다.

4. 여전히 남아 있는 이유들에 대해 '그것을 원하는 이유는 무엇인가?'라는 질문을 다시 던져보자. 그리고 더 이상 논리적인 이유가 찾아지지 않는 지점에 이르렀다면, 그때 마음속에서 느껴지는 것이 바로 나의 초기 명령어다. 나의 초기 명령어와 내가 방금까지 따랐던 최종 명령어가 같

은 내용인지를 비교해보라. 만약 다르다면, 초기 명령어를 최대한 반영하여 목표를 재설정하라.

남아 있는 이유 번호 (　) :

남아 있는 이유 번호 (　) :

최종으로 찾은 초기 명령어 :

현실창조를 시작하기 전에, 내가 지금 원하고 있는 모든 것을 대상으로 초기 명령어를 찾아내는 작업부터 해야 한다. 내가 정말로 그것들을 원하고 있는지를 점검해보라. 그동안 내가 바라왔던 것은 사실 내가 진정으로 바라는 것이 아니었을 수도 있다.

우리는 막연하게 무언가가 바뀌기를 원하고, 그것이 이뤄지지 않으면 좌절한다. 하지만 오늘부터는 내가 원하는 것이 무엇인지를 정확히 알고, 행동해보도록 하자. 아직도 자신이 원하는 바가 분명하지 않다면, 위의 과제들을 계속 반복하면서 반드시 찾아낸 후에 다음 장으로 넘어가길 바란다. 본격적으로 현실창조를 위한 제로 시스템을 가동시키려면, '나'를 분석하는 능력이 필수적이기 때문이다.

> **포맷하고 재입력하기**
>
> ※ 포맷
>
> 1) 나의 욕구와 바람은 올바른 것이다? → X
>
> 2) 나는 내가 무엇을 원하는지를 잘 알고 있다? → X
>
> ※ 재입력
>
> 1) 나는 내가 진정 원하는 것이 무엇인지를 잘 모른다.
>
> 2) 나의 욕구는 끝이 없는 것일 수도 있다.
>
> 3) 때로는 욕구를 내려놓아야만 새로운 전진이 가능하다.

이너마인드맵(Inner mind map)

    꼬여있는 도식과 자동화 시스템도 우리의 인식의 오류를 만들어 내지만, 더 심각한 점은 여전히 우리는 무의식 시스템이 어떻게 이루어졌는지 모른다는 거야. 아직도 인간의 의식에 대한 연구는 걸음마 단계에 불과하지. 자기의 생각이나 마음대로 할 수 없이 휘둘려 산다면, 어찌 스스로가 자기 삶의 진정한 주인이라고 말할 수 있을까? 나는 잠재의식을 이너 마인드(Inner mind)라고 불러. 현재 의식의 마음을 구성하는 밑바탕이 되는 '속' 정보들이라는 거야. 많은 사람들의 힐링을 돕다 보니, 신기하게도 대부분의 사람들이 비슷한 이너마인드의 패턴을 가지고 있다는 걸 알게 됐어. 살면서 겪게 되는 후천적인 요인들에 의해 드러나는 양상이 조금씩 달라지긴 하지만, 인간이 고유로 가지고 있는 본질적인 이너마인드는 결국 비슷하기 때문이지. 나는 다양한 경험과 영감을 통해 이너 마인드맵을 완성했어. 이너마인드맵이란 우리의 무의식의 흐름을 나타내는 지도인데, 이것만 이해하면 우리의 초기명령어를 찾는 일을 앞당길 수 있지. 뿐만 아니라, 상대방이 무엇을 원하는지, 뭐 때문에 괴로워하는 지까지도 알 수 있어.

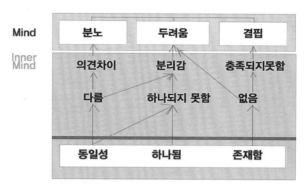

이너 마인드 맵 (Inner mind map)

일상생활 속에서 우리를 괴롭히는 대부분의 핵심 마음은 분노, 두려움, 결핍이야. 모든 부정적인 감정은 이 세 가지 감정으로 귀결돼. 모든 감정의 뿌리라고 생각하면 쉽지. 아이러니하게도 세 가지의 감정은 서로 유기적으로 이어져 있으며, 서로가 서로를 의지하여 발생되게 돼. 그리고 이너마인드 아래에는 그것들을 이끌어내는 코어가 존재해.

분노하는 마음은 상대방과 나의 서로 다른 의견 차이로 인해 일어나게 돼. 나와 상대방이 같지 않음에서 비롯되는 하나의 마찰인 거지. 우리는 어떤 때에 분노하게 될까?

남자친구가 자신이 원하는 것을 들어주지 않을 때 화가 나지 않던? 왜 남자친구는 내 마음을 몰라주지? 말썽꾸러기 아들 녀석은 하라는 공부는 안 하고 대체 왜 컴퓨터 게임만 하고 있는 거야? 공부하라는 엄마의 잔소리가 진절머리 나진 않아? 무엇이 문제일까? 상대방이 내 마음을 몰라줘서 그런 걸까? 뭐든 내 뜻대로 이루어지지 않기 때문에 화가 나는 걸까? 세상 일이 왜 내 뜻대로 되지 않는 걸까? 사람들은 무의식적으로 늘 자기중심에서 세상을 바라봐. 우리 삶 속의 많은 문제들은 자기중심적인 생각들로부터 비롯되지. 그런데 내가, 내 중심으로 생각하는 게 문제야? 아니야. 지극히 자연스러운 행동이야. 우리의 깊은 잠재의식 속에는 '동일성'이라는 코어가 존재하거든. 우리는 무의식적으로 나와 같은 것들에 안정감을 느껴. 그리고 그 안정감 속에 늘 있고 싶어 하지.

두려운 마음은 상대방이 나를 떠날까 봐 두렵거나, 혹은 잃을까 봐 생겨나게 돼. 상대방과 분리된 느낌은 늘 우리를 두렵게 만들지. 우리는 무의식적으로 하나가 되고 싶어 해. 난 이걸 이너마인드 '하나 됨'의 속성이라고 불러. '하나 됨'의 속성 때문에 우리는 자신과 비슷한 사람을 만나면 안정감을 느끼게 되지. 그래서 무의식적으로 자신과 비슷한 집단에 속해 있으려고 해. 그 집단의 숫자가 많으면 많을수록 나와 같은 또 다른 내가 있음에 안도하게 되지. 반면에 그곳에서 소외받게 되면, 엄청난 불안감에 휩싸이게 되고. 사람은 사회적 동물이라 혼자서는 살아가기 힘든 존재야. 또한 나의 생명이 사라지거나, 상대방이 사라질까 봐 두려워하기도 해. 사람들이 무서운 영화를 보면 두려워하잖아. 왜 두려워할까? 영화처럼 누군가 우릴 위협하고, 죽일 수도 있을 것만 같지? 죽는 게 왜 두려운 건데? 우리는 죽게 되면 더 이상 이 세상에 존재할 수가 없어. 혹은 상대방이 사라지면 더 이상 내 곁에 있지 못하게 되지. 우리는 '없는 상태'에 대해 큰 두려움을 느껴. 늘 '존재'하고 싶어 하기 때문이야. 그래서 존재하려는 상태가 침해당하게 될 경우, 엄청난 두려움과 그 두려움으로 인한 공격성이 드러나게 되지.

분노와 두려움들을 만드는 이너마인드는 또한 만들어. 현재의 어떤 불만족스러운 상황으로 인해 변화되길 바라고, 원하는 마음을 갖게 되는 거야. 우리는 이미 가지고 있고, 온전한 것들에 대해서는 추가적인 바람을 갖지 않아. 이미 가지고 있는데, 거기서 뭘 더 바랄까? 우리가 바라는 모든 건 '존재함'의 결여에서부터 비롯되는 거라고.

수많은 이너마인드는 결과적으로 우리의 수많은 바람들을 만들어 내게 돼. 끝도 없이 원하게 되는 우리의 삶은 무의식에서 비롯되는 것이야. 대부분의 바람들이 결핍에서 비롯된 것이라면, 결핍이 처음 발생한 아래 단계로 내려가 보자. 맨 아래의 이너마인드에는 과연 무엇이 있을까? 신기하게도 이너마인드의 제일 아래 코어에는 동일성, 하나 됨, 존재함을 뜻하는 '하나인 상태로 존재하다'가 있게 돼.

하나 됨(Oneness)

이것은 곧 모든 것과 연결되어 있는, 우주의식 그 자체야.
이것이야말로, 우리가 진짜로 원하던 것들이 아닐까?

세상의 중심에서 '내'가 사라지다.

세상의 중심은 언제나 '나'라는 이야기 들어봤지? 실제로 그렇잖아. 미시세계에서는 오직 나의 관찰에 의해서 모든 것들이 규정되며, 관찰의 주체가 존재하지 않는다면, 그 세계는 존재하지 않는 것이나 다름없어. 만약 네가 존재하지 않는다면, 세상이 어찌 돌아가든 너와 무슨 상관이 있겠니? 이 세상은 오직 네가 존재할 때만 의미가 있는 거니까!

네가 체험하는 모든 삶의 시나리오의 주체는 분명히 너 자신이야. 우리는 모든 삶을 매 순간 스스로 선택하지. '나'라는 존재는 매우 중요해. 하지만 창조를 일으키기 위해서는 '내'가 사라져야만 해. 그동안의 모든 삶을 정리하고, 아무것도 하지 말라는 말이 아니야. 내 삶의 주인은 언제나 나 자신이야. 그리고 내가 있어야 해. 이곳은 나의 세계야. 그것은 변함이 없어. 그렇다면 내 삶 속에서 '나'를 사라지게 한다는 건 무슨 의미일까? 여기에서 '나'란, 살면서 부여된 모든 이미지(image)를 말해. 나로 통용되는 하나의 관념들을 말하는 거지. '나는 어떤 사람이야'라고 표현되는 모든 이야기들이자, 그 수식어들을 의미해. 우리는 현실 속에서 우리의 환경을 구성하는 다양한 물리적 요소들에 의해 둘러싸여 있잖아. 모든 인간관계, 명성, 재물, 집, 옷 등 '나'를 발견할 수 있는 다양한 세계관으로 구성되어 있지. '나'를 구성하며 수식해 주는 요소들은 '나'의 가치와 존재의 의미를 부여해 주는 일종의 '형용사'와도 같아.

나는 의사다. (직업) : 나는 사람을 치료할 줄 아는 사람이다.
나는 큰 집을 가지고 있다. (재물, 집) : 나는 큰 집을 소유할 정도로 재산이 많다.
나는 베스트셀러 작가이다. (명성) : 나는 유명하며, 많은 존경을 받고 있다.
나는 많은 친구들이 있다. (인간관계) : 나는 많은 인적 네트워크를 활용할 수 있다.

이렇게 우리는 나를 수식해 주는 물리적 요소들에 의해서 '나'를 구성해 나가기 시작해. 그게 곧 나이고, 내가 존재하는 세상이기 때문이야.

나는, 의사이고, 큰집을 가지고 있으며, 얼마 전에 책을 냈는데 베스트셀러가 되어서 아주 유명해졌으며 덕분에 아는 사람들도 많아졌어!

그게, 나야. 그런데 그게 정말 나인가? 진정한 나는 나를 꾸며주는 그것들이 아니야. 나는 나인 것이 진실이지. 영어로 하자면 I.

I am Doctor. 나는 의사이다.

'나는 의사이다'는 나는 의사와 동등하다는 등가(=)의 표현방식이야. 나는 의사란 단어와 동일하게 표현될 수 있다는 말이지. 하지만 실제로는 결코 동일하거나 동등하지 않아. 진실한 나의 존재를 표현해 줄 수 있는 단어는 오직 'I' 뿐이거든. 의사가 곧 너는 아니잖아?

네가 알아야 할 것은 이 'I'는 아무 수식도 포함되지 않은 순수한 '나' 그 자체란 사실이야. 그런데 종종 우리는 나에게 붙는 많은 수식어들이 곧 나라는 착각에 빠져 살아가곤 해. 다시 한번 말하지만, 그건 진실이 아니야. 나는 오직 순수한 'I' 일뿐이야.

내가 의사가 되길 원하면, 나는 의사가 될 수 있다.
내가 유명인이 되길 원하면, 유명해 질 수 있다.
내가 화가가 되길 원하면, 화가가 될 수 있다.

자기 자신에 대한 온전한 자각이 일어난 뒤에서야, 우리에게 붙는 모든 수식어가 내가 될 수 있게 돼. 'I'를 꾸며줄 이미지는 무한하지. 뭐든지 될 수 있잖아? 그렇기 때문에 뒤의 문장을 내 마음대로 붙일 수 있어. 내가 뒤의 문장을 붙이는 순간, 나는 곧 그것이 될 수 있지.

I am Painter!
나는 화가다!

나는 변화가능한 모든 존재야. 내가 붙이고 싶은 수식어를 붙이면, 난 곧 그것이 될 수 있으니까. 그렇기 때문에 나는 그 어떤 것도 규정지을 수 없는 그냥 순수한 'I' 일 뿐이야.

그게 바로 'I'야! 그래서 'I'는 누구냐고?

I am I

나는 바로 나야.

앞에서 현재의 '나'를 사라지게 해야 한다고 했잖아? 그건 'I'의 뒤에 붙은 모든 수식어들을 제거 하라는 의미야. 모든 수식어가 사라진 나 자체를 발견했을 때, 비로소 내 삶은 다시 내 안에서 재창조되기 시작하지. 나의 세상의 중심에서 내가 사라지게 되는 순간, 우리는 본연의 나와 만나게 돼. 내가 나의 자리로 돌아왔을 때, 비로소 우리는 원하던 삶을 다시 창조해 나갈 수 있게 되는 거지. 너에겐 무엇이 없지도, 부족하지도 않아. 네 안의 모든 결핍은 네가 아니야. 그리고 무언가를 바라는 너도 결국 네가 아니야.

너는 너야.

이처럼 창조는 바로 완전한 '나'의 상태로부터 출발해야만 해. 그럼 넌 그대로 우주에게 명령을 내릴 수 있게 되지. 네가 진정 원하는 걸 얻을 수 있다고!

오 마이 갓! 그동안 '나'라고 알고 있었던 나는 뭐였지?

I am I 인식하기

이것은 그동안 '나'라고 알고 있었던 모든 허상들을 삭제하고, 본래의 '나'를 인지하기 위한 작업이다. 나는 아무것도 규정지을 수 없는 '나'일 뿐이다. '나'를 구성하고 있는 모든 수식어를 삭제하는 연습을 해보자.

1. 그동안 살아오면서, 스스로 혹은 타인들에게 나를 표현하는 모든 단어들을 적어보자. (예) 돈이 없다, 키가 크다, 뚱뚱하다, 의사이다 등

나는 _____ 다.

2. 내가 적은 단어들을 차례로 훑어보면서 그것이 정말로 '나'인지, 아니면 '나'를 표현해 주는 수식어인지 생각해보자. 만약 나를 표현해 주는 수식어에 불과하다면, 그것을 가지고 있지 않아도 '나'는 존재할 수 있는지 생각해보자. 그리고 그것을 가지고 있지 않아도, 내가 존재할 수 있다면 하나씩 과감하게 지워나가 보자. 예를 들어 내가 돈이 없다고 생각했다면, 돈이 없는 게 곧 나인가? 아니면 나를 표현해 주는 하나의 수식어인가? 스스로 질문해보라는 말이다. 돈이 있고, 없고는 '나'를 규정지을 수 없다. 그저 돈이 없는 상태를 '나'라고 착각하고 있었을 뿐이다. 그렇다면 '돈이 없다'를 삭제하면 된다.

3. 단어들을 하나씩 삭제해나가는 작업은 수식어가 '나'인줄 착각하며 살아왔던 자신의 오류를 발견하는 과정이었다. 삭제 작업이 끝나면, 아무것도 존재하지 않는 'I am I'를 느낄 수 있게 될 것이다. 이제 모든 수식어가 사라진 온전한 '나'를 느껴보자. 그리고 수식어가 들어갈 자리에 '나'를 넣어보자.

나는 ───── 이다.

4. 지금의 느낌을 기억하자. I am I. 모든 수식어가 제거된 온전한 나.

제3장. System. 우주의 제로 시스템

道可道 非常道

名可名 非常名

無名 天地之始

有名 萬物之母

故 常無欲以觀其妙

常有欲以觀其徼

此兩者同 出而異名

同謂之玄 玄之又玄 衆妙之門

도라고 말할 수 있다면 그것은 이미 도가 아니다.

이름이라 할 수 있다면 그것은 이미 이름이 아니다.

이름이 없는 것에서 하늘과 땅이 비롯되고,

이름이 있는 것에서 만물이 태어난다.

그러므로, 언제나 보고자 하는 마음 없이 보면 보이지 않는 것을 보고,

보고자 하는 마음으로 보면 껍데기 현상을 본다.

이 둘은 같은 것인데, 겉으로 나타나매 이름을 달리한다.

그 같은 것을 신비롭다 하니, 도는 신비하고 신비하다, 모든 신묘한 것들

의 문이다.

— 도덕경 1장

제로 시스템이란?

　지신의 생성과 소멸의 신비를 담고 있는 우주의 메커니즘과 구조를 나는 제로 시스템이라고 부르기로 했어. 만물은 제로의 법칙 속에서 태어나고, 자라고, 사라지지. 제로라고 하면 넌 아마 우리가 흔히 아는 숫자 '0(zero)'을 떠올리겠지만, 제로가 단순히 무無만을 의미하는 것이 아니야.

　나는 어느 날 문득 모든 삶이 형태는 서로 다르지만, 제로의 법칙으로 이루어져 있다는 공통적인 사실을 깨닫게 됐어. 그리고 이 사실은 나만의 깨달음이 아니라, 동서고금의 무수한 현자들이 가르쳐왔던 것이기도 했지.

　세상에서 가장 작으면서도 가장 큰 것이 바로 제로(0)야. 내가 제로에 시스템이란 말을 덧붙인 이유는 우주의 만물은 항시 서로가 서로에게 영향을 미치고 있고, 이 거대한 제로의 법칙 속에서 하나로 존재하는 유기적인 덩어리이기 때문이야. 그리고 우리의 삶 또한 동일한 법칙 속에 돌아간다는 사실을 발견하게 됐기 때문이지. 삶에도 우주와 동일한 물리 법칙이 적용되고 있었어. 이 법칙들 속에서 내가 그간 경험해온 창조의 핵심을 발견하게 된 거지. 그래서 나는 이 법칙들을 제로 시스템이라는 하나의 법칙으로 정리했어. 이제부터 제로시스템에 대한 이야기를 하려 해.

제로 시스템에 의한 현실창조는 그 자체가 목적이 아니야. 창조는 제로 시스템 속에서 자연스럽게 일어나는 일에 불과하지. 당연한 현상이랄까? 제로 시스템의 목적은 우리 모두가 진정한 창조자의 '존재상태'로서 삶을 살게 하는 데에 있어.

내가 시험 삼아 몇몇 사람에게 제로 시스템의 법칙을 알려줬던 적이 있거든? 신기하게도 그들 역시, 삶 속에서 창조를 경험하기 시작했어. 덕분에 나는 제로 시스템의 법칙이 특정한 소수에게만 적용되는 것이 아니라, 모두에게 적용되는 원리임을 확신하게 됐어.

현실을 창조하는 능력은 당연하고 자연스러운 능력이야. 그리고 삶의 본래 목적을 깊이 이해하게 되면 될수록, 우리는 더욱 막강한 창조의 힘을 발휘할 수 있게 되지.

너도 그럴 수 있을 거라 믿어.

제로 법칙 0 — 제로와 무한대

　제로 법칙을 시작하기에 앞서, 우리가 흔히 '없음'으로 인식하는 '0'이란 특별한 숫자에 대해 다시 한번 생각해보자.

　오늘날 우리가 사용하는 숫자는 로마의 숫자 개념으로부터 시작된 거야. 로마의 숫자 기호에는 Ⅰ(1), Ⅴ(5), X(10), L(50), C(100), D(500), M(1000)으로 총 일곱 가지가 존재하고, 모든 숫자는 이 일곱 기호의 조합으로 이루어졌지. 고대사회에서는 오늘날처럼 큰 숫자 개념이 필요하지 않았기 때문에 로마 숫자만으로도 생활에 불편함이 없었어. 하지만 점차 큰 숫자를 연산해야 하는 일이 잦아지면서, 한 인도인이 제로(0)라는 개념을 창안해냈어.

　제로(0)의 창안을 시발점으로 0~9까지의 열 가지 아라비아 숫자만으로도 모든 숫자 개념을 표현할 수 있는 체계가 완성됐고, 이는 수학과 과학의 발달에 엄청나게 중요한 밑거름이 됐지.

　0은 처음에는 숫자와 숫자 사이의 비어있는 공간을 채워놓기 위한 기호로 사용됐어. 예를 들면, 1 2와 12의 차이를 구분하기 위해 1 2는 102로 표시했던 거야. 이처럼 '빈자리'를 의미하는 0은 산스크리트어로는 순야 sunya라고 부르는데, 순야는 공空을 뜻해. 하지만 공空은 단지 비어 있음만을 의미하진 않아. 숫자 사이의 비어있는 공간은 사실 그 어떤 숫자도 써넣을 수 있는 특별한 공간이니까. 고대 인도인들이 만물이 뚜렷한 실체를 지니고 있지 않다는 진리를 깨닫고, 아무것도 없어 보이면서도 만물의 배후에 실체로서 존재하는 무한한 '비어 있음'에다 순야란 이름을 붙이게 된 거야.

0이라는 숫자의 양끝을 잡고, 꽈배기처럼 꼬아놓으면 무한대(∞)를 뜻하는 기호가 돼. 시작과 끝이 없는 '무한'을 뜻하는 이 기호는 영원함과 한계 없는 우주의 모든 가능성을 의미하지. 이처럼 0과 무한대는 바라보는 관점이 다를 뿐, 실은 같은 모양이야. 다시 말해 관점에 따라 해석이 달라질 수는 있지만, 그 본질은 다르지 않다는 거지.

0이란 겉으로는 비어 있는 듯 보이나, 사실은 가득 차 있는 우주공간을 상징하고 있어. 한쪽 방향에서 보면 아무것도 존재하지 않지만 다른 방향에서 보면 무한히 가득 차 있지. 따라서 0은 없음을 의미하는 동시에 무한을 의미하는 거야.

이제부터 바로 우리 주변에서 발견할 수 있는 놀라운 제로(0)의 원리를 소개할거야. 제로 시스템에는 0에서부터 무한대를 옆으로 누인 8까지, 총 아홉 가지의 제로 법칙이 존재해. 이 아홉 개의 제로시스템이 너에게 창조자의 의식상태가 무엇인지 알려줄 거야.

제로 법칙 1 — 상대성의 법칙

"이 세계는 상대성으로 이루어져 있다."

입자-반입자의 생성과 소멸

양자물리학의 위대한 발견 중 하나는 모든 입자가 반대의 성질을 지닌 반反입자를 가지고, 쌍으로 존재한다는 사실이야. 입자와 반입자가 만나면 그 둘은 서로를 소멸시켜 무無로 돌아가게 돼. 자연 속 모든 존재의 생멸의 이치를 대변해주고 있는 거지.

우주 안에서 한 가지의 속성이 드러나기 위해서는 반드시 그 반대의 속성이 전제되어야만 해. 어둠이 있어야 밝음의 성질을 알 수 있으며, 짧은 것이 있어야 길다는 개념도 생기지. 즉, 상대적인 것이 존재하기 전에는 우주 안에서 그 어떤 속성도 나타날 수가 없다는 거야.

예를 들어 손의 감각만으로는 물의 온도를 정확하게 알 수 없어. 하지만 좀 더 차가운 물을 만졌을 때는 '이전의 물이 더 따뜻하다'는 식으로 상대적인 속성을 파악할 수 있지. 한편, 온도가 다른 두 가지 물을 한데

섞으면 각각의 속성은 다시 자취를 감추고 말지. 상반된 양극이 만나서 무無로 돌아가는 거야.

제로 시스템 또한 이러한 원리로 이루어져. 제로는 단순한 무無가 아니라, 오히려 가득 찬 만滿의 의미에 더 가깝지. 사라지거나 없어진다는 것은 인간의 비좁은 인식의 틈새를 통해 내다보이는 현상일 뿐이야.

입자와 반입자가 만나서 상쇄되어 사라지는 순간, 고에너지의 빛이 방출되거든. 물질이 사라지면, 그 이원적 속성이 사라진 자리에 다른 뭔가가 새롭게 창조되는 거지. 그리고 빛(광자)이 방출되다가 어느 순간 붕괴되면서 다시 입자-반입자 쌍을 생성시키기도 해. 빛(광자)은 전하가 0이므로 에너지 보존법칙에 의해 반드시 같은 전하량, 반대 전하를 지닌 전자와 양전자를 쌍을 다시 만들게 돼.

입자 +반입자 -> 소멸 -> 빛(에너지) -> 붕괴 -> 입자 -반입자 쌍

이게 바로 창조의 기본원리이야. 물질이 난데없이 사라져버리는 듯 보이지만, 이 우주에서 그냥 없어져 버리는 것은 아무것도 없어. 단지 양극이 소멸되면서 다른 에너지로 변했다가, 다시 양극으로 분화하면서 물질로 변화하게 되는 거야. 언제나 창조는 상반된 쌍으로 생겨나게 되어있지.

상대적 속성의 양극이 서로 충돌하면서 보이지 않는 근본 질료로 변하여 돌아가는 빈 공간을 물리학에서는 영점장(zero point field)이라고 불러. 그 무無의 세계에서는 입자와 반입자가 동시에 끊임없이 생성되고 소멸되는 '양자요동(quantum fluctuation)' 상태로 존재해.

이처럼 물질과 에너지는 모습을 맞바꾸어 돌고 돌면서 생겨나고 사라

지곤 해. 그리고 존재하는 모든 것들은 그것의 반대되는 상대성을 가지고 있지. 창조의 비밀은 이 상대성, 혹은 이원성 속에 숨겨져 있어. 우리의 세계를 이루고 있는 모든 것이 거대한 이원성 메커니즘 위에 존재한다는 사실을 염두에 둔다면, 우리는 그 속에서 창조의 힌트를 얻을 수 있을 거야.

음양의 조화

동양의 우주관은 아무런 현상도 존재하지 않는 무극無極으로부터 형성된 거야. 무극이란 상대성을 포함하고 있는 무(無)속성의 상태를 말해. 무극은 둘로 나눠지며 음과 양이라는 태극太極이 되고, 태극 속에 잠재되어 있던 음양이 드러나 분화를 거듭하여 우주의 삼라만상을 만들어진다고 하지.

음과 양이 소용돌이쳐서 돌며 섞이는 태극 문양

동의보감을 보면, 기력이 없을 때 최고의 보약으로 쓰인다는 음양탕陰陽湯이라는 게 있어. 놀랍게도 그 재료는 물 하나 뿐이야. 물 잔에 뜨거운 물을 2/3 가량 채운 후에 찬물로 나머지를 채워서 만드는데, 온도 차에 의해 뜨거운 물은 상승하고 차가운 물은 하강하는 원리를 이용한 거야. 즉 물 잔 안에서 새로운 순환의 흐름이 생겨나게 되는 거야. 음과 양이 하나로 합쳐지면서 기운을 보충해줄 만큼 특별한 에너지가 만들어지게 되는 거지.

이와 같이 음과 양의 상반되는 성질이 만나면, 조화를 맞추려는 움직임이 자동적으로 일어나게 돼. 모든 상대성은 이러한 특별한 힘을 지니고 있지. 인간도 남자와 여자로 성별이 나뉘어 있어서 서로 본능적으로 끌리게 되고, 성교를 나눌 때도 특별한 에너지(오르가즘)를 느끼게 되잖아. 이때 발생하는 에너지는 혼자선 느낄 수 없는 특별한 희열을 주는 것이며, 새로운 생명을 창조할 수도 있는 특별한 것이지.

상반된 에너지의 만남과 조화는 우주의 특별한 신비이자, 새로운 세계로 들어가는 통로야. 이러한 조화는 치우침 없는 균형 상태, 완벽한 상대성의 충돌로 인한 상쇄, 즉 제로(0)로 다시 돌아가게 될 때만 일어나. 만약 한쪽의 에너지가 다른 쪽보다 과하거나 부족하면, 그건 조화가 아니라 침범과 범람이 되어버리고 말아. 더도 덜도 말고 정확한 균형이 이루어질 때야말로, 서로의 성질을 상쇄시킴과 동시에 새로운 성질을 세상에 탄생시킬 수 있는 순간인 거지.

2장에서는 원하는 바를 염원하기에 앞서, 그 반대인 결핍을 먼저 이해해야 한다고 말했지. 또 어떤 문제를 해결하기 위해서는 그 문제의 정반대 행동을 해보라고 했어. 상대성이 그만큼 중요하다는 거야.

제로 법칙 1의 핵심은 상반된 에너지가 정확하게 상쇄될 때 그것은 사라지고, 신묘한 조화가 일어난다는 점이야. 이게 창조의 시작점이지.

지구의 제로 자장 지대

서로 반대되는 두 성질이 만날 때 특별한 현상이 일어나는 모습은 우리 지구에서도 발견할 수 있어. 지구는 거대한 자석 덩어리라고 볼 수 있는데, 크게 보면 북극과 남극의 극점이 바로 N극과 S극의 중심이야. 지구는 지축을 중심으로 거대한 자기장을 형성하고 있고, 그 자기장은 전자를 방출하는 강력한 태양풍으로부터 지구를 보호해주는 역할을 해.

지구 위에 사는 인간은 필연적으로 이 거대한 자기장의 영향권을 벗어날 수 없어. 스스로도 일종의 자석과 같은 속성을 띠고 있지. 우리 몸도 자석과 같이 머리의 정수리 부분은 N극, 양발의 용천(발바닥 중심) 부분은 S극으로 표현되곤 해. 생체자기가 잘 흐르면 건강한 반면에 흐름에 균형이 깨지면 문제가 발생한다고 하지.

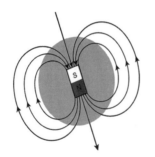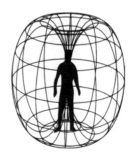

지구자기장과 인체 자기장 그림

실제로 최면의 아버지라 불리는 오스트리아 출신의 의사 메스머(Friedrich Anton Mesmer)는 동물 자기설(animal magnetism)을 주장했어. 그는 "눈에 보이지 않는 물리적 힘이 작용하면서 인체에 영향력을 행사하고 있다"고 설명하면서 자석을 이용해 환자를 치료했어.

놀라운 점은 지구 전체를 둘러싸고 형성되어있는 거대한 자기장 안에는 어떤 자성도 띠지 않은 제로 자장 지대가 존재한다는 거야. N극과 S극의 자기가 서로 상쇄되면서 '어떤 극성도 없는' 공간을 만들어내는 거지.

이러한 제로 자장 지대는 지구의 대표적인 단층지역 부근에 주로 생성되는데, 그곳의 지각을 측정해본 결과 지자기의 변동이 정말 제로에 가까운 수준임이 밝혀졌어. 단층은 양쪽에서 서로 미는 힘이 부딪혀 균형을 이루고 있는 곳에서 나타나는 지질학적 구조거든. 여기서도 상반되는 두 힘이 만나면 무無속성의 제로 상태로 돌아가는 이치가 나타나고 있는 듯해.

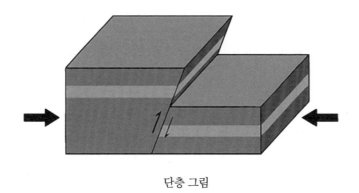

단층 그림

이러한 '제로 자장 지대'는 흔히 말하는 '치유 터' 혹은 '명당'인 경우가 많아. 신기하지? 서로 상대되는 에너지가 동등한 힘으로 균형을 이루면서 새로운 제로 에너지로 변화되고, 상대성의 소멸과 동시에 새로운 창조가 일어나는 거야.

제로 자장이 형성되면, 음이온이 증가한다는 건 이미 잘 알려진 사실 중 하나야. 음이온은 우리 몸의 피로와 스트레스를 줄이고 면역력을 높이는 데 탁월한 효과를 발휘하지. 그래서 우리 선조들도 예로부터 명당의 중요성을 강조했을 거야. 실제로 명당이라 불리는 터들은 산(양)과 물

(음)에 둘러싸인 배산임수 지형으로, 음과 양의 에너지가 조화롭게 순환하고 있는 곳이거든.

상대성의 조화는 우주의 신비를 여는 특별한 마법의 문이야. 현실에서 일어나는 문제들을 없앨 때도 이 원리를 사용하지. 내면의 심리를 치료할 때도 말이야. 이렇게 모든 삶을 상대성의 원리로 바라보면, 문제를 없애는 간단한 원리를 발견할 수 있어.

모든 법칙은 미시세계에서나, 거시세계에서나 동일한 원리로 적용되고 있거든.

제로 법칙 2 ─ 중간(中)의 법칙

"상대성 가운데 언제나 중간을 유지해야 한다."

제로 포인트

제로 포인트란 말 그대로 영(0)점을 말해. 수직선 위에서 영점은 어떠한 숫자도 개입하지 않는 사이 공간이며, 양수와 음수 사이에 있는 '경계'를 의미하지. 상대성의 거대한 세계의 정중앙에 위치하고 있는 것이 바로 제로 포인트야.

상대적인 속성의 양극이 만나서 균형을 이루는 제로 포인트에서는 신비한 일이 일어나. 서로 다른 상대성이 만나는 바로 그 지점에 바로 우주의 신비가 열리는 비밀의 문이 있는 거야. 단, 그 문을 발견하는 데는 어느 쪽으로도 치우치지 말아야 한다는 조건이 있어.

치우침 없는 제로 포인트란 단순히 중간 값 또는 중간 위치를 뜻하는 게 아니야. 예컨대 시소에서 균형점은 양쪽의 무게에 따라서 늘 달라지지? 균형을 잡으려면 무거운 쪽이 지지축과 가까운 곳에 앉아야 해. 이처럼 중간 지점의 위치는 상황에 따라 달라지기 마련이야. 질량은 상대적이지만 절대적인 거야. 얼핏 보기에는 달라 보일 수 있어도, 절대적인 우주의 질량 값으로는 같은 거지.

제로 포인트는 현실의 모든 변화를 반영하면서 끊임없이 움직이고 있어. 우주의 제로 포인트는 통계적 상식의 제로 포인트와는 다른 거야. 왜냐하면 제로 포인트는 인간의 관점이 아니라 우주 전체의 관점에서 균형을 맞추기 위해 존재하는 것이기 때문이지.

따라서 제로 포인트를 찾기 위해서는 인간의 관점을 넘어선 우주의 관점을 이해해야 해. 기존의 너의 관점 말고, 창조자의 관점으로 바꾸어야 하듯이 말이야. 그때 우리는 신비로운 창조자의 마음을 이해하게 되고 그것에 맞는 힘을 얻게 되지.

사이 공간

제로 포인트는 한쪽 속성과 다른 한쪽 속성의 사이에 존재하는 '사이 공간'인데, 단순한 한 점이 아니라 어떤 공간을 의미하지. 차원의 문이랄까? 물리적 세계와 무한한 우주 공간을 연결해주는 '틈새'랄까?

앞서 말했듯이 제로(0)는 무한대(∞)와 동일한 의미를 가진 상징이어서, 제로 포인트는 무한가능성의 평행우주가 들어있는 가능태可能態 공간에 접속하게 해주는 특별한 게이트와도 같아.

이 '사이 공간'에 접속하는 것은 곧 시공간을 초월한 우주의 본질에 접속하는 것과 다름없어. 그 순간 지구의 물리법칙을 초월한 무한한 에너지의 세계가 펼쳐지지. 나는 이처럼 사이 공간에 접속해 있는 상태를 "제로의 영역에 들어와 있다"고 표현하곤 해.

애니메이션 '사이버 포뮬러' 중 제로영역에 들어가는 모습

　자동차 경주를 소재로 한 일본의 애니메이션 <사이버 포뮬러>를 보면, 레이서들 사이에 궁극의 영역이라고 전해지는 '제로의 영역'이란 것이 있어. 여기서 나오는 '제로의 영역'이란 스피드를 한계까지 올렸을 때 드라이버가 오감을 뛰어넘어 순간적으로 몇 초 앞의 미래를 볼 수 있게 되며, 시간이 아주 천천히 흘러가는 것처럼 보이는 시간초월 현상을 겪게 되는 공간을 의미해. 이 애니메이션 속에서 제로의 영역에 들어간 레이서는 상상을 초월하는 드라이빙 실력을 보여주면서 극적으로 우승을 차지하게 되지.

　실제로 운동선수들은 오랜 연습 끝에 어떤 경지에 들어서면, 시공간을 초월한 상태에서 시합을 펼칠 수 있게 돼. 그들은 날아오는 공을 마치 슬로우비디오를 보듯 천천히 관찰하며 그 미세한 회전과 타이밍을 파악했다거나, 상대방이 어디로 주먹을 뻗을지 훤히 내다 보여 미리 피할 수 있었다고 말하지. 실제로 이 지점에서는 우리가 평소에 느끼는 시간의 개념이 완전히 다르게 흘러가거든. 잠시 다른 차원에 접속을 하게 된 거지.

티베트 불교에는 히말라야의 어딘가에 깨달은 현자들이 사는 전설의 도시, '샴발라'가 있다고 전해져. '말세가 되어 세상이 전쟁과 욕망 속에서 종말을 맞이하게 될 때, 샴발라의 빛의 군대가 출현해서 세상의 모든 악과 싸워 이겨 끝내 빛이 승리하고, 사람들이 영원히 해방 된다'는 이야기지. 그동안 수많은 사람들이 이 전설의 도시 샴발라를 찾으러 떠났지만 아무도 발견하진 못했어. 오직 전설로만 전해지지. 샴발라는 정말로 존재하는 곳일까? 이에 티베트 승려들은 이렇게 대답해.

"샴발라는 분명히 존재합니다. 하지만 아무나 그곳에 갈 수는 없습니다. 오직 깨달은 자의 눈에만 보이는 곳입니다. 모든 것은 당신 마음속에 있는 것입니다."

샴발라는 물리적으로 존재하는 도시가 아니야. 국경이 있고, 비자를 발급받아 들어가는 곳이 아니란 거지. 샴발라는 다른 차원에 존재하고 있는 곳이거든. 하지만 언제나 있고, 지금 여기에 있기도 하지. 차원이라는 건 현재의 시공간에 중첩되어 동시에 존재해. 다만 우리의 감각으로는 3차원의 현실밖에 인지가 안 될 뿐이야. 다른 차원을 인식할 수 있는 또 다른 감각과 의식을 갖게 된다면, 그곳을 만나기도 하지만 말이야.

영화 '닥터 스트레인지'를 보면, 닥터 스트레인지가 고된 수련 끝에 시공간을 '포털'을 통해 여는 모습이 나와. 손을 빙글 빙글 돌리면서 다른 공간으로 들어가는 문, 기억나? 그 문처럼 사이 공간이란 차원이 연결되는 특별한 게이트를 말하는 거야. 마치 샴발라로 연결되는 입구와도 같은 거지. 그 특별한 지점은 늘 언제나 이 공간에 존재해. 네가 준비만 되어 있다면 만날 수 있어.

우리는 제로 포인트로부터 창조의 에너지를 끌어다 써야해. 일단 지금은 우리가 사는 이 공간 속에 제로 포인트라는 특별한 지점이 존재한다는 사실만 기억하도록 하자. 제로 포인트에 접속하는 방법에 대해선 앞으로 차차 이야기해 줄 테니까. 아무튼 우리는 항상 제로 포인트, 즉 균형점에 머물기 위해 노력해야해. 그렇다면 이 제로 포인트는 대체 어디서 발견할 수 있는 걸까?

제로 법칙 3 — 모순의 법칙

"제로 포인트는 모순 속에서 발견된다."

선과 악의 판단 사이에 존재하기

우리는 옳고 그름을 가려 명쾌하게 판결 내리기를 좋아하곤 해. 그리고 늘 선한 것만을 추구해야 한다고 배워왔으며, 악한 것은 기피해왔지. 한쪽 에너지가 강해질수록 반대쪽 에너지 또한 강해지는 것이 우주의 법칙이기 때문이야.

만물은 늘 그것에 상응하는 반대극을 가지고 있어. 우리는 그릇된 생각과 악한 행동을 배척하지만, 그것들 또한 우리가 선한 것을 추구함으로써 만들어진 속성임을 알아야 해.

본래 선과 악의 경계는 모호하기 그지없지. 우리는 상황에 따라 주관적으로 둘을 구분하고 있을 뿐이야. '팔은 안으로 굽는다'는 속담처럼, 우리는 자신에게 친숙한 것일수록 긍정적으로 바라보는 경향이 있거든. 편향된 판단을 내릴수록 우리의 좌표는 나를 중심으로, 나에게 가까운 쪽으로 움직이므로 당연히 제로 포인트와는 멀어지게 되지.

이것이 선하다 혹은 이것이 옳다는 생각이 있다면, 이미 너의 마음은 한쪽으로 치우친 상태야.

저것은 악하다 혹은 저것은 옳지 못하다는 생각이 있다면, 이미 너의 마음은 한쪽으로 치우친 상태지.

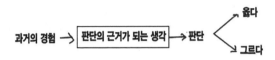

우리는 이미 한쪽으로 치우칠 수 밖에없는 판단의 근거가 되는 경향성을 가지고 있다!

우리는 이미 판단이 한쪽으로 치우치게 만드는 생각을 가지고 있어!

'판단'이라는 것은 이미 한쪽을 선택해버린 결과야. 우리는 늘 무의식적으로 과거의 경험에 비추어 한쪽을 선택하기 때문에 이미 한쪽으로 치우칠 수밖에 없는 경향성을 가지고 있다는 거야. 잠시 생각을 멈춰보자.

생각을 멈출 때 우리는 제로 포인트에서 나타나는 양극의 상대성을 다시 살펴볼 수 있게 돼. 한 쪽으로 치우쳤던 마음을 깨닫고, 양쪽을 다시 살펴보자. 그러면 선이 선일 수밖에 없는 이유와 악이 악일 수밖에 없는 이유를 이해할 수 있을 거야. 그 둘의 차이점과 공통점을 발견하게 되지.

중국 전국시대 초나라에 창과 방패를 파는 상인이 있었어. 그 상인은 "이 창은 세상의 어떤 방패라도 꿰뚫을 만큼 날카롭다. 그리고 이 방패는 그 어떤 창도 막아낼 만큼 단단하다"고 자랑했지. 그때 지나가던 사람이 "그럼 당신의 창으로 당신의 방패를 찌르면 어떻게 되오?"라고 물으니 그는 아무 대답도 못하고 쩔쩔맸단다.

의심 많은 행인은 그 상인을 거짓말쟁이로 여겼어. 하지만 이 광경을 묵묵히 보고 있던 한 노인이 상인에게 돈다발을 건네며 이렇게 말했어. "세상에 그렇게 단단한 방패와 날카로운 창이 있단 말이오? 내가 무기를 좀 볼 줄 아는데, 둘 다 참으로 대단한 명기요. 내가 그 두 가지를 다 사겠소!"

방패와 창 중 어느 쪽이 더 센지를 따지는 데 시간을 허비하기보다는 훌륭한 성능을 가진 두 가지 무기를 다 사는 편이 현명하지 않을까? 우리는 선택이란 언제나 둘 중 하나를 고르는 것이라고만 여겨. 하지만 왜 그래야 하지? 다른 선택의 여지는 없을까? 조금만 깊이 생각해보면, 한쪽만을 선택하는 것이 아니라, 그 둘의 다름을 인정하고 그것이 한 덩어리로 조화를 이루게끔 선택하는 편이 훨씬 낫다는 사실을 알게 될 거야. 그래야만 새로운 에너지가 생성될 수 있으니까.

서로 자기 말이 옳다고 싸우는 친구들 앞에서 어느 한쪽 편을 드는 것이 아니라, "너는 이러한 점에서 옳고, 너는 또 이러한 점에서 옳다"고 말을 해줄 때, 그들은 미처 발견하지 못했던 상대방의 장점에 눈을 뜰 수 있듯이 말이야.

"내가 보기엔 둘 다 옳은 것 같은데, 믿기지 않을 정도로 훌륭한 생각들을 하고 있구나. 두 가지를 합하면 아마도 최고의 방법이 될 것 같은데, 너희는 어떻게 생각하니?"

오직 판 밖에서 관찰하는 사람만이 상황의 양면을 다 볼 수 있어. 관찰자는 어느 한쪽을 선택하지 않고, 둘 다를 받아들이지. 그리고 최종 선택권을 자신이 아닌 그들에게 돌려줘. 그때 그들은 좁은 시야 속에서 알아차리지 못했던 또 다른 세계를 만나게 되지. 그 결과, 양자택일이 아닌 새로운 선택을 하게 돼. 새로운 상황이 창조되는 순간인 거야.

우리는 자신의 관념에 의해 틀에 박힌 선택을 끊임없이 반복하게 돼. 우리의 단조롭고 따분한 일상을 자아내는 원인이지. 자신의 문제점을 스스로 발견하기가 어려운 이유는 늘 내 쪽으로 치우친 생각을 하므로, 판단과 선택 역시 치우치게 될 수밖에 없는 거야.

만약 네가 뭔가를 선택하거나 결정해야 한다면, 잠시 모든 분별심과 판단을 내려놓도록 해봐. 그리고 '가치' 이전의 지점, 즉 상대성의 경계이자, 중심인 제로 포인트에 머물러봐. 곧 새로운 시야가 열리고, 새로운 가능성과 마주하는 자신을 발견하게 될 테니까.

살다 보면 우리는 수없이 많은 선택의 기로에 놓이게 돼. 그때마다 우리는 최선의 판단을 내려야하지. 이제부터는 판단을 해야 하는 순간이 오면, 잠시 판단과 선택을 미뤄봐. 그리고 가치중립적인 지점에 서서, 양쪽을 동등하게 바라보도록 해. 그럼 그동안 네가 해왔던 것과는 다른 새로운 선택과 방향을 찾게 될 거야.

이 세상에 절대적인 선이나 절대적인 악은 존재하지 않아. 서로의 입장 차이가 있을 뿐, 모든 것이 옳아. 진실한 답은 치우침 없는 중간 지점에 존재하지.

"모두가 옳다"라는 생각은 두루뭉술한 우유부단함이 아니야. 그건 지혜야. 세상은 모순된 것들로 가득해. 그리고 그 말도 안 되어 보이는 모순이 진실에 더 가까울 때가 많지.

난센스가 센스이다

때로는 삶 속에서 도저히 이해가 안 되거나 상식을 벗어난 일들이 일어나기도 해. 도대체 뭐가 정답인 걸까? 우리는 정답 찾기 놀이에 열심히 몰두하지만, 결국 전혀 엉뚱한 것이 답이 되는 경우가 많아. 답 자체가 아예 존재하지 않는 경우도 많고.

"냉장고 속에 코끼리를 어떻게 넣을 수 있을까?"

이 질문을 받은 사람들은 대부분 난감한 표정을 지으며 "냉장고 크기가 얼만 하죠?, 코끼리 사이즈는요?, 코끼리가 요가를 할 줄 아나요?" 하고 되물어. 하지만 열심히 답을 찾으려고 해도 실현 가능한 방법은 도무지 떠오르지 않지.

대체 어떻게 냉장고 속에 코끼리를 넣을 수 있을까? 정답은 아주 간단해!

1. 냉장고 문을 연다.
2. 코끼리를 넣는다.
3. 냉장고 문을 닫는다.

내가 답을 알려주면 사람들은 "그런 일은 불가능하잖아. 난 또 뭐라고!" 하며 툴툴거려. 물론 상식으로는 불가능한 일이야. 하지만 그 외의 다른 답이 존재할까?

<어린 왕자>를 보면 코끼리를 삼킨 보아 뱀 그림이 나오잖아. 어른들은 그 그림을 보고 모자라고 말했지. 어린 왕자는 어른들이 이해하지 못하자, 친절하게 코끼리가 들어 있는 모습까지 그려주며 다시 "코끼리를 삼킨 보아 뱀"이라고 강조했어. 하지만 어른들은 말도 안 된다면서 저마다 자기 생각만 늘어놓기 바빴지.

어린 왕자의 생각이 과연 '틀린' 것일까? 어른들이 진실이라 믿는 상식의 세계에서는 보아 뱀이 코끼리를 삼킨다는 건 불가능한 일이야. 냉장고 속에 코끼리를 넣는 것이 불가능하듯 말이야. 하지만 어린 왕자의 그림에는 아무런 문제가 없어. 우주에서는 모든 것이 가능하기 때문이지.

코끼리를 삼킨 보아뱀 그림

정답을 찾으려는 마음을 내려놔봐. 그것이 실제로 가능한지를 따지려는 모든 잣대를 내려놓고, 있는 그대로의 현상만을 바라보는 거야. 우리의 삶 속에서도 난센스가 오히려 답인 경우가 많거든.

센스의 문제는 센스로 풀 수 있어. 한편, 난센스의 문제는 난센스로 풀어야 풀리지. 난센스의 차원에서는 난센스의 답이야말로 합당한 답, 즉 센스이기 때문이야.

증명이 불가능한 일에 상식과 논리의 잣대를 들이대는 건 무리야. 현실창조도 같은 맥락으로 볼 수 있지. 현실창조는 상식과 논리가 아닌, 기적과 신비 그 자체니까.

너는 우주가 어떻게 생겨나고, 펼쳐지고, 사라지는지에 대해 설명할 수 있니? 이걸 증명하기 위해서는 비논리의 세계로 들어가야만 해. 우주는 우리가 상상하는 것 이상으로 다차원적으로 존재하거든. 우주를 이해하려면 많은 상상력이 필요할거야.

모든 것을 논리적으로 설명하려는 노력, "그것이 정말로 실현될 수 있을까?"라는 물음은 사실 쓸모없어. 현실창조를 시작하기 전에 우리는 첫 번째로 불가능해 보이는 미래도 충분히 실현될 수 있다는 믿음을 가져야 해. 그리고 두 번째는 상황을 더 열린 사고로 바라보는 관점!

마치 코끼리를 냉장고에 넣는 일도 간단히 해결할 수 있다는 순수한 믿음과 관점처럼 말이야. 이런 난센스가 센스로 받아들여질 때, 우리는 놀라운 일들을 경험하게 되지. 우주는 우리의 상식과는 전혀 다른 방식으로 돌아가고 있기 때문이야.

과학의 논리와 상식은 인간이 관찰할 수 있는 범위까지만 접근 가능하다는 한계를 지니고 있어. 달리 말해서, 관찰 불가능한 것들은 논리와 상식의 대상이 되지 않는다는 뜻이야. 또한 상식은 시대와 문화권에 따라 달라지듯이 매우 주관적인 것이지. 그러니 우리가 상상하는 '절대적인 상식' 같은 것은 존재하지 않음을 알아야 해.

자신이 규정한 틀로 세상을 바라보기를 그칠 때, 우리는 비로소 진짜 세계를 만나게 돼. 이게 바로 모순의 법칙이야. 상식을 넘어 전혀 다른 관점으로 세상을 바라보기 시작한다면, 이 우주에서는 모든 것이 가능하다는 걸 깨닫게 될 수 있지.

한 번 생각해봐. 만약 상식 너머의 무한한 가능성을 기꺼이 받아들인다면, 우리가 경험할 수 있는 삶의 범위는 얼마나 넓어질까? 매일같이 스스로 자신의 한계를 규정지으며 산다면, 삶 속에서 일어나는 다양하고 놀라운 일들을 경험할 수 없어. 자신의 상식, 지금껏 수집해온 정보들의 불완전함을 인정하고, 새로운 정보를 부지런히 받아들이는 넓은 포용력이 필요하지. 그래야만 우리는 더 큰 차원의 의식, 그리고 무한한 에너지와 만날 수 있기 때문이야.

제로 법칙 4 — 무감정의 법칙

"모든 감정으로부터 늘 평정을 유지하라."

중용

정의의 여신상

제로 포인트를 유지한다는 것은 '가운데(中)를 지킨다'는 의미와 같아. 어느 한쪽으로 치우치지 않고 중간 지점을 지키는 것이 제로 시스템의 핵심이지.

그럼 삶 속에서 우리는 어떻게 가운데 자리를 유지할 수 있을까?

정의의 여신상은 공정한 법집행과 정의구현의 의지를 상징해. 그녀는 한 손에는 천칭을, 다른 한 손에는 긴 칼을 들고 있지. 그녀는 천칭의 한쪽에는 죄의 값을 올려놓고, 다른 한쪽에는 그에 상응하는 대가를 올려놔. 그리고 그 둘이 상응하면 '공평하다'고 판단하고, 한쪽으로 기울면 '공평하지 못하다'고 판단하여 들고 있던 칼로 상대의 목을 베어버리지.

그녀의 판단에는 어떤 동정도 연민도 끼어들지 못해. 그녀는 눈을 가리고 있으므로, 누가 어떤 죄를 지었는지를 알지도 못하지. 오직 저울처럼 균형이 맞는지, 안 맞는지만을 판단할 뿐이야.

그녀는 무정한 존재일까? 아니면, 최고의 재판관일까?

"하늘은 무정無情하다"는 말이 있어. 하늘은 인간들의 바람은 아랑곳없이 때로는 가뭄을, 때로는 홍수를 일으키지. 하늘 아래 사는 인간들은 종종 하늘의 무심함을 원망하지만, 그건 인간의 관점일 뿐이야. 자연은 그저 일어날 일을 일으키고, 사라져야 할 것들을 흩어버릴 뿐이니까. 자연법칙에는 감정 따윈 존재하지 않기 때문이지.

유교에서는 최고의 덕목을 '중용中庸'이라 하여, 삶속에서 가운데 자리를 유지하는 방법을 가르쳤어. <중용>은 기쁨과 분노, 슬픔과 즐거움 등의 감정에 휩쓸리지 않는 상태를 중中이라 이르며 강조하지. 이처럼 감정의 변화를 만들지 않는 것이 중中, 즉 제로 포인트에 머무는 열쇠야.

감정이란 어떤 일을 마주했을 때 일어나는 마음이나 기분을 말해. 앞장에서 살펴보았듯이, 마음이란 우리가 경험했던 주관적인 정보들의 집합이지. 우리는 경험하지 못한 것에 대해서는 아무것도 알지 못하며, 그저 자신의 주관적인 판단으로써 추측할 뿐이지. 하지만 그런 태도로는 균형이 있는 중간지점을 찾을 수 없어. 우주의 제로 포인트는 제쳐둔 채, 지금 나의 위치가 바로 우주의 중심이라고 주장하는 셈이니까. 물론 넌 언제나 우주의 중심이지. 하지만, 네가 치우쳐있는 상태라면, 우주의 힘은 너의 편이 될 수 없어.

주관적인 견해나 판단을 내려놓기 위해서 우리는 먼저 감정에 치우치지 않기로 선택해야 해. 옳고 그름, 선과 악, 좋고 싫음을 모두 떠나, 오직 제로 포인트에 자리 잡음으로써 그 어떤 치우침으로부터도 벗어나도록 해봐.

좋아 보이는 일이나 곤란해 보이는 일에도 늘 감정을 다스려 중심을 잡아봐. '김칫국부터 마시지 말라'는 말도 있듯이, 일이 진행되는 상황을 섣불리 판단하여 중심을 잡지 못하고 지레 좋아하거나 지레 걱정하고 있으면 안 돼. 바라던 상황이 오다가도 다시 멀어져버리고 말테니까. 대신에 감정의 균형을 잡고 있으면, 다가오는 상황을 실제로 맞이할 수 있게 되지. 내가 처음 이 원리를 알게 된 건 중학교 때야. 앞에서 했던 시험이야기, 기억나지?

감정의 균형은 현실창조를 좌우하는 특별한 열쇠야!

가끔은 네 앞에 닥친 고난이 너무 가혹하다고 느껴질지도 몰라. 누구는 잘만 사는데, 나는 왜 이렇게 힘든 거냐고 하늘을 원망하고 싶을지 모르지. 하지만 설령 현실이 그렇게 보일지라도 감정에 휘둘리지 말고 늘 평정심을 유지해야해.

네 안에서 끊임없이 제로 포인트를 찾다 보면, 불공평하게 보이던 상황도 문득 새로운 가능성으로 보여 지는 순간이 올 거야. 제로의 법칙을 지키기만 하면 현실은 놀라운 변화를 가져다줄 수 있어. 그게 우주의 신비지.

정의의 여신처럼 우주는 오로지 제로 포인트를 지켰느냐, 지키지 않았느냐를 판단할 뿐, 다른 무엇도 심판하지 않아. 인간의 상식으로는 뭔가 억울하고, 합당하지 않게 느껴질 수도 있어. 하지만 우주의 모든 일은 일어날 만하기에 일어나는 거야. 우주의 법칙은 한 치의 오차도 없이 지켜지고 있다는 사실을 명심해.

우주의 힘을 사용하기 위해서는 먼저 우주의 마음을 이해해야해.

느낌을 멈춰라

어떤 대상을 마주하면, 자동적으로 내가 가지고 있는 도식들에 의해 특정한 느낌을 받게 돼. 이러한 느낌들은 크게 세 가지 종류로 나눌 수 있어.

1. 기분 좋은 느낌
2. 기분 나쁜 느낌
3. 좋지도, 나쁘지도 않은 느낌

좋은 느낌을 받았을 때, 우리는 그것을 소유하거나 가까이하고 싶다는 마음을 갖게 돼. 어떠한 것을 '바란다', '갖고 싶다'고 생각하게 되는 이유는 그 대상에서 좋은 느낌을 받았기 때문이야.

여기서 주의해야 할 건, '그것이 정말 내게 필요한 것인가'라는 검증은 행해지지 않는다는 점이야. 때문에 우리는 좋은 느낌에 반응하여 반사적으로 그것을 추구하고, 내가 진정으로 원하지도 않는 것들을 염원하면서 세월을 허비하게 되지.

한편, 기분 나쁜 느낌이 들 때는 본능적으로 그것을 피하고 싶은 마음을 갖게 돼. 그것을 피할 수가 없는 상황이 되면, 그 대상을 향한 분노와 증오, 공격성까지도 생겨나지. 하지만 그런 감정들은 상황과 무관한, 그저 주관적으로 잘못 치우친 반응일 경우가 많아. 이로 인해 삶 속에 온갖 문제들이 발생되게 되는 거야. 쌈닭처럼 아무 데나 치고 박고 다니게 될지도 모를 일이니까.

좋지도 나쁘지도 않은 느낌은 달리 말하자면, 무덤덤한 느낌이야. 중中이라고 착각하기 쉽지만, 이러한 상태는 제로 포인트가 아니야. '우유부단하여 선택을 못하는' 상태일 뿐이지. 무엇이 옳은지 그른지 판단조차 되지 않기 때문에 그저 어리석게 우왕좌왕하는 거야.

알면서 선택하지 않는 것과 몰라서 선택하지 못하는 것은 확연히 달라. 이러한 어리석음과 주저함은 오히려 상황을 악화시키기 쉽지. 또는 영악한 무리에 휩쓸려서 자신의 인생을 망치기도 쉬워. 주관적인 도식에 의해 마음이 한쪽으로 쏠리는 순간, 우리의 마음은 온갖 감정을 만들어내거든.

감정에 휘둘리지 않기 위해서는 그 근원이 되는 세 가지 느낌 — 좋은 느낌, 나쁜 느낌, 좋지도 나쁘지도 않은 느낌 — 을 먼저 그쳐야 해. 이 법칙을 나는 무감정의 법칙이라고 불러. 무감정의 법칙이란 좋고, 싫음의 양극을 초월한 중간을 의미하지.

세 가지 느낌에서 비롯되는 염원은 나의 근원적인 바람이 아니라, 덧씌워진 바람에 불과해. 자동적인 욕구의 반응일 뿐, 우리가 진정 이루고 싶은 것과는 상관이 없는 거지. 좋은 느낌, 나쁜 느낌, 좋지도 나쁘지도 않은 무덤덤한 느낌에서 벗어나야만 해. 그리고 무감정 속에서 제로 포인트를 찾아야 해.

제로 시스템으로부터 현실을 창조하기 위해서는 잠시 생각을 멈추고, 자신이 그동안 원해왔던 것들을 재점검해보아야만 하는 이유가 바로 여기에 있어. 뭔가를 원한다는 건 이미 치우쳐 있는 상태, 즉 제로 포인트에서 벗어난 상태야. 이미 우리는 한쪽으로만 막대한 에너지를 쏟고 있는 거지. 그러므로 우리는 바라는 것을 선택하기 이전, 바라지 않는 상태로 자신을 리셋시킴으로써 현재와 같은 감정들에 치우치지 않은 고요한 상태에 먼저 머무를 수 있어야 해. 창조하기 이전의 상태, 창조를 위한 제로상태로 자신을 가져다 놓아야 한다는 거야.

창조를 하겠다고 무작정 덤비기는 아직 일러. 먼저 바라던 모든 것을 내려놓고 고요해져봐. 네 마음은 언제나 무감정한 상태를 유지해야해. 알 겠지?

"제로 포인트는 언제나 현재에 있다."

현재의 비밀

'카르페 디엠 Carpe Diem!' 지금 이 순간을 살아야 한다는 말, 자주 들어봤을 거야. 깨달은 모든 성인들도 '지금 여기'를 강조하지. 그 이유는 '지금, 여기'가 바로 모든 것을 창조해낼 수 있는 제로 포인트이기 때문이야.

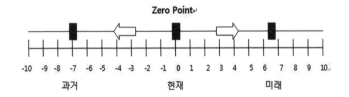

제로 포인트 그림

제로 포인트는 우리의 시공간의 정중앙에 위치해. 공간의 중앙은 내가 있는 바로 이곳이고, 시간의 중앙은 '과거'와 '미래'의 사이인 현재야. 시간은 상대적인 개념으로서만 존재하는 단위야. 과거와 미래란 실제로 존재하지 않는 허상이지만 우리에게는 그것이 마치 실재하는 것처럼 너무나 친숙하지. 시공간의 제로 포인트를 찾는다는 것은 내가 있는 이곳에서 현재의 순간을 찾는 거야.

그렇다면 현재의 순간을 어떻게 찾을 수 있을까? 시간의 축 위에서 현재는 아주 짧은 찰나에 불과해. 미래는 매 순간 현재가 되고, 또한 매 순간 과거로 변해가지. 때문에 우리는 현재에 살고 있다고 하면서도, 사실은 현재의 의미를 제대로 이해하지 못해.

제로 포인트에 머물기 위해서는 감정을 일으키지 말고, 평정심을 유지하라고 했지? 우리의 모든 감정은 무의식 속에 저장된 경험이나 기억으로부터 출력된 과거의 잔재물이기 때문이야. 그것들은 현재에 존재하고 있지 않으며, 이미 사라져 버린 허상에 불과하지. 그럼에도 불구하고 과거에 느낀 감정을 그대로 현재의 투영된 대상에 퍼붓고 있는 거야.

감정은 우리로 하여금 온전히 현재에 있지 못하게 해. 과거의 삶 속에서만 존재하게끔 만들지. 청소를 하다가 돌아가신 어머니가 준 반지를 발견했다고 가정해보자. 어떤 감정이 들 것 같니? 감정이 올라오는 순간, 그 반지는 우리를 과거의 추억 속으로 데리고 갈 거야. 모든 종류의 감정은 같은 방식으로 작동해. 과거의 기억으로부터 비롯되기 때문이야.

그러니 어떤 감정이 일어날 때, 감정의 출처를 바로 알아차리고 그 감정이 현재 어떤 의미를 갖는지를 먼저 살펴야만 해. 지금 느끼는 감정이 무의식 속에 저장된 기억 정보에 불과하다는 것을 깨닫는 순간, 비로소 그 감정으로부터의 분리가 일어나게 되거든. 언제나 거기에 있는 현재로 돌아올 수 있게 되지. 이로써 '과거'라는 허상이 만들어내는 오류를 막을 수 있어.

과거뿐만 아니라, '미래'에 대한 기대감 또는 불안감도 마찬가지야. 아직 일어나지 않은 미래에 대한 기대와 바람, 상상은 허상에 불과하지. 존재하지 않는 신기루와 같은 거야. 목마른 자에게 지금 당장 물을 주지 못한다면, 물이 저기에 있을 것 같은 환상은 아무런 의미가 없지. 환상은 오히려 눈앞의 물을 보지 못하게 하거나, 심리적인 갈증만 더욱 심하게 부추겨놓을 뿐이야.

과거나 미래는 존재하지 않아. 과거나 미래가 존재한다고 느낀다면, '과거'에 대한 '현재의 기억', '미래'에 대한 '현재의 기대' 속에 머물러 있는 것일 뿐이야. 과거나 미래에 집착하게 되면, 우리는 자동적으로 균형을 잃고 한쪽으로 치우치게 되지. 그러므로 어떤 기억에도, 기대에도 머물지 않아야 해. 그래야만 영원한 현재인 지금 이 순간 속에 오롯이 남아 있을 수 있지.

제로 포인트, 즉 지금 이 순간이란 어떠한 판단도 없이 그저 '순수한 인식(알아차림)'만이 존재하는 영원한 찰나야. 또한 매 순간 순수정보를 받아들이는 상태이지. 그때야말로 우리는 모든 사물의 본질을 있는 그대로 마주하게 돼. 이게 바로 '직관'이야. 직관은 있는 곧바로 바라본다는 뜻이지. 네 생각이 간섭하지 않는, 현재의 존재 그대로를 바라보는 투명한 시야 말이야.

상식적으로는 매번 새롭게 현실을 인식하는 것이 비효율적이고, 불필요한 일이라고 생각될지도 몰라. 하지만 매 순간 모든 정보를 정확하게 다시 받아들이는 것이야말로, 오류가 제로인 상태, 즉 완벽한 알아차림의 상태야. 자동적 사고는 현실을 왜곡시켜 우리를 망상 속에 머물게 하니까.

다시 말하면, 제로 포인트는 산을 산으로 보고, 물을 물로 볼 수 있는 중간 지점이야. 다른 산 혹은 다른 물과 비교하며 감탄하거나 실망하는 것이 아니라, 있는 그대로 "아! 산이구나. 아! 물이구나" 하고 알아차릴 수 있는 경계인 거지. 이 경계에 머물 때, 우리는 산 혹은 물 앞에 온전히 존재할 수 있게 돼.

생각정보를 제외한 오감을 극대화시켜 매 순간의 순수정보를 마음껏 받아들여봐. 그럼 제로 포인트를 통해 우주의 '사이 공간'에 접속하게 될 거야. 만물의 본질을 마주하여 우주의 신비를 체험하게 되는 거지. 그리고 그건 오직 현재에서만 일어날 수 있어. 지금, 여기!

현재의 마법

사람들은 과거의 정보 속에서 살아가고 있어. 무의식 속에 쌓여 있는 정보, 경험, 도식, 자동적 사고는 모두 과거의 것이야. 우리의 삶은 새로운 미래가 현재로 와서 과거가 되어버리는 매 순간인 셈이지. 1초 전의 미래는 현재를 지나, 한 순간에 과거가 되어버린다는 말이야. 시간이 지배하는 공간 속에서 변화하지 않는 것은 아무것도 없어. 모든 것은 순식간에 과거의 것이 되어버리지.

일반적인 시간에 흐름에 따른 현재 위치 도표

일반적인 시간의 흐름

미래에 정확하게 무슨 일이 일어날지는 아무도 몰라. 아무리 뛰어난 예언가일지라도, 미래를 맞출 확률은 50퍼센트에 불과하지. - 예언이 맞거나 아니면, 틀리거나.

미래는 현재에 의해 변화해. 미래는 곧 현재의 산물인 거야. 네가 마음먹고 움직이는 만큼 미래도 변화할 수 있어. 경우에 따라서는 상상을 뛰어넘을 만큼 커다란 변화가 일어날 수도 있지. 왜냐하면 미래에 어떠한 조건이 생성될지는 누구도 알 수 없기 때문이야.

우리는 그저 미래에 일어날 일의 발생조건만을 만들 뿐이야. 거기에 어떤 재료가 더해져서 그 일이 실현될지는 아무도 모르지. 그러니 지금의 기준으로 미래를 규격화하여 한계를 정하는 건 어리석은 행위야. 지금 내가 어떤 선택과 행동을 하느냐에 따라 미래의 가능성은 무한히 열려 있으니까.

과거 또한 이미 지나가 버렸다고 해서 영원불변한 것은 아니야. 어렸을 때의 부주의함으로 인해 일어난 일의 불명예스러운 딱지가 영원히 네게 붙어 다녀야 하는 건 아니지. 우리는 자신의 과거까지도 변화시킬 수 있어. 물론 과거의 행위는 이미 벌어진 사실이지. 하지만 우리는 사실에 대한 우리의 기억을 변화시킬 수 있어. 과거는 기억에 포함되어 있는 감정에 따라 큰 상처가 될 수도 있고, 잠시 웃고 지나쳐버릴 가벼운 해프닝이 될 수도 있는 거지. 현재의 네가 마음먹기에 따라 과거는 얼마든지 아름답게 기억될 수 있어. 과거에 일어난 일조차도 현재의 시점에서 얼마든지 수정할 수 있다니, 놀랍지 않니?

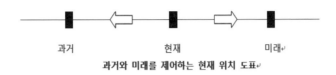

과거와 미래를 제어하는 현재 위치 도표

과거와 미래를 제어하는 현재

때문에 항상 현재에 사는 것이 중요해. 현실을 내 뜻대로 창조하기 위한 기본전제는 온전히 현재에 머무는 거야. 그런데 우리는 무한한 창조가 가능한 '마법의 현재' 속에 사는 대신, 지나가버린 과거 또는 오지도 않은 미래 속에서 살고 있잖아. 미래를 대비하느라 현재의 즐거움과 휴식을 잊고 사는 샐러리맨들은 미래 속에 살고 있고, 과거의 슬픔에 빠져 새로운 사랑을 시작하지 못하는 솔로들은 과거 속에서 살고 있지.

지금 이 순간에 온전히 머물 수만 있다면, 과거를 곱씹거나 미래를 준비하는 일 따위는 불필요해져. 현재 속에는 과거의 기억과 미래의 기대를 초월해버리는 새로운 창조의 열쇠가 있으니까. 그렇다고 아무 생각 없이 살라는 뜻은 아니야. 지금까지의 경험들을 깡그리 무시하라는 뜻도 아니고.

그저 네 가능성을 제약하는 기억으로부터 자유로워지라는 거야. 미래를 위한 준비로 시간을 낭비하지도 말라는 거지. 행복은 오직 현재 속에 있으며, 네가 경험할 수 있는 시간은 언제나 현재뿐임을 깨달아야 해. 매 순간 새로운 사람을 만나고, 새로운 환경에서 살며, 새로운 판단을 하려는 시도들을 해봐. 그러다보면 언젠가는 똑같은 사람을 만나고, 똑같은 환경에 있어도 다른 관점으로 새롭게 바라볼 수 있게 될 거야!

오랫동안 사귄 연인에 대해 잘 안다고 생각해? 미안하지만, 착각일 확률이 높아. 연인과 수많은 추억을 공유하고 있더라도, 상대를 있는 그대로 바라보기는 쉽지 않거든. 상대는 늘 새롭게 변하고 있고, 너 또한 마찬가지니까. 그 뿐인 줄 알아? 우리 몸의 모든 세포도 매 순간 죽음과 태어남을 반복하고 있다고. 순간순간 너는 전혀 새로운 것들을 만나고 있는 거지!

우리는 지금 이 순간에 드러나는 순수정보에 관심을 기울여야 해. 그럼 서로를 더욱 호기심 어린 눈으로 바라볼 수 있게 되고, 매번 달라지는 새로운 모습에서 경이로움을 느끼게 될 거야. 지금 여기, 현재에 사는 것은 강조하고, 또 강조해도 지나치지 않아. 과거와 미래를 초월하여 내가 원하는 삶을 창조하기 위한 필수불가결의 조건이니까.

현재를 영어로는 present라고 하는데, '선물'을 뜻하기도 하고 '지금 여기에 있다'는 의미를 지니기도 해. 지금 여기에 온전히 존재하고 있을 때, 우리는 현실창조라는 위대한 우주의 선물을 받을 수 있게 되지. 그리고 이 우주의 선물은 다름 아닌, 우리의 의식 속에 존재해. 우리의 의식을 현재 속으로 온전히 가져오는 것, 즉 제로 포인트에서 비롯되지.

현재형 확언의 비밀

현재는 우주의 힘을 마법처럼 부릴 수 있는 유일한 자리야.

자기계발서를 두루 읽어봤다면 이미 알고 있겠지만, 꿈을 이루기 위한 확언을 만들 때 반드시 지켜야 할 몇 가지 규칙이 있어.

먼저, 1인칭 주어를 사용해야 해. '나는'이라는 일인칭 주어를 사용함으로써 우리는 자기 현실의 창조자로서 우주에 명령을 내리게 돼. 1인칭 주어는 조선시대의 양반이 "게, 누구 없느냐?" 하고 소리쳐 하인을 불렀던 것처럼 자신의 존재를 우주에 각인시키고, 창조의 시작을 알리는 일종의 선언이기 때문이야. 내가 누누이 말하지만, 이 세계에서 가장 중요한 건 오직 너야. 이 세계는 널 위한 세계라고!

또한 확언의 시제는 언제나 현재형이어야 해. 과거와 미래는 존재하지 않아. 마법이 일어나는 곳은 현재이기 때문이지.

현실창조를 위한 올바른 확언의 예는 다음과 같아.

"나는 편안하고, 풍요롭고, 돈이 매우 많다."
(1인칭 주어 + 현재형 시제)

우리의 바람은 흔히 현재의 결핍감으로부터 일어난다고 했지? 그래서 우리는 자기도 모르게 확언을 미래형으로 표현하곤 해. '바란다', '원한다'는 모두 미래 시제잖아. 제로 포인트를 벗어난 상태에서 창조를 희망하고 있는 거야. 고로 실현 불가능한 오류인 거지.

- 잘못된 미래형 확언의 예
"나는 입사 면접시험에 합격할 것이다."
"나는 편안해지고 풍요로워지기를 바란다."
(1인칭 주어 + 미래형 시제)

미래형 확언을 할 때, 우리의 의식은 창조가 이루어지는 현장인 현재에 있지 않고 상상 속인 미래에 가있는 상태야. 그렇기 때문에 아무리 바란다고 한들 이루어지지 않는 거야. 미래형 확언은 영원히 미래의 숙제로만 남게 돼. 결코 올바른 창조의 주문이 아니지. 창조가 시작되는 지점은 제로 포인트이며, 창조의 확언은 언제나 현재형이어야 한다는 걸 잊지 마.

간혹 우리는 현실적으로 불가능해 보이는 미래를 상상하기는커녕 두려워하기까지 하지. 이를테면 뚱뚱한 몸매로 한평생을 살아온 사람은 한 번도 다이어트에 성공해본 경험이 없고, 놀림 받았던 기억 때문에 내면의 상처도 많겠지? 이 사람은 아마 날씬해진 미래의 모습을 위한 새로운 시도를 해볼 생각조차 하지 않을지 몰라. 무의식으로부터 올라오는 불안감이 현재형 확언을 만드는 것을 방해하기 때문이야. 아무리 근사한 현재형 확언을 만들어놓는다고 해도 그것을 온전히 믿지 못하고, 그것이 될 리가 없다는 과거의 부정적 느낌 속에 빠져 있게 돼. 즉, 이미 내면이 부정적인 에너지로 가득 차있는 상태에선 현재형 확언을 아무리 하려해도 불안감을 쉽게 떨쳐낼 수 없는 거지.

이럴 때 한 가지 좋은 방법이 있어. 그 불안감을 긍정하고 포용하는 자기수용 확언을 사용해보는 거야!

"나는 ~(결핍상태)~다. 그럼에도 불구하고 나는 이런 자신을 온전히 받아 들인다"는 긍정적인 현재형 자기수용 확언을 완성시켜보는 거지. 그러면 더 이상 내부의 저항감에 시달리지 않고, 원하는 미래상을 창조하는 확언으로 나아갈 수 있어.

자기수용 확언은 EFT(Emotion Freedom Technique)기법에서 많이 사용돼. EFT는 이러한 현재의 결핍감을 극복하기 위해 자기수용 확언을 효과적으로 이용하는 기법이야.

"나는 지금 허리가 매우 아프지만, 그럼에도 불구하고 이런 나를 온전히 받아들인다."

(1인칭 주어 + 현재형 자기수용 확언)

자기수용 확언에는 또 하나의 이점이 있어. 자기도 모르게 부정적 표현으로 확언 하게 되는 일을 예방해준다는 점이야.

예를 들어 몸의 통증을 경감시키기 위해서 "나는 지금 허리가 아프지 않다"는 확언을 반복한다면, 그건 긍정적인 현실창조의 확언이 아니라 현실 부정이야. 그래서 부정하는 그 현실을 오히려 우회적으로 더욱 강화시켜놓게 되지. 하지만 EFT의 긍정적 자기수용 확언을 사용하게 되면, 현재 상황에 대한 부정적 인식이 긍정적인 에너지로 자연스럽게 전환될 수 있어.

현실창조를 위한 확언의 규칙을 정리하자면, 다음과 같아.

1. 1인칭 주어로써 선언한다.

2. 시제는 현재형을 쓴다.

3. 긍정적인 표현을 사용한다.

4. 현재의 상황이 도저히 받아들여지지 않을 때는 자기수용 확언으로써 현실을 포용한다.

이 네 가지 규칙만 지킨다면 우리는 언제든지 제로 포인트로부터 우주를 향해 원하는 현실을 창조해 달라는 주문을 할 수 있게 돼. 이제부턴 우주에 주문을 제대로 하고 있는지, 확언을 제대로 하고 있는지 늘 점검하면서 삶이 변화해가는 과정을 즐겨보도록 해!

나에게 맞는 현실창조 확언 만들기

1. 자신의 현재 상황과 원하는 상황에 대해서 적어본다.

　예) 지금은 돈이 없어. 돈이 많았으면 좋겠다.

　나는 애인이 없어. 멋진 애인이 생겼으면 좋겠다.

2. 1번의 내용을 현재형 확언으로 바꾸어 한 줄로 적어본다.

　예) 나는 부족함이 없다.

3. 확언이 부정적이지 않은지 확인한 후, 현실과 비교해보고 내가
　원하는 명령어가 긍정적 현재형 명령어로 되어있는지를 점검한
　다. 제대로 되었다면 그대로 적고, 그렇지 않다면 수정한다.
　나는 부족함이 없다 -> 나는 풍요롭다.

4. 3번의 확언은 원하는 현실을 창조할 마법의 주문이다. 매일 눈에
　잘 띄는 곳에 붙여놓고, 노력과 의도 없이 단지 '인지' 하기만 한
　다. 그리고 나머지 제로법칙에 유의하며, 확언이 실현될 수 있는
　조건을 만들어 나간다.

제로 법칙 6 ― 비움의 법칙

"나를 비울수록 제로 포인트에 가까워진다."

제로 존재상태

여섯 번째 제로 법칙은 '비우기'야. 제로(0)란 없음을 뜻하지. 따라서 없음의 상태가 되기 위해서는 지금까지 '나'라고 생각해왔던 모든 것을 내려놓고 비워야 해. 이것은 동서고금의 성인들이 한결같이 강조해온 궁극의 의식 상태이기도 하지.

'내가 없는' 상태란 과연 무엇일까?

물과 기름은 전혀 다른 밀도를 가진 액체야. 둘은 겉보기엔 비슷하지만 성질이 전혀 달라서 서로 분리된 상태로만 존재하지. 둘은 결코 서로를 이해할 수 없으며, 영원히 하나가 될 수 없어. 물과 기름이 하나가 될 수 있는 유일한 방법은 그 둘 사이의 분리를 없애줄 유화제를 넣는 거야.

유화제는 물에 혼합되지 않는 액체를 물속에 균일하게 분산시키는 작용을 해. 유화제를 만난 기름은 원래의 속성을 잃어버리고, 물속으로 섞

여들기 시작하지. 그렇게 되면 물도 더 이상 물로서 존재하지 않고, 기름이 포함된 새로운 성질을 띠게 돼.

우리가 삶 속에서 부딪히는 다양한 문제들은 대부분 나와 타인이 서로를 이해하지 못하기 때문에 발생해. 나와 타인은 물과 기름처럼 서로 다른 모습으로 분리되어 있지. 우리는 결코 타인의 마음을 알 수 없고, 제대로 이해할 수도 없어.

이런 과정에서 서로의 생각과 감정이 부딪히면서 마찰이 일어나게 돼. 그리고 우리의 삶에 온갖 문제까지 야기하게 되지. 만약 이 세상에 나 홀로 살고 있다면 그런 문제는 존재하지도 않을 테지만, 혼자 사는 세상이 아니잖아? 결국 상대방을 이해하고, 현실의 문제를 해결해나가야만 하지. 그러기 위해서는 타인과의 '분리성'을 소멸시키는 유화제와 같은 어떤 것이 필요해.

물론 현실 속에는 유화제와 같이 상대방과 하나가 되게 하는 마법의 물질은 존재하지 않아. 하지만 한 가지 방법이 있어. 스스로 '나'를 소멸시키고, 상대방과 하나가 되겠다고 선언하는 거야. 우리는 자기 자신은 변화하지 않고 그대로인 채, 상대방이 변해주기만을 바라지. 사실 타인의 마음을 변화시키기란 매우 어려워. 상대방을 억지로 녹일 순 없는 거거든. 상대방과 하나가 되기 위해서는 내가 녹아버리는 방법밖에 없지.

그렇게 상대방 속으로 스며들게 되면, 더 이상 분리된 '나'는 존재하지 않아. '타인'도 존재하지 않지. 오직 '우리'만이 존재하게 돼. 내가 사라진 순간, 나는 사라진 게 아니야. 오히려 나는 모든 것이 되어버리지. 그러면 신기하게도 우리를 괴롭히던 모든 문제가 사라져버리고, 그토록 바라던 현실이 새롭게 창조되기 시작해.

이게 바로 무한대로 연결되는 제로(0)의 특별한 마법이야. 나의 바람과 생각, 나의 모든 것을 내려놓음으로써 스스로 제로가 될 때 나는 모든 것과 하나가 될 수 있지. 우리는 그 순간, 우주의 무한 에너지 영역인 영점장(zero point field)에 접속하게 돼.

영점장(zero point field)

우리는 흔히 텅 빈 우주공간에는 아무 것도 존재하지 않는다고 생각하기 쉬워. 그러나 물리학자들은 더 이상 내려갈 수 없는 최저 온도인 절대온도 0도(-273℃)의 진공조차도 아무 것도 없는 제로(0) 상태가 아니라, 뭔가로 꽉 차 있다는 기이한 사실을 발견했어. '진공'에는 아무 것도 없어야 하잖아? 하지만 그곳은 여전히 매우 짧은 찰나에 생멸을 반복하는 입자-반입자의 쌍들로 꽉 차 있었어. 입자마저 '얼어붙어서' 움직이지 않아야 하는 이론상의 절대온도 0도에서도 실제로는 무한히 빠른 미세한 움직임이 여전히 남아있었지. 이게 바로 영점장(zero point field)이야.

우주의 창조와 소멸

1. 모든 상대성은 제로로 돌아가려고 한다. (소멸)
2. 제로에서 모든 것은 상대성으로 나뉘려고 한다. (창조)

뉴턴의 운동법칙에 의하면 어떤 물체가 움직이지 않고 계속 멈춰있기 위해서는 우선 그 물체에 작용하는 힘들이 서로 정확히 상쇄되어 0이 되어야만해. 예를 들어 줄다리기에서 양쪽이 똑같은 힘으로 잡아당겼을 때 줄이 꼼짝도 하지 않는 이치와 같아. 사실은 멈춰있는 게 아니라, 미세하게 힘겨루기를 하고 있는 거지. 이건 우리 주위에서 멈춰있는 모든 것에 예외 없이 성립하는 거야. 다시 말해 어떤 물체가 제 자리에서 움직이지 않고 있다는 건 단순히 전체 힘이 0이라는 것뿐만 아니라, 실질적으로는 외부의 영향을 이겨내고 있다는 것까지 의미한다는 거야. 움직임이 없기 때문에 힘도 없는 것처럼 보이겠지만, 또 다른 힘이 숨어져 있는 거지. 이건 그 균형이 깨어질 때까지 영원히 계속되게 돼. 거시 세계에서는 멈춘 것처럼 보이지만, 미시세계에서는 0에 가까운 미세한 진동을 끊임없이 하고 있는 거야. 영점장의 어마어마한 힘이지.

제로상태가 무한한 가능태의 공간인 이유는 여기에 있어. 이 우주는 영점장의 가능태(space of variations)공간으로서 무한한 영점에너지로 충만한 양자 진공(quantum vacuum)의 형태로 존재해. 다양한 에너지의 고농축인 상태라고 볼 수 있지. 영점장의 가능태 공간이란 무한하게 변형과 창조가 가능한 공간을 의미하는데, 모든 속성들이 0점에 가까운 상태로 존재하다가 어느 속성이 부여되면, 그때 어떠한 "드러남"의 형태로 나타나게 되는 거야. 숨겨져 있던 힘이 방출되면서 펑~ 하고 무언가가 나타난 것처럼 보이지.

1m³(=1000ℓ)의 이 허공 속에서 일어나고 있는 입자쌍의 진동(양자요동quantum fluctuation) 에너지를 다 합하면, 그것만으로도 지구상의 바닷물을 모두 증발시킬 수 있다는 계산결과도 있어. 정말 굉장한 에너지지? 일부 물리학자들은 무한한 공짜 에너지인 이 영점 에너지를 이용할

수 있는 방법을 연구하고 있는데, 만약 성공한다면 이야말로 미래의 가장 획기적인 대체에너지가 될 거야. 그들은 영점 에너지를 끌어다 쓸 '물리적인' 방법을 찾으려 애쓰고 있지만, 그 몫은 과학자들에게 남겨두기로 하자. 우리는 관찰자 효과를 통해 의식으로써 양자 차원, 즉 영점장에 변화를 일으키고, 따라서 거시적 차원의 현실에도 변화를 가져올 수 있다는 사실을 이미 알고 있지. 어쩌면 너무 미미해서 아무 영향도 없는 것처럼 보일 수도 있어. 한사람의 관점으로 세상을 움직이기는 역부족처럼 보이지. 하지만 원리는 동일해. 예컨대 우리의 염원은 영점장 위에서 하나의 고립파를 형성하여 전파처럼 우주공간에 퍼져나가고, 거기에 영점 에너지가 공명하여(TV의 전원 에너지와 같은 역할을 하여) 신호가 증폭되면 그 염원이 거시적 물질세계라는 스크린 위에 현실로 나타나게 돼. 이 영점 에너지가 바로 물질우주를 빚어내는 근본 질료인 셈이야.

물리학자 데이비드 봄(David Bohm), 신경생리학자 칼 프리브램(Karl Pribram) 등 몇몇 과학자들은 도무지 이해할 수 없는 실험결과들을 설명해줄 모델을 찾다가, 레이저 입체영상 광학인 홀로그래피에서 답을 찾았어. 그 답은 물질우주가 파동의 차원에서 하나의 홀로그램 정보장으로서 존재한다는 거야. '우주는 신의 거대한 생각'이라는 통찰가들의 말도 바로 이런 뜻일 거야. 물질우주는 신이 생각(우주의 청사진)으로써 빚어낸 현실이고, 인간은 그 안에서 자신의 생각으로써 물질을 조합하여 자신의 현실을 빚어낸다! 우리의 의식에 의해 관찰된 입자들이 서로 영향을 받고 변화하는 것이 우리의 세상일 수도 있다니? 믿기 어렵겠지만, 얼마나 높은(혹은 깊은) 의식에너지를 쓸 수 있느냐가 인간인 우리의 창조능력을 좌우하게 되는 거야.

미항공우주국(NASA)의 대기권 물리학자였던 바바라 브레넌(Barbara

Brennan)이나 아폴로14호의 우주비행사였던 에드거 미첼(Edgar Mitch-ell)같은 사람들도 우리 신체의 정보-에너지장은 우주의 에너지장과 공명을 일으켜, 동일한 리듬으로 활동하면서 정보와 에너지를 교류한다고 말했어. 우주와 친숙한 사람들은 우리의 몸과 우주의 상호 작용 관계에 대한 통찰을 이미 가지고 있었던 거야. 사실 우리의 모든 몸도, 의식도 작은 우주와 다름없거든. 동양의 음양오행도 우주의 행성들을 상징화한 거야. 오장육부가 음양오행에 의해서 지배되고 있으니, 우리의 몸과 우주의 시스템이 얼마나 상응하는지 짐작할 수 있을 거야.

  과학철학자 어빈 라즐로(Erwin Lazlo)는 물질우주의 정보-에너지(파동정보)를 기록할 수 있는 필름(홀로그램)이 다름 아닌 영점장이라고 주장했어. 피사체가 반사하는 빛의 간섭무늬를 기록하는 광학기술인 홀로그래피 입체 영상기술에 사용되는 홀로그램(필름)은 전일성, 비국소성, 4차원성 등, 파동만이 보여줄 수 있는 신비한 성질 가지고 있거든. 뿐만 아니라, 한 장의 홀로그램 위에는 이론상 무한대의 피사체 정보를 담을 수 있지. 다만 이론의 실현을 방해하는 제약이 있는데, 그 중 하나가 기록매체인 홀로그램의 감도야.

  영점장은 거의 무한대에 가까운 감도를 지닌 지극히 섬세한 매질로서, 우주에서 일어난, 일어나는, 그리고 일어날 모든 파동을 담을 수 있는 홀로그램과도 같은 역할을 해. 그곳으로부터(영점 에너지에 의해 증폭된) 물질우주라는 입체영상이 '현재'라는 무대 위에 비춰져 나온다는 말이야. 홀로그램의 차원은 4차원 세계라서 그 안에서는 '과거', '현재', '미래'가 시간적 의미를 잃고 동시에 존재하게 되거든.

  실제로 시간은 모두에게 동일하게 존재 하지 않아. 아인슈타인이 시간은 내가 어디에 있는가, 어떤 상황에 있는가에 따라 다르게 흐른다고 이야기 했지. 너의 주관적인 시간도 네가 우주의식과 가까워질수록 조금씩 다르게 적용되기 시작할 거야.

고대 인도인들은 우주공간을 아카샤(akasha)라고 부르고, 거기에는 우주의 모든 정보가 기록되어 있다고 했어. 그 밖의 모든 종교와 문화권의 예지자, 투시가들이 보았다고 하는 '하늘의 책', '영계' 등도 바로 우주의 홀로그램인 영점장에 기록된 우주의 과거와 현재와 미래의 파동정보(가능태 현실)를 본 거야. 영점장이야말로 아무 것도 나타나 있지 않는 것처럼 보이나, 모든 나타남(manifestation)의 가능성을 품고 있는 창조의 모태이자, 우리의 바람이 현실로 바뀌는 마법이 일어나는 무대라고 할 수 있지. 이 부분에 대해선 좀 더 관심을 갖고 알아봐도 좋아. 매우 흥미로운 주제이니까.

그렇다면 어떻게 해야 우리의 의식을 영점장에 접속시킬 수 있을까?

정보가 담기기 이전, 빈 필름으로서의 영점장은 어떠한 속성도 지니고 있지 않아. 이게 영점장의 유일한 속성이야. 그러한 제로 상태의 영점장에 너의 정신 에너지를 동조시키려면, 너의 의식상태도 아무런 속성을 띠지 않는 제로 상태가 되어야만 해. 우리가 '나'라고 여겼던 속성들을 버리는 훈련을 시작해야 하는 이유가 여기에 있어.

우리가 의식을 텅텅 비워서 무속성의 제로 상태로 만듦으로써 우주의식에 접속하기만 한다면! 그리고 거기서 하나의 순수한 염원을 오롯이 내보내기만 한다면! 영점 에너지가 거기에 공명하여 레이저 입체상보다 더 선명한 물질현실을 만들어낼 거야. 이건 우주의 법칙이자 약속이지.

그리하여 우리는 무한한 우주의 에너지를 이용하여 마음껏 꿈을 펼치는 현실창조자의 자격을 획득하게 되는 거지!

아무것도 존재하지 않음

만물은 끊임없이 생겨났다 사라지는 것이어서 한 순간도 고정불변하지 않은 것이 없지. 불교에서는 이런 상태를 일컬어 항상恒常한 것이 없음, 즉 무상無常이라 해.

존재란 어떤 고정된 객체가 아니라 매 순간 새롭게 드러나고 있는 현상 그 자체를 뜻해. 조금만 통찰해보면, 우리는 고정된 듯 보이는 모든 현상이 사실은 끊임없이 변하는 흐름의 일부분일 뿐이며 만물은 우주의 흐름을 따라 쉴 새 없이 생멸하며 변천한다는 사실을 알 수 있어.

동양의 기철학에서는 형체로 드러난 물질은 기氣가 잠시 모인 상태이고, 기가 흩어지면 물질도 소멸한다고 말해. 이러한 사상은 <황제내경黃帝內徑>의 형기학설形氣學說로부터 발전되어왔다고 하는데, 놀라운 건 무려 5천 년 전의 사람들이 20세기 현대과학자들과 똑같은 이야기를 하고 있었다는 거야.

분자생물학은 '인간은 물질로 이루어져 있다.'는 명제를 근거로 인간 유기체를 분자와 원자로 구성된 세포의 집합으로 설명했어. 예일대학교 의과대학원 교수인 셔윈 널랜드(Sherwin B. Nuland)는 "인간의 본질을 결정하는 유전자는 단백질 화합물로서, 36억 년 전부터 존재해온 원자로 이루어진 분자일 뿐이다. 그로부터 생명이 태어나기 위해 필요한 것은 에너지였다."고 말했지.

그러나 양자 차원에서 보면, 거기에는 '몸'이라는 것이 실재하지 않아. 광대한 허공 속에서 드문드문 깜박거리며 생멸을 반복하는 입자들의 집합일 뿐인 거니까. 그뿐인가. 몸속의 세포들 또한 끊임없이 생성과 소멸을 반복하고 있기 때문에 고정불변한 것은 어디에도 없지. 나의 몸부터가 무상無常 그 자체인 거야.

나도 없음

이처럼 우주의 삼라만상이 본래 무상하므로, 그중에서 일부만을 취해 '나'라고 여기는 생각은 허상에 불과하지. 그래서 불교에서는 제법무아諸法無我!. '나라고 부를 만한 고정된 실체는 없다'라고 이야기해.

'나'(self)는 어떤 일정한 상태라기보다는 가변적인 '속성'들의 집합이야. 따라서 무아(no-self)라는 것은 어떤 속성도 존재하지 않는 여여한 어떤 '상태'를 가리키지.

우리는 흔히 자신이 처한 상황 속의 역할을 나라고 생각하는 경향이 있어. 집안일을 돌보는 주부는 자신을 '한 아이의 엄마'라고 인식하고, 직장인은 자신을 '한 회사의 직원'이라고 인식하지. 쇼핑을 하러 백화점에 갔을 때는 '고객'이 되며, 애인과 둘이 있을 때는 '사랑에 빠진 여자'로 인식할 거야. 하지만 이런 식의 정체성은 상황에 따라 늘 변하는 상대적인 속성을 규정하는 것일 뿐이야. 그 안에는 '나'라는 어떤 실체가 존재하지 않지.

그렇다면 '진정한 나'는 어디에 있는 걸까? 어떻게 하면 만날 수 있는 걸까? 진정한 나를 만나기 위해서는 지금껏 '나'라고 여겨왔던 속성들을 관찰하는 연습부터 시작해야해. 숨을 쉬고 있는 나를 관찰하고, 생각하고 반응하는 나를 관찰하고, 잠에 들었다 깨어나는 나를 관찰하도록 해봐.

그러다 보면 여러 속성 사이를 오가며 '나'를 관찰하고 있는, 새로운 '나'를 인식하게 돼. 이때 상대적인 속성의 '나'는 대상으로 바뀌고, 그걸 관찰하는 또 다른 '나'가 주체로서 드러나게 되거든. 상황에 따라 생각과 행동으로 변화무쌍하게 반응하는 상대적인 '나'는 실체가 없다는 말이야. 다만 그런 나를 고요히 지켜보고 있는 불변의 관찰자인 그 존재상태가 바로 우리의 실상인 거지.

관찰자

그렇다면 이 '관찰자'는 누구인가?

힌두교에서는 불변불멸인 나의 실체를 아트만Atman이라고 불러. 만물은 항상 변하고 있으므로 그 안에는 '나'라고 할 만한 실체가 없지만, 그 모든 것을 바라보고 있는 '관찰자' 또는 '관찰하는 의식상태'는 엄연히 존재해. 그것이 바로 '진정한 나'이고, 창조를 일으키는 장본인인 거야.

창조의 에너지에 접속하기 위해서는 내 안에서 이 관찰자를 일깨워야 해. 관찰자는 또 다른 어떤 존재가 아니라, 제로 포인트에서 만나게 되는 진정한 나야. 거짓의 나에 의해 가려져 있던 본래의 나지.

내면에서 일어나는 모든 미세한 변화와 외부의 현상들을 관찰하고 알아차릴 때, 우리는 그 모든 것을 바라보고 있는 또 다른 '나'와 만나게 될 수 있어. 이 관찰자는 의식 그 자체이기 때문에, 어떤 속성이나 형체 없이 단지 알아차리는 의식으로서 존재하지. 우리의 의식상태가 작은 '나'를 벗어나 섬세 미묘하고 우주적인 차원으로 확장됐을 때, '나'의 의도가 담긴 관찰이 우주를 변화시키게 되는 거야.

이 의식상태가 바로 영점장에 접속된 의식 상태야. TV 수신기의 전원 에너지가 미약한 전파를 증폭시켜 선명한 이미지를 구현시키듯이, 관찰자의 의식 상태는 염원을 증폭시켜 생생한 현실로 창조시켜줄 수 있어. 영점 에너지를 사용할 수 있는 현실창조자의 의식 상태인 거지.

그러나 관찰자는 거짓인 나의 균형 잃은 감정과 결핍, 욕망이 뒤범벅된 염원에는 반응하여 움직이지 않아. 관찰자는 모든 경험과 감정을 넘어선 존재거든. 고요한 가운데 완벽한 균형을 유지한 채로 모든 걸 올바로 지켜볼 뿐이지.

불교에서 말하는 반야(prajna, 지혜)란 어떤 내용을 가리키는 것이 아니야. 여기서 반야란 '총체적 관점'이란 뜻이야. 사물을 어느 한쪽에 치우친 관점에서 바라보는 것이 무지이고, 모든 각도로부터 바라보는 것이 곧 지혜라는 말이지. 우리가 '진정한 나'인 관찰자가 될 때 반야와 영점 에너지로써 자신이 경험해야 할 현실을 스스로 창조해나갈 수 있게 돼. 순수한 바람은 그 자체만으로 곧 창조행위가 될 수 있기 때문이야. 램프요정 지니와 나는 분리된 존재가 아니라는 거야. 그러니 더 이상 지니에게 소원을 빌 필요도 없겠지.

우리는 관찰자의 의식 상태에 도달하기 위해서 제로 법칙들을 숙지하고, 수시로 연습해야 해. 그래야만 우주의 신비와 만나게 될 수 있지. 이 세계는 실로 무한한 가능성의 세계라는 걸 명심해!

관찰자 되기 연습

관찰자로서 존재하기 위해서는 늘 자신을 관찰자로 인식하는 연습을 하여 그에 익숙해져야 한다.

'나'라고 믿었던 모든 속성들로부터 자신을 분리하고, 객관화시키는 연습을 해보자. 우리는 지금껏 처해진 상황에 적응하는 데만 급급한 수동적 삶을 살아왔다. 이 연습은 삶을 바라보는 시야를 '능동형'으로 바꾸어 관찰자의 의식 상태에 머물도록 도와준다.

1. 본인의 이름을 다른 사람을 부르듯 불러본다.

2. 본인의 이름과 현재 상황을 아래와 같은 문장으로 말해본다. 새로운 느낌이 느껴진다면, 문장을 바꾸어서 또 말해본다.
예) 아무개는 지금 ~를 보고 있다. / 아무개는 지금 ~를 원한다.

3. 이처럼 자신의 이름을 타인처럼 부르고, 자신의 행동을 객관적으로 묘사함으로써 우리는 관찰하는 주체가 된다. 그러면 우리는 '나'의 문제점을 발견하고, 삶의 모든 측면을 제대로 관찰하기 시작할 수 있게 된다. 지금까지 '나'라고 믿어왔던 많은 것들이 떨어져 나가면서 우리는 새로운 세계에 존재하게 된다. 즉, 제로 포인트에 머무는 것이다.

내려놓음의 신비

무상無常과 무아無我의 깨달음이 불교에만 있는 것은 아니야. 기독교에서도 "하나님 앞에 온전히 내려 놓으라"고 강조하며 "당신 뜻대로 하소서"라고 외치곤 하지.

하나님의 목소리에 귀 기울이며 사는 법을 설명한 베스트셀러 《내려놓음》의 저자 이용규는 하나님이 우리더러 내려놓으라고 하는 이유에 대해, "내려놓을 때 비로소 그것이 진정 우리의 것이 되기 때문이다"라고 말했어.

'나'이기를 내려놓을 때 우리는 나의 본질, 곧 '진정한 나'와 마주하게 되지. 종교인들은 "나를 내려놓았더니 신과 만나게 되었다, 신비체험을 하게 되었다"고들 말해.

'나'를 내려놓는다는 말은 그동안 '나'라고 규정지어왔던 모든 관념을 내려놓는다는 의미야. 그때 우리는 일상적인 능력으로는 경험할 수 없는 신비한 일들을 겪게 되지.

종교인들은 이러한 현상을 '신의 뜻'이라고 표현하지만, '우주의 법칙'이라고 부르는 게 더 정확할지도 몰라. 왜냐하면 현실창조는 어떤 종교를 믿든 관계없이 모든 인간이 경험할 수 있는 보편적인 기적이기 때문이지.

우주 속에서 진정한 자기 자신을 찾아 나서고, 자신의 본모습을 각성함으로써 현실창조를 체험하는 사람들은 결국 모든 종교가 말하는 궁극적인 '그것'을 만나게 돼. 모든 종교는 동일한 목적을 위해 존재하지. 그 단 하나의 목적은 바로 '거짓의 나'의 완전한 소멸!

'거짓의 나'를 소멸시킴으로써 만물과 하나가 되는 것이야말로, 신묘한 조화를 이뤄내는 제로의 존재 상태로 들어가는 길인 거야.

나를 버리라. 나를 비우라. 그리고 고요해지라.

'나'는 존재하지 않는다.

영원히 존재해왔고 또 존재할 '그것'만이 고요하게 있을 뿐.

제로 법칙 7 — 0의 법칙

"멈춤은 또 다른 시작이다."

변성의식

캘리포니아대학교의 찰스 타트(Charls Tart) 교수는 일상적이지 않은 의식 상태를 가리켜 '변성 의식 상태'(altered states of consciousness) 라 불렀어. 참선이나 명상 등의 정신수행을 통해서 의식이 제로 상태로 들어갔을 때를 뜻하는 거지. 이때 우리는 일상적인 한계를 뛰어넘어 놀라운 능력을 발휘하게 돼. 가끔 사람들은 전혀 불가능해 보이는 초인적인 능력을 발휘하곤 하는데, 이게 바로 변성의식상태의 위력이야.

예를 들어 위험에 빠진 자식을 구하기 위해 어머니들은 엄청난 속도로 달리거나 엄청난 힘으로 자동차를 들어올리기도 해! 어떻게 그런 힘이 갑자기 솟아난 걸까? 평소에 품고 있던 자기 제약적인 생각들을 순간 잊어버리고, 오로지 자식을 구해야겠다는 일념에만 집중했기 때문이야. 그녀는 순간적으로 원더우먼이 되어 버린 거지!

"내 아들~ 안 돼!" — 바로 그 정신없는 순간이 변성의식상태야.

무당이 작두를 탄다거나 영매가 죽은 자의 혼을 불러서 대화를 나눌 때의 의식상태도 이와 비슷한 거야. 변성의식상태에서는 인간이 가진 모든 한계가 사라져버리거든. 무한한 에너지에 접속하여 상상 이상의 능력을 발휘하기 시작하는 거지.

대신, 변성의식상태로 들어가기 위해서는 한 가지 조건이 있어. 자신의 의식을 무한히 제로로 만들어가야만 해. 제로란 생각이 끊어진, 맑게 깨어있는 의식 상태를 말하시. 수행사들이 명상을 하는 것도 다름 아닌, '생각을 끊는' 연습을 위해서야.

생각을 멈추면 새로운 것이 창조 된다

보통 사람들은 아무 생각도 하지 않고, 그냥 있는 상태를 불안하게 여겨. 왜냐하면 끊임없이 새로운 계획을 세우고, 행동하는 것이 생존의 필수요건이라고 세뇌 받아 왔기 때문이야.

그래서 사람들은 항상 문제의 해결책을 찾기 위해 머리를 싸매지. 심지어는 새로운 아이디어를 찾으려 머릿속의 정보들을 무작위로 쏟아내는 브레인스토밍Brain-Storming 방법까지 동원하기도 해. 물론, 생각에 생각을 거듭하다 보면 멋진 아이디어를 발견하게 될 수는 있어. 다양한 가능성을 짜내는 데 도움이 될 수 있지. 하지만 이건 만들어내는 게 아니라, 쥐어 짜내는 것에 가깝지.

브레인스토밍은 우리가 이미 알고 있는 정보들을 무작위로 늘어놓는 것에 불과해. 내가 알지 못하는 정보를 끌어오진 못하지. 보다 창의적인 아이디어를 얻기 위해서는 네 안이 아니라, 네 밖에서 얻어야만 해. 그거 아니? 창조적인 아이디어의 대부분은 우리가 상상조차 못했던 영감靈感에 의해 태어나.

구글 회사내부

천재적인 예술가들은 영감으로부터 새로운 작품을 만들어내지. 다비드상을 조각한 미켈란젤로는 이런 말을 했어. "나는 대리석에서 천사를 보았고, 천사가 자유롭게 풀려날 때까지 정질을 계속했다."

사람들은 창조적인 사람들이 정확하게 계획을 세우고 구상을 하여 그것을 구체화시킨다고 믿어. 하지만 실제로 창조적인 사람들은 "어느 날 문득 그런 느낌이 들었어요." 하는 식으로 말할 뿐, 거기에 특별한 목적이나 이유를 부여하지 않아. 영감을 따르는 거지.

신기하게도 혁신적인 아이디어들은 화장실에서 불쑥 튀어나오곤 해. "화장실은 그저 볼 일 보는 장소일 뿐이잖아?"라고 반문할지 모르겠지만, 조금만 깊이 생각해보면 화장실은 '완전한 이완'이 가능한 장소야.

뭔가를 해야만 한다는 생각에서 벗어났을 때, 오히려 창조적인 발상이 일어나기 시작하지. 세계적인 IT 기업인 구글은 회사를 직원들이 언제든지 휴식을 취하고 즐기며 일할 수 있도록 회사를 놀이동산처럼 꾸며놨어. 더욱 창조적이고 신선한 아이디어를 떠올릴 수 있게끔 근무환경을 조성한 거지. 이러한 경영방침은 "책상 앞에서 머리를 쥐어짜라"는 식의 고전적인 경영방식에 정면으로 도전하는 거였어.

결과는 성공적이었어. 구글은 세계 제일의 검색엔진을 개발하고, 전 세계 사용자가 애용하는 수많은 프로그램들을 만들어내는 기업으로 자리매김했지. 현재뿐 아니라, 미래의 성장성까지도 높이 평가받고 있는 기업이야.

1982년 거실의 스티브 잡스

"이것이 저의 일상이었습니다. 저는 혼자였지요. 필요한 것은 한 잔의 차와 조명, 그리고 음악이었습니다. 그게 제가 가졌던 것의 전부였어요."

21세기 세계적인 IT시장에 변혁을 몰고 온 애플의 스티브 잡스가 했던 말이야. 스티브 잡스는 늘 고요한 공간에 혼자 있기를 좋아했다고 해. 그의 놀라운 통찰력과 창조력이 어렸을 때부터 지속된 명상에서 비롯되었다는 건, 잘 알려진 사실이지.

칼 융도 "소위 천재라고 불리는 사람들은 우주의식과의 소통이 원활하여 그로부터 여러 가지 훌륭한 능력을 얻어낼 수 있다."고 말한 적이 있어.

생각이 끊어지고 이완되면 우리의 뇌는 아주 편안한 알파파 상태가 돼. 그리고 알파파 상태에서 깊게 안정을 취하면 세타파 상태로 한 발 더 나아가게 돼. 세타파 상태에서 우리는 자신도 모르게 우주에 명령을 내리게 되지. 세타파 상태에서 퍼져나간 의식의 파동은 우주의 정보도서관인 영점장의 홀로그램 속에서 우리가 진정으로 구하고 있는 답을 찾아 공명하고, 그것을 '아이디어'의 형태로 우리에게 인식시켜. 그때 우리는 "그래, 바로 이거야!" 하고 외치게 되는 거지.

해야 한다는 강박, 뭔가를 이뤄내야 한다는 생각에서 잠시 벗어나서 내 몸과 마음에 휴식을 줘봐! 고민과 생각을 끄고, 제로 포인트에 머물 때 새로운 세계와 만날 수 있게 되니까.

지구의 주파수 7.8Hz

독일의 물리학자 슈만(Winfried Otto Schumann)박사는 지구의 고유 진동 주파수가 7.8Hz임을 밝혀내면서, 슈만 공명이론(Schumann resonance)을 창시하였어. 사람의 뇌파는 지구 고유의 주파수에 공명할 수 있다고 하는데, 실제로 지구의 고유진동수인 7.8Hz는 뇌파로 치면 세타파의 영역대에 해당하는 주파수야.

세타파는 의식이 반쯤은 깨어 있고, 반쯤은 졸고 있는 가수면 상태야. 이때는 뇌내 호르몬의 분비가 활성화되어 평상시에는 경험하기 힘든 평온함과 행복감, 때로는 초월적인 심령능력까지 경험하게 되지.

하지만 인간이 만들어낸 전자기계들이 방출하는 전자파는 우리의 뇌파를 교란시켜서 지구의 주파수가 아닌 다른 진동들에 공명하게끔 만들어. 기계가 만들어내는 인공적인 진동들이 몸에 좋을 리는 없겠지? 이러한 원리는 "자연으로 돌아가면 병이 낫는다"는 옛말에서도 찾아볼 수 있어. 지구의 진동에 우리의 주파수를 다시 동조시킴으로써 면역체계를 활성화시키려는 선조들의 지혜가 담겨 있는 거지.

변성의식상태일 때 우리의 뇌파는 세타파 상태에 머물게 돼. 세타파(4~7.9Hz)는 생각이 끊어진 명상상태의 알파파(8~13.9Hz)보다 약간 더 낮은 주파수대로, 알파파와 세타파가 서로 농조하는 신비의 지점(7~8Hz 사이)에 이르면 우뇌가 급속도로 활성화되기 시작해. 이때 우리의 몸은 지구의 고유 주파수와 비슷한 영역대로 내려가 공명함으로써 지구의 에너지를 온전히 받아들이게 되는 거지.

우주의 주파수(7.5Hz)는 지구의 주파수(7.8Hz)보다 조금 더 낮아. 역시나 깊은 명상 상태인 세타파 상태이지. 처음에는 지구의 주파수에 동조하는 단계로 갔다가, 뇌파를 좀 더 내려서 우주의 주파수에 동조한다면 우리는 우주의 에너지를 자유롭게 끌어다 쓸 수 있게 되는 거야.

앞서 설명했다시피 우주는 무한한 가능성의 양자 진공 상태야. 우리가 의식을 세타파로 낮추어 영점장에 원하는 바를 직접 입력해 넣을 수만 있다면, 무한한 창조의 에너지가 가동될 수 있는 거야. 우주의 주파수는 곧 무한한 에너지의 보고인 영점장의 주파수야. 우리는 의식을 조절하는 연습을 통해 의도적으로 뇌파를 떨어뜨려 우주와 공명할 수 있지.

여기에 잠깐 싱잉볼 이야기를 덧붙이자면, 싱잉볼은 진동을 만들어내는 도구야. 싱잉볼의 느린 진동은 우리의 뇌파를 세타파 상태로 금방 동기화 시키는데 도움을 주거든. 때문에 깊은 이완을 쉽게 유도할 수 있게 되지. 싱잉볼의 도움을 받으면 누구나 쉽게 뇌파를 낮출 수 있고, 우주와 공명할 수 있는 의식 상태로 들어갈 수 있게 돼. 이게 바로 싱잉볼 명상의 진짜 의미야. 진동으로 하여금 쉽게 제로 상태로 들어갈 수 있게 만들어 주는 마법의 도구가 '싱잉볼'인 거지.

우리가 늘 불완전한 창조를 경험하는 이유는 우리의 현재의식이 아주 잠시, 어쩌다 우연히 우주와 공명할 뿐, 대부분의 시간은 일상적 의식상태의 뇌파인 베타파에 머물러 있기 때문이야. 현실창조의 성공률을 높이기 위해서는 우주와 공명할 수 있는 제로의 의식 상태를 유지하는 연습이 꼭 필요해.

"하지 않음으로 모든 것을 창조한다."

치유의 원리

우리는 가끔 사람을 치유하는 신비한 능력을 지녔다는 이들을 만나게 돼. 그들은 기도를 하거나 손으로 에너지를 보내어 치유를 하곤 하지. 어떻게 치유했느냐고 그들에게 묻는다면, "그저 우주의 에너지를 받아서 넣어줬을 뿐입니다"라고 대답할 거야.

손으로 기를 불어넣는 치유법인 레이키(reiki)나 프라닉 힐링(pranic healing) 등에서 힐러는 단지 우주의 에너지를 환자에게 흘려 넣어주는 '통로'의 역할을 할 뿐이야. 이 과정에 힐러의 의념이 끼어들게 되면, 우주의 에너지는 제대로 전달될 수 없지. 그래서 힐러는 자신의 의도나 욕심을 모두 버리고, 우주의 에너지가 제대로 전달되게끔 돕기만 하는 거야. 치유의 관건은 힐러의 에너지가 아니라, 우주의 에너지가 얼마나 전달되느냐 이기 때문이지.

신유神癒의 모든 과정은 성령과의 협조를 전제로 한다.

신유가는 단지 우주의 계획의 매개자가 될 뿐이다.

기도할 때, 우리는 사실 생명력을 주는 에테르를 구하고 있는 것이다.

신유가의 기도는 말이 아니라 고통을 받는 이웃을 도우려는

진정한 각오와 행위여야 한다.

사랑을 베푸는 이의 생명력은 더욱 충만해지며,

이처럼 진정한 열망을 지닌 신유가가 치유에 실패한 예는 없다.

— 《지중해의 성자 다스칼로스》 중에서

이러한 치유의 원리는 현실창조에도 똑같이 적용 돼. 우주의 에너지를 사용하려면 우리는 반드시 자신의 존재 상태를 제로 포인트에 맞춰놓아야 해. 거기에는 어떠한 감정도, 생각도, 바람도 존재하지 않아. 거짓의 '나'가 사라지고 오직 진짜 '나', '내가 사라진 나'만이 남게 되는 거지. 힐러에게 환자의 몸과 마음이 치유되기를 바라는 이타적인 사랑만이 남듯이 말이야.

사실 힐러는 할 일이 아무 것도 없어. 오히려 아무 것도, 아무 생각도 하지 말아야만 하지. 힐러가 마음을 비웠을 때, 우주는 그를 매개로 삼아 환자에게로 흘러들게 되거든. 그때서야 놀라운 치유가 일어나게 되지. 우주의 에너지가 환자의 몸 안으로 흘러들어가 몸의 자연치유력을 일깨우게 되는 거야.

매릴린 퍼거슨(Marilyn Ferguson)은 《의식혁명(The Aquarian Conspiracy)》에서, 인체의 조직 및 장기에는 자연치유력이 존재하는데, 그것이야말로 '인체 내부에 있는 완전무결한 의사' 혹은 '우주에서 가장 현명한 의사'라고 말했어. 스스로 힐러가 되어 자신의 자연치유력을 일깨울

수만 있다면, 우리는 어떠한 병에도 시달리지 않고 항상 건강한 삶을 살아가게 될 거야.

종교인들의 치유사례에서도 이러한 원리를 찾아볼 수 있어. 종교인들은 나를 온전히 비운 상태로 신께 온전히 내맡기면서, 성령의 힘으로 치유가 이루어지기를 구하지. 기적은 자신의 의도와는 별도로 자연스럽게 일어나는 거니까.

나는 이 원리가 싱잉볼 힐링에서도 작용한다는 사실을 발견했어. 싱잉볼의 진동 역시 힐러가 완전한 제로 상태일 때, 온전한 근원의 에너지가 흘러 그 사람이 가지고 있는 고유한 에너지를 다시 일깨우거든. 치유를 일으키는 건 우리 몸 그 자체였던 거야. 그래서 나는 힐러들에게 모든 마음을 비우고, 그저 통로로써 힐링에 임할 것을 늘 가르쳐왔어. 힐러의 마음이 비워지면 비워질수록 치유의 완성도는 높아지고, 힐러의 의념이 개입되면 개입될수록 치유는 그 상태에서 멈춰버리고 말기 때문이지. 싱잉볼의 진동이 아무리 우리의 의식을 세타파 상태로 내려주는 마법의 진동이라고 해도, 인간의 의식 에너지에 의해 어느 정도는 변형되기 마련이야. 결국 우리 자신의 의식 에너지 사용이 가장 중요하다는 것! 모든 진동을 변형시키는 처음이자, 마지막은 우리의 의식이야. 우리의 미세한 의식 에너지가 그 진동과 만나 치유의 성패를 판가름 짓기 때문이지. 천하무적 싱잉볼을 지닌 사람이라도, 스스로 비워지지 않으면 힐링은 제대로 일어날 수 없어. 제로의 에너지를 쓸 준비가 되지 않은 거니까.

유위와 무위

유위有爲는 우주의 제로 시스템을 무시하고 의지력과 물리적 행동으로써 원하는 결과를 얻어내려는 행위야. 인간이 만든 모든 문명이 바로 유위에 의한 창조에 해당해. 따라서 물리적 환경 속의 복잡한 인과관계의 영향을 받을 수밖에 없지. 우리가 사는 세계는 수많은 사람들의 의지와 바람으로 만들어진 세계이기 때문이야. 네가 원하는 걸 다른 사람이 원하지 않는다면, 얼마나 많은 방해 에너지가 생겨날까?

이에 비해 무위無爲는 물리적 인과관계의 영향력을 최소화함으로써 물리적 환경에 의지하지 않은 채, 보이지 않게 에너지를 움직여. 무위는 '행함이 없음' 또는 '의도하지 않음'을 뜻해. 그런데 무위로써 뭔가를 일으킨다니, 모순처럼 느껴지기도 하지? 그건 인간의 이성적인 의문일 뿐이야. 본래 우주는 모순으로 이뤄져 있고, 그래서 실제로 더 강력하고 본질적인 힘을 발휘하는 건 바로 무위지.

우리의 현상계는 유위법이 지배하는 세계야. 현상계는 앞서 설명했듯이 그 자체로는 실체가 없으며, 비非현상계와 중첩되어 존재하고 있어. 반면에 비현상계는 물질화되지 않았기 때문에 눈에 보이진 않지만, 물질로 드러난 부분을 생성시키는 배후의 근원이지.

무위는 현상계의 작동원리가 아니라, 비현상계의 작동원리야. 그리고 현상계는 드러나지 않은 비현상계로부터 만들어지게 되어있지. 그렇기 때문에 유위법은 무위법의 지배를 받게 되는 거야.

유위법은 여러 인연의 힘을 빌리지만, 무위법은 강렬한 작용이기 때문에 인연의 힘을 빌리지 않아. 마치 열등한 사람은 남에게 자꾸 의지하려

들지만, 자신 있는 사람은 무엇에도 의지하지 않는 것처럼.

유위법은 인연으로부터 생긴 것이므로 자성自性이 없는 거야. 그렇다고 인연의 힘에만 집착하면 고뇌만 생길 뿐이지. 보물이긴 하지만, 마치 뜨거운 금덩어리와 같아서 손에 쥐면 화상을 입는 것과 같은 이치야.

— <아비달마대비바사론> 중에서

비현상계에 접속하여 현상계를 움직이려면 정신에너지를 조절해야 해. 그러기 위해서는 현상계를 프로그래밍하는 비현상계의 언어, 즉 무위의 에너지가 작용하는 법칙인 제로 시스템을 이해해야만 하지.

무위의 에너지를 사용할 때 현상계에는 어떤 변화가 일어날까? 정말로 유위법보다 무위법이 더 현실창조에 효과적일까? 답을 찾기 위해선 심상화 기법과 마음챙김 명상의 효과를 비교해볼 필요가 있어.

심상화 vs. 마음챙김

원하는 바를 마음속으로 그리며, 그 이미지를 부지런히 되새기는 심상화 기법은 현실창조를 위한 좋은 방법이야. 하지만 원리상으로는 내가 노력하여 무엇을 변화시키겠다는 유위법의 일종이지. 그래서 나는 유위법과 무위법의 효과를 비교하기 위해 한 가지 실험을 기획했어.

나는 2010년에 <무위無爲에 의한 마음챙김 명상의 만성통증 경감에 관한 연구>에 관한 논문을 집필했어. 유위법인 심상화 기법과 무위법인 마음챙김(위빠사나) 명상 가운데, 어느 것이 만성통증의 경감에 더 효과적인지를 알아보기 위한 실험을 다룬 내용이었지.

미국 매사추세츠 의과대학교 병원의 스트레스 완화 클리닉 설립자인 존 카밧 진(John Kabat-Zinn) 박사는 위빠사나 명상으로부터 영향을 받아 통증 경감에 도움을 주는 MBSR 마음챙김 프로그램(Mindfulness Based Stress Reduction)을 만들었어. 실제로 마음챙김 프로그램은 만성 통증에서부터 건선에 이르기까지 다양한 증상들과 고통을 경감시키는 데 많은 기여를 했지. 이 방법은 현재 미국에서만 병원을 포함하여 2백 곳이 넘는 건강관련 센터에서 활용되고 있는 대중화된 명상법이야.

위에서도 알 수 있듯이, 명상의 주요한 치유기제는 무위無爲야. 특별한 의도를 갖거나 특별한 행동을 하지 않은 채, 그저 일어나고 있는 현상을 오롯이 바라보기만 하는 거지.

몸에서 일어나는 현상을 바라보고 알아차리기만 하는 이 단순한 명상법이 어떻게 통증 치료에 영향을 미칠 수 있는 걸까?

나는 인터넷을 통해 만성통증을 겪고 있는 20~30대 학생 15명을 모았어. 그리고 5명씩 세 집단으로 나누어서 첫 번째 집단은 마음챙김 명상을 하도록 했고, 두 번째 집단은 심상화를 위주로 하는 집중명상을 하도록 했고, 세 번째 집단은 아무 것도 하지 않도록 했지.

그리고 총 5주 동안 실험을 진행하면서 각 집단의 스트레스 지수, 우울 지수와 통증 지수를 측정했어. 실험에 참가한 학생들은 명상경험이 전혀 없거나, 조금 접해본 정도의 초보자들이었지.

마음챙김집단은 존 카밧 진 박사가 개발한 프로그램에 의거하여 걷기 명상, 정좌 명상, 바디 스캔 등을 매주 40분씩 실시하도록 했어.

이와 달리 집중명상 집단은 특정한 의도를 가지고 호흡 명상을 하도록 했지. 구체적으로는 호흡을 들이마시면서 "나는"이라고 말하고, 호흡을 내쉬면서는 "건강하다"라는 말하는 식으로 40분간 마음속으로 확언을 반복하면서 건강해진 자신의 모습을 상상하도록 했어.

5주 후, 어떤 결과가 나왔을까?

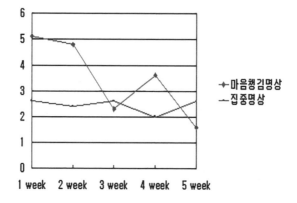

도표에서처럼 마음챙김 명상을 한 집단이 심상화를 한 집단보다 통증 경감 효과가 월등히 높았어! 그리고 구두보고에서도 마음챙김 명상을 한

집단이 훨씬 적극적으로 통증이 사라졌다고 말했고, 심지어는 언제 통증이 사라졌는지도 정확히 알고 있다고 대답했어. 하지만 심상화 위주의 집중명상을 한 집단은 몸과 마음이 좀 가뿐해진 것 같다고만 대답했지.

5주간 매일 40분씩 단지 명상을 했을 뿐인데, 마음챙김 프로그램을 실시한 집단에선 탁월한 통증경감 효과가 나타난 거야. 반면에 같은 기간, 같은 시간 동안 "나는 건강하다"라고 심상화했던 사람들은 별다른 변화를 보이지 않았어. 왜 이러한 차이가 발생한 걸까?

무위와 유위의 작용기제

무위(無爲)	유위(侑爲)
의도를 가하지 않음	특정한 의도를 가함
대상을 있는 그대로 바라보고 왜곡하지 않음	대상을 의념으로 바꿔 바라보며 왜곡이 일어남
에너지가 대상(본질)에 집중됨 → 대상이 소멸되어 버림	에너지가 의념(image)에 집중됨(본질이 아님) → 대상이 변질되어 버림
: 대상에 집중적으로 에너지를 작용시키기 때문에 집중에 대한 정확도가 높아짐	: 대상이 아닌 의념에 에너지를적용시키기 때문에 집중에 대한 정확도가 떨어짐

아무런 의도(생각) 없이 있는 그대로 관찰할 때, 우리는 그 대상을 왜곡시키지 않고 본질과 마주하게 되거든. 마음챙김 명상은 대상을 있는 그대로 온전히 바라봄으로써 대상의 무상함과 본질을 깨닫게 하고, 결국 소멸

시키게 만드는 거야. 본질에 대한 완전한 자각이 일어나는 거지.

한편, 심상화 기법은 불특정한 나의 바람을 이미지로 만들고, 에너지를 그것에 집중시킴으로써 대상의 본질을 외면한 채로 자신의 상상 속으로 빠져들게 해. 심상화된 이미지는 대상의 본질과는 거리가 먼 허상일 뿐이지. 따라서 심상화에 집중된 에너지는 본질을 변화시키는 데 사용되지 않고, 그 이미지와 공명하는 다른 무엇을 끌어당기는 데 사용되기 때문에 실질적인 효과가 덜할 수밖에 없는 거야.

정리하자면, 마음챙김 명상은 무위에 해당하고, 심상화 위주의 집중명상은 유위에 해당해. 무위법과 유위법은 그 작용기제가 서로 다르므로 효과에도 뚜렷한 차이가 있어. 대상을 있는 그대로 바라보는 마음챙김은 무위법으로 작용하게 되고, 내 몸에 실체가 없듯이 통증도 실체가 없음을 아는 순간, 몸의 고통은 사라지게 되는 원리지. 이게 바로 제로(0), 무無, 공空의 세계인 거야.

"천하의 만물은 有에서 생겨나고, 有는 無에서 생겨난다."

― <도덕경> 40장.

지금 몸에서 통증이 느껴진다면 바디 스캔(body scan)을 해보자.

바디 스캔은 마치 스캐너가 스캔을 하듯이 전신을 머리에서 발끝까지 쭉 훑어가며 있는 그대로 관찰하는 연습이다. 바디 스캔을 하다 보면 어느 순간 통증이 사라지는 것을 깨닫게 될 것이다.

1. 편안한 장소에 바른 자세로 앉는다.

2. 숨을 천천히 내쉬고 들이마신다.

3. 의식을 몸 전체로 확장시킨 뒤, 스캐너가 몸을 스캔하듯이 머리끝에서부터 발끝까지 천천히 주의를 이동시키면서 통증이 있는 부위를 발견한다.

4. 통증이 있는 부위에 '통증이 있음'을 알아차린다. 예를 들어 어깨에 통증이 있으면 '어깨에 통증이 있음'을 알아차리고, 이어서 다음 부위를 스캔해 나간다. 무릎 부위에 통증이 느껴진다면 '무릎에 통증이 있음'을 알아차린다. 여기서 주의해야 할 점은 통증이 '심하다' '사라져야 한다' '기분 나쁘다'는 등의 어떤 판단도 일으키지 않고, 그저 있는 그대로 현 위치에 통증이 존재함을 알아차리기만 해야 한다는 점이다.

5. 발끝까지 스캐닝이 완료되면, 다시 머리부터 시작하여 스캐닝을 반복한다. 통증이 있는 부위가 발견되면 그곳에 통증이 있다는 사실만을 알아차리며 계속 스캔해나간다.

6. 약 20분 정도 스캔을 하고 나서, 천천히 호흡을 가다듬고 의식을 몸으로부터 외부로 확장시키며 다시 일상적인 의식으로 돌아온다. 여건이 된다면 점점 시간을 늘려가도 좋다.

만약, 바디 스캔을 하다가 나의 주의가 다른 생각(언제쯤 통증이 사라질까? 정말 될까? 아프다. 등)에 빠진다면, 알아차리는 즉시 의식을 다시 몸으로 되돌려 계속 이어서 스캔해나간다. 다시 말하지만, 통증을 단지 있는 그대로 알아차리기만 하고 아무 것도 하지 말라.

제로의 삶, 무위자연

노자가 설한 무위자연無爲自然이란, 사람의 힘이 개입되지 않은 채로 스스로 존재하고 순행하고 있는 삼라만상을 의미해.

자연은 우주의 법칙에 따라 완벽하게 조화를 이루며 생성되고 소멸하게 되지. 만물은 누가 시키지 않아도 저절로 태어나고 성장해. 모든 유전자에는 개체가 스스로 알아서 살아갈 수 있는 모든 정보가 이미 프로그램되어 있거든. 자연自然, 즉 스스로 작동하는 시스템이니까.

이와 같은 시스템은 우리 몸속에도 존재해. 자가면역체계와 자가치유 시스템은 인간이 의술을 개발해내기 이전부터 우리의 생존을 책임져왔어. 갓 태어난 사슴은 누가 알려주지 않아도 뛰는 법을 알지. 그리고 어미를 알아보고 젖을 빨기 시작해. 만물은 이렇게 각자가 살아갈 방법을 이미 다 알고 있어. 무위자연이란 인간의 의도가 배제된, 그 자체로 완벽한 우주의 생명-환경 시스템을 가리키는 말이야.

우리는 우주와 소통하는 데 필요한 능력도 이미 가지고 태어났어. 배워서 알아가는 게 아니라, 처음부터 가지고 있는 거지. 고대 인류는 자연과 대화하고, 배우며, 함께 살아가는 법을 알고 있었어. 하지만 인간들이 정착생활을 시작하면서, 자연보다는 인간 위주의 생각을 하게 됐고, 문명사회의 교육이 시작되면서 자연의 무위법보다는 인위적인 유위법을 배우고, '효율성'과 '합리성'에 매달리기 시작했지. 자연에는 효율성과 합리성이 존재하지 않아. 모든 게 이미 완벽한데 그 위에 또 무슨 효율성이니 합리성이니 하는 것들이 필요하겠니?

우리는 그동안 잊고 살았던 우주의 질서를 다시 눈여겨봐야 해. 자연은 스스로 완벽하게 돌아가며, 인간의 어떠한 개입도 필요로 하지 않아.

인간은 자연의 일부로서 그저 자연의 법칙을 따라 공존하는 삶을 살기만 하면 되지.

제로의 삶이란 인위적인 모든 것들을 다 내려놓은 삶을 의미해. 문명을 거부한 채 혼자 숲속에 들어가서 살라는 이야기가 아니야. 제로의 삶은 마음가짐에서 비롯되게 돼. 나를 제로로 만든다는 것은 나의 자연스러움을 회복하는 거지. '나' 위주의 생각에서 벗어날 때야말로 우리는 가장 자연스러운 공존을 선택하게 돼. 수많은 악기가 제 소리만을 주장하지 않고 연주곡의 전체 흐름을 따라 조화를 이룰 때, 비로소 하나의 멋진 교향곡이 연주되듯이 말이야.

우주의 리듬에 주파수를 맞춰봐.

나의 욕심으로부터 생겨난 바람들을 내려놓고, 마음을 제로 포인트에 머물게 해야 무한한 우주의 에너지에 접속할 수 있어. 우주의 에너지를 받아들일 때 우리의 삶은 순리를 따라 저절로 흘러가고, 그 과정에서 내 안에 내재해 있던 무한한 가능성이 꽃을 피워내게 되는 거지.

우리는 삶을 풍요롭게 영위할 수 있는 자원을 이미 다 갖추고 있어. 우리는 이 우주에서 가장 뛰어난 업무 능력을 갖춘 개인비서를 두고 있으며, 삶의 모든 측면을 완벽하게 다스릴 수 있는 명령체계를 갖추고 있어. 우리는 이 모든 걸 믿고 그대로 이용하기만 하면 되는 거야. 우리가 할 일은 아무 것도 없지. 이게 무위자연이야.

우리는 '하지 않음'으로써 본래 지니고 있던 무한한 능력을 발휘할 수 있게 되는 거야.

제4장 Order 현실 속의 창조 과정

有物混成

先天地生

寂兮! 寥兮! 獨立而不改

周行而不殆 可以爲天下母

吾不知其名

字之曰道 强爲之名曰大

大曰逝

逝曰遠

遠曰反

故道大 天大 地大 王亦大

域中有四大 而王居其一焉

人法地 地法天

天法道 道法自然

불규칙함 속에 이루어지는 것이 있는데,

그것은 하늘과 땅이 생긴 것보다 앞서 있었다.

소리도 없고 형체도 없다. 홀로 서서 의지하지 않는다.

두루 움직여 영원히 멈추지 않는다. 가히 천하의 어머니가 될 만하다.

나는 그 이름을 모른다.

문자로 말하여 도라 하고, 억지로 이름을 붙여 말하되 크다 한다.

크다는 것은 끝없이 뻗어가는 것,

끝없이 뻗어간다는 것은 멀리 멀리 나가는 것

멀리 멀리 나간다는 것은 사라지는 것을 말한다.

고로 도가 크고, 하늘이 크고, 땅이 크고, 사람 역시 크다.

우주에는 네 가지 큰 것이 있다. 사람이 그중 하나이다.

사람은 땅을 본받고, 땅은 하늘을 본받고,

하늘은 도를 본받고, 도는 스스로 그러함을 본받는다.

- 도덕경 25장

현실 창조하기

우리는 원하는 대로 무엇이든 창조할 수 있는 힘을 갖고 있다고 했지? 그리고 현실창조 방법은 생각보다 아주 간단했어.

다시 정리해 볼게.

우리의 생각은 고유한 파동을 가지고 있으며, 생각이 강렬해질수록 그 파동도 강렬해져. 그 파동은 우주공간에 가득 차 있는 매질을 통해 퍼져 나가서 공명을 통해 창조에 합당한 에너지와 재료를 내 현실 속으로 끌어 당기기 시작하지. 보이지 않는 기운으로 작용할 수도 있고, 물질로서 등장할 수도 있고, 사람들과의 새로운 관계를 만들어낼 수도 있어.

이렇게 나를 둘러싼 환경이 변화하면서 내가 원하는 바가 이뤄질 수 있는 조건이 신속하게 갖춰지게 돼. 그리고 드디어 현실 속에서 모습을 드러내게 되는 거지.

원리는 이처럼 단순해. 하지만 원하는 일보다 우려하는 일이 더 자주 현실화되는 이유는 무의식 속에 자리 잡고 있는 생각의 파동들이 나의 염원이 만들어낸 파동보다 힘이 더 커서 제멋대로 창조를 일으키기 때문이야. 그래서 우리는 무엇을 바라기 이전에 무의식 속의 훼방꾼들을 제거하는 작업부터 해야 하는 거지.

현실을 창조하는 방법

1. 내가 진정으로 원하는 바가 무엇인지를 깊이 통찰한다.

2. 그것이 남들에 의해 주어진 정보는 아닌지 재차 점검한다.

3. 내 무의식 속의 도식과 정보들을 제거한다.

4. 어떤 원인을 심어야 원하는 결과를 맺을 수 있을지를 살핀다.

5. 그 원인을 생각하면서 물질적인 조건들을 갖춰나간다.

6. 필요하다면 행동으로 움직인다.

7. 결과가 일어나기까지는 시간이 걸리므로, 계속해서 위의 과정을
   확인한다.

내가 실제로 겪었던 일을 하나 얘기해줄게. 내게서 현실창조 기법을 배운 최은정님이 한 봉사단체에서 일을 하기 위해 면접을 보게 됐다고 했어. 그런데 하필이면 면접날이 내가 처음으로 제로 시스템 공개 강좌를 열던 날이었어. 나는 그녀에게 공개강좌에서 본인의 체험을 사람들에게 공유해달라는 요청까지 해놓은 터였지. 그녀는 아직 면접시간을 통고받진 않았지만, 면접은 대개 오후에 진행하는 경우가 많아서 공개강좌 시간과 겹칠 것 같다면서 한 가지 제안을 했어. 캠코더로 인터뷰 영상을 녹화했다가 틀어주면 어떻겠느냐고.

나는 그녀의 말을 가만히 듣고 나서 이렇게 물었지.

"은정님, 생각해보세요. 지금 집에 캠코더가 있나요?"

그녀는 없다고 대답했어.

"그럼 어디서 캠코더를 빌려 올 건가요? 캠코더를 빌려 영상을 찍는다는 생각이 최선인 것처럼 보이겠지만, 이 시점에서는 오히려 더 어려운 선택이에요. 왜 현실을 창조하려 하지 않나요? 아직 토요일은 오지 않았

고, 면접 시간도 정해지지 않았잖아요? 은정님의 스케줄에 면접 스케줄을 맞춰보세요. 정신에너지를 다시 모아보세요."

이 말을 듣자, 그녀는 자신이 현실창조 기법을 분명히 배웠음에도 불구하고 실생활에 적용해야 한다는 사실을 까맣게 잊고 있었음을 깨달았어. 처음부터 면접시간이 겹치니 어쩔 수 없다고 스스로 한계를 그어버렸던 거야. 나는 그런 그녀의 모습을 그대로 알려줬을 뿐이었지. 이내 그녀는 현실창조를 시도해보겠다고 말했어.

다음날 오후, 나는 전화로 그녀의 유쾌한 목소리를 들을 수 있었지. 정말로 면접 시간이 공개강좌가 끝난 이후인 오후 6시로 정해진 거야. 그녀는 고민 없이 나의 강좌와 면접 두 곳에 모두 참석할 수 있게 됐어.

난 그녀를 칭찬하면서, 앞으로도 무엇이 현실창조를 방해하고 있는지 잘 관찰하고, 두려움 없이 현실창조를 시도하라고 권했어. 실제로 그녀는 이후로 훨씬 적극적인 태도로 원하는 현실들을 창조해내기 시작했지.

이처럼 일이 신기하게 착착 맞아떨어질 수 있는 이유는 내가 우주에 올바른 방식으로 명령했기 때문이야. 끊임없는 알아차림으로써 무의식 속 정보와 도식의 영향력을 벗어난다면, 우리는 주체적으로 삶을 제어하고 원하는 대로 현실을 창조할 수 있지. 우리의 미래에 한계는 없어. 그건 단지 내가 규정지어놓은 상상속의 한계일 뿐이야. 한계 없이 내가 정한대로 명령하기만 하면 결국 이루어지게 되어 있어.

다만 우주에 올바른 명령을 내렸더라도, 갑자기 튀어나와 현실 변화에 걸림돌로 작용하는 인과관계를 제어할 수 있어야 해. 인과관계를 제어할 수 있게 되기 전까지는 어떤 일은 실현되고, 어떤 일은 실현되지 않는 불완전한 창조를 경험할 수밖에 없어.

현실창조의 숨은 변수

이 우주에서 원인 없는 결과는 나타나지 않아.

모두가 풍요롭고 행복한 삶을 바란다 해도, 스스로 그런 삶을 창조해 나갈 원인을 만들어놓지 않았다면 공허한 꿈에 그칠 수밖에 없지. 마치 하늘에서 뜬금없이 집 한 채가 뚝 떨어지기를 바라는 것과 같아.

아무리 "원하면 이뤄진다", "생각하면 끌려온다"고들 하지만, 스스로 원인을 일궈내지 않는 한 소원은 결코 이뤄지지 않아. 가령 좋은 직장에 취직을 하고 싶다면, 부지런히 관련지식을 습득하고 이력서를 넣어 스스로 기회를 만들어내야 해. 집에 가만히 앉아 텔레비전만 보면서 막연히 취직을 꿈꾸기만 해서는 안 된다는 얘기지.

고전물리학에서는 자연의 법칙에 따라 우주의 모든 사건은 이전의 사건으로 인해 발생한다고 보았어. 이는 현재의 조건을 정확히 안다면 미래를 예측할 수 있다는 피에르 라플라스의 '물리적 결정론' 에 근거한 거였지.

불교에서는 인간의 의지적 행위가 원인이 되어 그 대상의 필연적 반응으로서 결과가 생겨난다고 말했어. 인간의 의지적 행위를 '업業(karma)'

이라 부르고, 이에 대한 결과인 대상의 필연적 반응을 '보報'라고 부르지. 이처럼 정신적, 물질적인 모든 현상은 끝없는 원인과 결과의 고리로 연결되어 있어서, 그 어떤 것도 인因과 연緣의 사슬을 벗어날 수 없어. 이걸 연기법緣起法이라고 해.

"연기법은 내가 만든 것이 아니다. 그렇다고 다른 어떤 절대자가 있어서 만든 것도 아니다. 연기법은 붓다인 내가 이 세상에 출현했든 출현하지 않았든, 법계에 항상 있는 것이다. 나는 다만 이 법을 스스로 깨달아 보편타당한 깨달음을 이루었기에 모든 중생을 위하여 분별해 설하고 드러내 보여줄 뿐이다. 연기법이란 이른바 '이것이 있기 때문에 저것이 있고, 이것이 일어나기 때문에 저것이 일어난다'는 의미이다."

— <잡아함경> 제12권 299, 연기법경.

우리가 어떤 결과를 만들어내기 위해선 어떤 행위를 해야 하지. 예컨대 취직하기 위해서는 일자리를 찾아보고 이력서를 내는 등의 행동을 취해야 해. 즉, 시작과 과정이 원인이 되어서 모든 결과물이 생겨나는 거야. 이와 같은 인과의 법칙이 우리의 삶을 밀착 통제하고 있지.

"콩 심은 데 콩 나고, 팥 심은 데 팥 난다"는 속담처럼 우리는 오직 원인이 되는 행동에 따른 결과만을 얻게 돼. 그중에는 인생의 방향을 결정지을 만한 굵직한 인과관계도 있지만, 일상 속에서 매 순간 일어나는 사소한 인과관계들도 있어. 콩을 심었다고 할지라도 그냥 내버려둬서는 콩이 자라질 않지. 물, 햇빛, 거름 등을 적당히 제공해줘야 콩이 제대로 자랄 수 있어. 심은 콩을 수확한다는 큰 인과는 매순간 콩을 돌보고 키우는 작은 인과들이 모여서 이루어지는 결과이기 때문이야.

순간순간 새롭게 일어나고 있는 현실은 과거의 원인에 의해 만들어지는 것이긴 하지만, 그게 전부는 아니야. 우리에게는 또한 매 순간 선택의 기회가 주어지게 돼. 그리고 그 선택들이 새로운 원인이 되어 미래를 창조하게 되고. 그래서 정해진 미래란 없다는 거야. 매순간 내 선택에 의해 그 미래도 변화하게 되기 때문이야.

언제나 우리의 선택에 따른 결과만이 있을 뿐이야. 우리는 스스로 자신의 인생을 결정하고 그려나갈 수 있는 최우선적인 권리를 가지고 있는 거야. 열심히 노력해서 성공하는 사람들은 좋은 원인을 심고, 잘 가꾸어서 실제의 결과로 맺어낸 놀라운 창조자들이지.

인과의 종류

단기 인과 : 금방 결과가 나타나는 상황
(예) 상한 음식을 먹었더니 저녁에 배탈이 났다.

중기 인과 : 며칠 정도의 기간이 소요되는 상황으로, 단기 인과보다 다양한 상황들이 복합적으로 작용한다.
(예) 맛나 빵집에 들어가기 위해 면접을 봤는데 또 떨어졌다. 아무래도 면접에 대한 준비가 부족했기 때문이라 생각되어서, 나는 부족한 부분을 좀 더 공부했다. 이젠 완벽하다고 생각되던 어느 날, 우연찮게 면접 제의가 들어왔다. 나는 당당하게 합격할 수 있었다. 그곳은 내가 들어가고 싶었던 맛나 빵집보다 훨씬 큰 프랑스 베이커리였다.

장기 인과 : 한 평생 또는 전생까지 연결되어 벌어지는 상황으로, 중기 인과보다도 훨씬 복잡한 요소들로 구성된다.

(예) 초등학교 때 우리 반에는 한쪽 팔이 없어 놀림 받던 왕따 지민이가 있었는데, 나는 친구들의 곱지 않은 시선을 무릅쓰고 지민이를 친절하게 대해줬다. 중학교 때 이사를 가게 되면서 지민이와 연락이 끊어져 한동안 잊고 지냈는데, 회사 일 때문에 기획 중인 전시회의 초대작가가 바로 장애를 극복하고 뛰어난 예술성을 인정받고 있는 지민이임을 알게 되었다. 지민이는 나를 한눈에 알아보고, 어렸을 때 고마웠다면서 자신의 그림 중에서 가장 고가의 작품을 내게 선물했다.

우리는 이러한 인과 과정들을 도외시하고 자신이 상상하는 결과만을 손쉽게 얻으려고 해.

아무것도 하지 않으면서 생각으로만 간절히 원하고 있으면, 과연 우주가 소원을 이루어줄까? 미안하지만. 꿈 깨세요.

과정이 없는 결과는 신도 만들지 못한다. 결과는 원인으로부터 시작되는 거야. 그리고 여러 조건이 맞아떨어지면서 자연스럽게 결과의 모습이 갖춰지게 되는 거야. 그러니 결과를 만들려고 하지 말고, 원인을 만들려고 해봐.

"왜 이따위로 되는 일이 없는 거야?" 하고 백날 신경질을 부려봤자 소용없어. 대부분의 사람들은 현실이 부당하다고 생각하면서 남 탓하기에 바빠. 자신과는 상관없이 일어난 일이라고 책임을 부인하려고 하지.

이러한 태도는 나 홀로 인과의 법칙을 벗어나 신이 되겠노라고 억지를 부리는 것이나 다름없어. 너의 기도가 이루어지지 않는 이유는 여기에 있어. 인과법칙에 어긋나는 일은 신조차 돕지 못한다는 사실을 기억해야해. 맨입으로 '현실창조의 기적'이 일어나기를 기다리고만 있어서는 절대로 안 돼. 결과를 얻기 위해서는 현실 속에서 물리적인 환경과 합당한 조건을 만들어내는 기본적인 행동을 취해야만 하지.

앞서 말했던 것처럼 금방 결말을 맺는 단기 인과도 있지만, 수개월이나 수년에 걸쳐서 작용하는 중기 인과, 그리고 평생 혹은 다음 생까지 연결되는 장기 인과도 존재해. 그리고 전생의 업보에 따라서 모든 사람은 각자 다른 출발점에서 태어나게 되는데, 이번 생에 겪어야 할 과제가 저마다 다르기 때문이야.

가끔 못마땅한 얼굴로 이렇게 묻는 사람들도 있어.

"그럼 내가 가난하게 태어난 것도 내 탓입니까?"

나는 망설임 없이 대답하지.

"네, 그렇습니다."

우연은 없다. 모든 것은 우연을 가장한 필연일 뿐.

네 앞에 펼쳐지는 모든 인간관계와 삶의 환경 또한 거대한 인과의 결과로 만들어진 카르마야. 설사 악연일지라도 말이야. 우리는 성격, 체형, 외모, 삶에서 겪게 될 사건 등 모든 것들이 이미 프로그램 되어 있는 상태로 태어나게 돼. 이런 것을 분석하는 학문을 명리학 혹은 천문학이라 불러. 대부분의 사람들은 자기가 갖고 태어난 프로그램대로 살아가게 되지. 원래 인과가 그렇기 때문인 탓도 있지만, 사람의 무의식 프로그램 또한 이미 정해져 있어 그걸 벗어난 선택을 쉽게 하지 못하기 때문이야(무의식의 도식이 얼마나 무서운지 알고 있지?). 하지만 자신의 프로그램을 넘어서 스스로 삶을 창조해 나가는 사람들이 일부 있어. 모든 시스템 너머에 있는 자.

나 또한 영적인 삶의 여정을 타고났기 때문에 젊었을 때부터 일찍이 심오한 것들에 관심이 많았고, 그러한 인연들도 많이 만나게 되었지. 제로를 출간한 뒤, 우리나라 최고의 명리학자를 만난 적이 있어. 그분으로부터 모든 것들이 사주에 의해 정해져 있고, 어느 누구도 그 틀을 벗어나지 못한다는 말을 듣게 됐지. 나는 인간의 의식이 모든 걸 창조할 수 있다고 주장해왔기 때문에 처음에는 반감이 들었어. 하지만 점차 그것에 대해 알고 싶어졌어(초기 제로 책에는 삶은 65%가 정해져 있으며, 35%는 스스로 선택이 가능하다고 써놓았었거든). 인생을 역전했다고 하는 사람들의 삶은 정말로 이미 그렇게 정해져 있었던 건지, 아니면 정해져 있는 삶을 스스로의 힘으로 뛰어넘은 것인지 알고 싶었어. 그래서 난 그분의 제자가 되어 몇 년간 정통 명리학을 배웠어. 결국은 중도에 포기하게 됐지만 말이야. 그 이유에는 몇 가지가 있었는데…

첫 번째는 내가 이 모든 시스템을 이해하기에는 머리가 그리 좋지 않다는 걸 알았고(명리학은 분석학문이었기 때문에 직관형인 나에게는 매우 어려웠어), 한 사람의 사주만을 보고 과거와 현재, 미래, 인연의 의미를 완전히 알 수 없다면 어설프게 남의 삶에 대해 훈수를 두는 것은 선무당이 사람을 잡듯 큰 죄가 될 수 있다는 걸 깨달았거든.

두 번째는 모든 삶은 타고난 운명대로 펼쳐진다는 것을 철저하게 알게 됐기 때문이야. 어느 누구도 인과응보의 카르마에서 벗어날 수 없다는 걸 알게 됐지. 적어도 내 삶은 한 치의 오차도 없이 카르마대로 흘러가고 있었어! 내 삶이라고 왜 굴곡이 없겠니? 내 삶의 굵직한 선택들도 모두 정해져 있던 운명대로 흘러가고 있었어. 여느 유명인들도, 심지어 명리학 스승님조차도 자신의 운명대로 살고 계셨고. 인간이라면 누구나 자신의 프로그램의 지배를 받으며 살아가고 있었어. 마치 우주의 계절에 의한 반응처럼. 누구도 자연과 우주의 순행을 거스를 수 없듯이 말이야. 내가 태어난 시점을 중심으로 난 흐름의 영향을 받고 있었어. 어쩌면 그 흐름을 갖고 태어난 것도 내 카르마 중의 일부일 테지. 그런데 문득 이런 생각이 들었어. 어차피 벌어질 일은 벌어질 거라면, 미리 안들 무슨 의미가 있을까? 누구나 미래의 안 좋은 이야기를 들으면 걱정부터 생기게 되잖아. 그렇기 때문에 미래를 이야기함으로써 불필요한 두려움 속에 현실을 가둬두는 것보다, 현재 일어나는 일을 극복할 수 있도록 응원해주는 편이 더 도움 되는 일이라고 생각했어.

세 번째는 스스로의 프로그램을 극복할 수 있는 방법이 한 가지 있다는 사실을 알게 됐기 때문이야. 타고난 운명을 통째로 바꾸는 것은 실로 어려운 일이야. 모든 건 인과에 의해 일어나기 때문이야. 하지만 삶의 중요한 기로에서 벌어질 일의 크기를 줄이거나, 인간의 자유의지를 통해 스스로 최선의 선택을 할 수는 있어. 그러려면 자신의 모든 특성을 넘어선 선택을 해야 해. 하지만 보통의 인간은 자신의 경향성을 넘어서기가 힘들지. 0.01%의 가능성 정도? 아주 길이 없는 것은 아니지만, 그 만큼 누구에게나 가능하진 않다는 말이야. 그럼에도 불구하고 가능한 사람이 있다면, 그 사람은 자신의 운명을 넘어서게 되고 자신의 타고난 운명을 변형시켜 새롭게 만들어나갈 수 있다는 걸 알게 됐어. 나는 이 희박한 가능성을 키우는 것에 배팅해보기로 했어.

자기의 미래를 안다고 해도 결국은 겪어야 될 일들은 일어나게 되고, 어느 누구도 그걸 피해나갈 수는 없어. 네가 무언가를 만들고 싶거나 얻고 싶은 게 있다면 현재 있는 상황에 준해서 창조해야 하는 거지. 그리고 카르마는 현실 상황을 만들어낸 인과 그 자체인 거야.

현실 창조의 핵심은 자신의 카르마를 얼마나 잘 해소하느냐, 즉 '카르마 해소의 기술'이야. 이 과정 속에서 우리는 나를 지배하고 있는 카르마라는 시스템의 정체를 이해하게 돼. 우리가 살고 있는 세계가 하나의 프로그램 속이라는 사실을 발견했다면, 그 시스템을 넘어 '신'이 되는 아주 희박한 가능성도 생겨날 수 있게 되는 거지. 네가 너의 자유의지로 프로그램을 다시 '선택'할 수만 있다면 말이야.

자신이 처해진 삶을 탓하기 보다는 "비구들이여, 누가 말하기를 '이 사람이 어떤 업을 지었건 그 업의 결과를 그대로 경험하게 된다.'라고 한다면 청정범행을 닦음도 없고 바르게 괴로움을 종식시킬 기회도 없다. 비구들이여, 누가 말하기를 '이사람이 어떤 형태로 겪어야 할 업을 지었건 그것의 과보를 경험하게 된다.'라고 한다면 청정범행을 닦음도 있고 바르게 괴로움을 종식시킬 기회도 있다."

— <로나팔라경> AN 3.99 소금덩이경.

현재 자기 삶의 의미와 인과를 발견해보자. 그리고 어떻게 반응해야 하고, 어떤 새로운 선택을 해야 하는지에 주의를 기울여보자. 현재 자신의 문제를 파악하고 해결하는 데 집중한다면, 그것이 또 다른 원인이 되어 미래에 긍정적인 결과를 만들어낼 거야.

삶을 있는 그대로 받아들인다는 것은 매우 중요한 부분이야. 대부분의 불만은 받아들이지 못하는 '삶의 거부'로부터 비롯되지. 하지만 모든 원인이 나로부터 비롯되었다는 사실을 인정하고 나면, 삶의 관점이 바뀌게 될 거야. 결자해지結者解之! 모든 일은 일으킨 사람만이 해결할 수 있기 때문이야. 가난한 부모님을 탓함으로써 부정적인 에너지를 만들어내 나의 마음을 제로 포인트로부터 멀어지게 만들지 마. 탓을 한다는 건 자신은 잘못이 없다는 뜻인데, 그렇지 않거든. 네 삶의 모든 원인은 너에게 있어. 이 삶은 우리에게 맞춤형으로 펼쳐지는 세계이기 때문이야.

또한 실제로 가난한 부모 밑에서 태어나서 그 가난을 낱낱이 경험하며 괴로워하는 사람도 있고, 그 속에서도 스트레스를 받지 않고 타산지석으로 삼아 더 열심히 잘 살아가는 사람도 있지. 인과에 의해 펼쳐지는 삶을 어떻게 받아 들이냐에 따른 마음가짐에 따라 달라지는 거야. 마음가짐은 우리의 선택의 영역이지. 우리는 늘 현상에 대한 반응을 하게 되는데, 그 반응을 일으키는 주체가 나이기 때문이야. 현실을 창조하는데 가장 중요한 건 네 삶을 스스로 어떻게 인식하고, 어떤 마음을 먹으며, 어떻게 바라볼 것인가 하는 거야.

또한 그런 가정에 태어나기로 선택한 주체가 본인임을 인정하고 담담하게 제로 포인트에 머물면서 '왜 이런 일이 발생했을까?' 질문 할 수 있다면, 삶의 인과관계를 이해하게 되고, 문제를 풀 수 있는 열쇠도 발견하게 될 거야. 이와 같은 보이지 않는 연결고리를 끊을 수 있어야 '진정한' 창조라고 할 수 있지.

현실창조에서 한 가지 유의할 점은 카르마에 의한 문제처럼 느껴지는 상황들이 종종 등장한다는 점이야. 이러한 변수가 작용하기 때문에 때때로 상황이 우리가 원하는 대로 전개되지 않는 거지. 우리가 살아오면서 의식하지 못한 채 심어두었던 원인들이 맺어내는 결과가 숨은 변수로 작용하게 되는 데, 그 중 어떤 것은 이번 생 이전부터 이어져 온 결과일 수도 있어.

우리가 무엇을 바라면, 그 바람에 상응하는 정신에너지가 일어나게 돼. 그리고 그 바람이 강렬해질수록 정신에너지도 우주로 더 강력하게 퍼져나가 적절한 창조의 질료를 끌어당기게 되지.

그런데 이때 우리가 진동시킨 에너지는 현실창조를 위해 반드시 먼저 해결되어야 할 인과관계도 함께 끌어당기게 돼. 그래서 현실창조에 앞서 지금까지는 드러나지 않았던 새로운 문제가 튀어나오곤 하는 거야. 이게 바로 '숨은 변수'야.

숨은 변수는 방해물로 여겨지기 쉬워. 하지만 그 또한 스스로 만들어낸 결과지. 만약 이 '방해물'의 등장에 분노하면서 자신이 선택한 결과임을 부정한다면, 우리는 즉시 현실창조와는 멀어지는 길로 들어서게 될 거야. 다시 시스템의 굴레 속에 갇히게 되는 거지. 기억해, 마음은 항상 제로 상태에 머물러 있어야 한다는 걸!

현실창조 과정에는 매 순간 내 앞에서 펼쳐지는 인과관계를 알아차리고 올바로 이해하는 작업이 필요한데, 나는 그것을 '현실 리딩'이라고 불러. 현실 리딩은 눈에 보이지 않는 숨은 변수를 찾아내어 그 의미를 올바로 이해함으로써 제로 포인트로 돌아가게 하는 작업이야. 현실 리딩을 통해 숨은 변수를 풀어내면, 눈앞에 벌어졌던 갈등들은 마법처럼 사라지게 되지.

앞서 현상계는 그것의 질료 혹은 원인이 되는 비현상계로부터 나온다고 말했지? 현실 리딩이란 그 비현상계의 변화를 관찰하고 다스리는 것으로, 먼저 '나'를 내려놓아야 비로소 가능해져. 현실 리딩은 나를 중심으로 가동되는 주관적인 판단이나 생각이 아니라, 직관을 통해서 바라보는 일이기 때문이야.

내 삶에 마법 같은 순간들도 많았지만, 정신적으로 굉장히 괴로웠던 순간도 있었어. 한 남자를 만나, 연애하던 때였어. 그런데 갑자기 그가 운영하는 사업에 문제가 생겼다면서 매우 힘들어 하는 거야. 나는 그저 옆에서 잘 이겨내길 응원해 주고 있었어. 그가 겪어야 하는 힘든 순간이 지금인가보다 했지. 그러던 어느 날, 그가 다 죽어가는 목소리로 하루종일 괴롭히며 나에게 삼천만원을 빌려 달라고 했어. 나도 형편이 넉넉하진 않았기에 선뜻 빌려주기가 쉽진 않았어. 쉬지 않고 열심히 일해서 한푼 두푼 모은 돈이었으니까.

하지만 사랑했기 때문에 정말 그 사람이 잘됐으면 하는 마음으로 돈을 빌려줬어. 그런데 이게 끝이 아니었어. 그는 자신의 채무를 계속 나에게 요구했고, 난 계속해서 돈을 빌려 줄 수밖에 없었어. 나중에 액수를 따져보니 1억 6천만 원이나 되더라고. 결국 내가 그의 채무를 다 갚아준 셈이 되었지. 하지만 그로인해 나는 그동안 모았던 모든 재산을 탕진하고, 오히려 빚을 지게 됐어. 난 이 상황이 너무나 억울하고, 이해가 되지 않았어. 내 잘못도 아닌데, 계속해서 그의 요구에 돈을 대신 갚아줘야만 했으니까. 게다가 그는 나를 사랑한다면서도 나의 괴로움을 외면하고, 나의 존재까지 모두 부정했거든. 나는 점점 미쳐가고 있었지.

나의 힘든 심경을 어디에 말할 수조차 없었어. 돈은 내가 다 갚아줬는데, 그는 남들 앞에서 자신이 잘나서 그런 양 거들먹거리며 살았지. 그런 그에게 의문을 품으면, 내게 돌아오는 건 폭력과 엄청난 시달림이었어. 아마 내 삶에서 가장 어두웠던 시기였을 거야. 난 분노조절장애나 우울증 같은 정신질환을 갖게 된 사람들이 왜 그런 지경에 이르게 되었는지를 여실히 이해할 수 있었어. 그렇게 생기와 웃음을 잃은 채로 지옥 같은 몇 년을 보냈지.

나는 이 알 수 없는 관계에 대해 매우 많은 고민을 했어. 나에게 왜 이런 일이 일어났을까? 그는 나에게 무슨 의미이며, 난 이 상황을 어떻게 해결해야 하는가? 수도 없이 질문 했지.

물론 나의 사주 스승님은 그 남자를 절대 만나지 말라고 조언하셨지만, 난 바보같이 그를 내 운명의 상대라 착각했고, 그 상황을 내가 극복해야 하는 일이라고 믿어버리고 그를 만났어. 그리고 정말 엄청난 시련을 겪게 된 거지. 그런데 신기한 건 사주 상으로 어려운 시기에 접어들었을 때, 내게 그러한 일들이 일어 났던 거야. 나는 누구도 탓할 수 없었어. 내가 결국 선택한 것이었고, 시기상으로도 내가 어려운 상황에 처할 수 있는 시기였기 때문이지.

돈은 돌려받았냐고? 못 돌려받았지. 그와 잘 헤어지는 것만으로 감사했어야 했어.

표면적으로 보면, 분명히 그의 잘못이야. 그가 자신의 짐을 내게 떠넘겨버린 거니까.

하지만 더 큰 관점에서는 그의 잘못만을 탓할 수 없다는 걸 깨닫게 되었지. 삶의 순간에서 돈을 벌 때도 있고 잃을 때도 있듯이 모든 것은 돌고 도는 법이기에 내 운명의 여정 속에 존재하는 인과를 다 탓할 순 없는 거니까. 결국 그에 대한 분노와 억울함을 내 안에서 놓아주기로 했어. 그는 나에게 큰 피해를 줬지만, 그를 미워하지 않기로 했지.

그리고 나에게 강렬한 거대한 시련과 어둠을 체험시켜준 것에 대해 감사하기로 했어. 힐러로서 아픈 사람들의 마음을 더욱 공감할 수 있게 된 중요한 체험이었으니까.

내 경험담처럼 우리는 때로 원치 않는 상황에 처하게 돼. 그럴 때 넌 아마 현실창조 비법을 외치겠지. 그리고 그 상황을 잘 해결하려 노력할거야. 하지만 그것만이 능사는 아니야. 먼저 그 상황이 왜 일어나게 되었는지를 정확하게 리딩 하는 능력이 필요해. 그 상황은 언뜻 스스로의 산물이 아닌 것처럼 보이기도 해. 내가 그랬듯 모든 게 상대방의 잘못인 것처럼 보이고, 나는 피해자인 것처럼 보이지. 또한 내가 입은 손해가 도무지 이해되지 않을 때도 있지. 하지만 더 큰 카르마의 측면에서 본다면, 달리 보이게 되지. 내가 그에게 빌려준 돈은 결국 누군가에게 줘야 했던 돈 일 수도 있어. 오히려 나의 무언가가 원인이 되어 그 사건을 만든 것일 수도 있지. 그럴 때는 내면의 이끌림 따라 더 큰 인과의 숨은 변수를 살펴보아야 해.

내가 이 사건으로 하나 깨닫게 된 게 뭔지 알아?

난 돈에 대해 매우 소극적인 사람이었어. 쥐처럼 한푼 두푼 알뜰살뜰하게 돈을 잘 모으긴 했지만, 돈을 잘 쓰지는 못하는 사람이었지. 사업을 하기 때문에 또래에 비해서 수입이 괜찮은 편이었음에도 날 위해선 돈 백만원 한 번 써본 적이 없었어. 그만큼 돈 쓰는 것에 인색한 사람이었어. 그랬던 내게 천만, 억 단위라니… 상상도 못할 액수였지. 써본 적도 없는 돈이 막상 한꺼번에 줄줄 새어나가니까 정말 미칠 것만 같더라고. 내가 실제로 느꼈던 상실감은 상상 그 이상이었지.

이후로 나는 내가 쓰지 않는 돈은 아무 의미가 없다는 걸 깨달았어. 난 미래를 위해 그냥 주구장창 모으기만 할 뿐, 현재를 위해 돈을 쓸 수는 없는 사람이었어. 하지만 이 사건을 계기로 돈은 사용하기 위해 존재한다는 걸 알게 됐어. 그리고 나에게든, 타인에게든 베풀 수 있는 사람이 됐지. 엄청나게 돈을 잃는 경험이 꼭 나쁜 일만은 아니었던 거야. 나의 무의식에 내재되어있는 돈에 대한 잘못된 관념에 대해 알게 됐으며, 그러한 결핍이 거대한 사건으로 다가와 버렸다는 것 또한 알게 됐으니까. 그리고 내 무의식의 돈에 대한 결핍을 마주하고, 그것을 치유하기 시작했지. 난 나를 옭아매던 돈에 대한 관념으로부터 좀 더 자유로워졌고, 잃어버린 1억 6천만 원이란 돈도 전혀 아깝지 않다고 느낄 수 있게 됐어. 삶의 수업료 라고나 할까? 물론, 이 사건을 훌훌 털어버리기 까지는 꽤 오랜 시간이 걸렸어. 도저히 이해하기 어려운 상황들을 이해해야했고, 억울함과 미움까지도 내려놔야 했으니까. 이 모든 것들을 떠나보내고, 고요한 제로상태로 돌아왔을 때서야 나는 완전히 괜찮아질 수 있었어. 모든 것들이 완전한 삶의 여정의 한 부분이라는 사실을 다시 한 번 깨닫게 됐고, 내 결핍 하나가 해결되었음에 감사하게 됐지. 그리고 더 큰 용기와 함께 난 또 다른 현실을 새롭게 창조할 거라는 확신을 할 수 있었어. 나의 내면은 이미 그 상황의 이유를 정확히 알고 있었으니까.

현실 리딩 능력은 숨은 변수로부터 비롯되어 발생하는 문제를 이해하고, 현실창조를 이뤄내기 위해서 반드시 필요해. 현실 리딩은 곧 삶의 통찰이지. 늘 직관을 통해 현실을 바라보도록 연습해봐. 해답은 우리의 생각과는 전혀 다른 곳에 있을 수 있어. 너의 깊숙한 내면이 그 답을 알려줄 거야.

현실 리딩을 하는 법

현실 리딩은 삶의 문제의 근본적인 원인을 분석하기 위한 방법이다. 내가 무엇에 반응하고 있는지를 면밀히 바라보자. 그 문제는 당신이 제로에 머무는 것을 방해할 것이다. 내 앞에 펼쳐지는 모든 원인은 나로부터 발생된다는 전제하에 아래의 질문들에 답 해보고, 현실의 상황을 입체적으로 바라보도록 하자.

1. 내가 문제라고 생각하는 현실은 무엇인가?

2. 1번과 같이 생각하는 원인은 무엇인가?

3. 1번에 대해서 내가 느끼는 감정은 무엇인가(어떻게 반응하고 있나)?

4. 1번과 관련해서 기존에 내가 가장 두려워하거나 결핍했던 것들은 무엇이었나?

5. 1번의 원인이 만약 나에게 있다면, 나의 어떤 점이 결과로서 이 상황을 만들어 냈을까?

6. 나는 1번과 같은 상황을 통해 무엇을 배울 수 있을까?

7. 1번과 유사한 상황들이 기존에도 있었는가?

8. 결국 모든 원인이 나에게 있다면, 나는 무엇을 할 것인가?

우주의 테스트

　앞서 언급한 숨은 변수, 즉 '삶의 방해물'의 등장을 나는 우주의 테스트라고 불러. 살아가면서 곤란한 일에 휘말리게 되는 순간을 말하는 거야. 이 우주의 테스트를 잘 넘겨야만 우리는 다음 단계로 나아갈 수 있지. 아마도 이 순간이 네가 창조의 힘을 필요로 하는 순간일 거야.

　우주의 테스트는 인간을 성숙시키고, 창조의 힘을 올바로 사용하도록 돕기 위함이야. 일종의 우주의 장치라고 할 수 있지. 우주의 테스트는 각자의 수준에 따라 다른 형태로 주어져. 모든 사람은 저마다 다른 테스트에 부딪히게 되는 거지.

　우주의 테스트는 창조의 힘이 커질수록 난이도도 점점 더 높아지도록 설정되어 있어. 하나의 테스트를 통과하고 나면, 그 이하의 수준에서는 별다른 어려움 없이 창조의 능력을 사용할 수 있게 돼. 그러니 우리는 우주의 테스트가 주어졌을 때, 오히려 반가워하며 정성껏 풀고 답을 제출해야하지.

　우주의 테스트는 어떻게 알아차릴 수 있을까? 살다 보면 누군가 치밀하게 계획하기라도 한 듯, 일이 꼬이면서 방해물로 여겨지는 일들이 교묘하게 끼어드는 때가 있어. 이때 지금까지 해온 방식으로는 더 이상 답이

나오지 않는다면, 우주로부터 테스트를 받은 순간이라고 생각하면 돼. 그럼 우주의 테스트를 받지 않는 게 가장 좋은 거 아니냐고? 결코 아니야. 만약 방해물 없는 편안한 삶에 안주하고 있다면, 창조의 힘을 키워나갈 기회 또한 얻지 못하는 거야. 테스트가 도착하면 반갑게 마주하도록 해!

우주의 테스트

- 좋아하는 것을 잃게 되었을 때, 나는 그 고통을 얼마나 있는 그대로 받아들이고 집착을 놓아버릴 수 있는가?

- 싫어하는 것을 직면하게 되었을 때, 나는 그 고통을 얼마나 있는 그대로 받아들이고 부정적 감정으로부터 벗어날 수 있는가?

- 나는 과거의 기억과 정보들로부터 얼마나 자유로운가?

- 나는 내 앞에서 벌어지는 일들을 있는 그대로 받아들이는가, 아니면 습관적으로 합리화하는가?

- 나는 모든 것이 내 선택의 결과임을 진심으로 인정하고 있는가?

- 나는 무분별한 의지와 행동으로써 더 복잡한 인과관계를 만들어내고 있지는 않은가?

- 나는 다른 창조자들에게 도움을 주는가, 아니면 고통을 주는가?

- 나는 우주의 힘을 사용할 만한 자질이 있는가?

우주의 테스트는 우리가 무언가를 바랄 때 우주로 전송된 나의 파동에 반응하여 일어나는데, 때로는 억울하거나 황당한 방식으로 내 앞에 나타나기도 해.

'문제'로 여겨지는 상황에 직면하게 되면, 심호흡을 하면서 '아, 나를 성장시키는 우주의 테스트가 도착했구나, 이번엔 어떤 문제 일까, 무엇을 배울 수 있을까' 하고 스스로 물어본 다음, 그 상황의 원인이 나에게 있지 않았는지 면밀히 되짚어봐야 해. 모든 문제는 기억의 문제일 뿐, 원인은 100% 나에게 있지. 그러니 겸허한 마음으로 일단 감정을 자제하면서 그 테스트의 진정한 의미를 관찰하고 음미해야해. 우주의 테스트가 일어나고 있다는 사실을 그저 알아차리고, 온전히 내 것으로 받아들여보는 거지. 그리고 나의 잘못까지도 받아들여야해.

'문제'로 여겨지는 상황은 일어나야 할 일이 순리대로 일어난 것일 뿐이야. 스스로 깨닫지 못한 어떠한 원인에 의한 결과지. 우주의 테스트를 통과하고 나면, 그것의 의미는 절로 깨우쳐지게 되어있어. 그러니 도망치거나 외면하지 말고, 일단 받아들여보라는 거야.

지금까지 네가 겪었던 과거의 문제들을 다시금 떠올려 봐. 시간이 흐른 지금 뒤돌아보건대, 그 문제들이 당신의 인생에서 정말 무의미한 경험이었을까?

우리는 골치 아픈 문제를 남의 탓으로 돌리고 싶어 하는 경향이 있어. 무조건 부인하고 보는 거지. 하지만 모든 문제는 결국 스스로 풀어야 할 우주의 테스트임을 인식한다면, 세상을 손가락질하던 내 손이 바로 나 자신을 가리키고 있음을 알게 될 거야.

하와이 원주민들은 '호오포노포노'라는 전통 치유법을 가지고 있어. 호오포노포노는 '나를 정화함으로써 상대방을 치유 한다'는 놀라운 메커니즘을 갖고 있지. 하와이의 전통 치유사는 눈앞의 환자가 병들어 있는 원인조차 자신의 탓으로 돌리며 진실하게 스스로를 정화해. 자신의 내면에서 환자가 아픈 원인을 찾아 제거하는 거야. 우리는 늘 처해진 환경 탓을 하며 스스로를 비관하며 살아왔을지도 몰라. 또한 안 좋은 상황에 처한 상대방을 안타깝게 바라보며 남과 나를 철저히 분리시키며 살아왔을지 모르지. 그런데 호오포노포노에서는 철저히 자기 자신부터 정화하지. 왜 그럴까? 자기정화는 단순한 치유 기전을 넘어 모든 삶의 현상을 변형시키는 마법이기 때문이야. 이 세상은 늘 상반되는 상대성들과 그것을 바라보는 '의식'이라는 존재에 의해 의미가 만들어져. 삶의 모든 현상들은 나를 비추는 거울일 뿐이야. 우리는 내가 경험하고 느끼는 것을 통해 세상을 인식하게 되지. 이 세상의 진짜 비밀을 알려줄까? 내가 존재 하지 않으면, 세상 또한 존재하지 않아. 내가 이 사실을 인식할 때만 세상이 존재하는 거지. 내가 의식하지 않으면, 존재하지 않는다니? 이 사실이 너의 이성을 불편하게 만들지도 몰라. 하지만 양자 물리학에서는 이미 우리가 의식하기 이전에는 어느 것도 존재하지 않는다고 했지.

그렇기 때문에 너의 관점과 생각이 매우 중요해. 넌 지금 어떤 세상 속에 살고 있니? 네가 바라보고 인식하는 세상은 어떤 세상이니? 아픈 사람들이 넘치는 세상이니? 세상의 악이 모든 것을 지배한 세상이니? 아니면 여전히 인간냄새 나는 따뜻한 온정이 있는 곳이니? 그럼 넌 왜 그렇게 인식하는 걸까? 혹시 너의 생각들로 만들어진 세계인 건 아닐까?

호오포노포노에서는 다음과 같은 네 가지 문장으로 치유를 해.

그 문장의 숨은 뜻은 다음과 같아.

"미안합니다." — (내가 만든 원인으로 인해 당신이 아픔을 겪고 있으니 미안합니다.)

"용서하세요." — (그러니 당신도 이젠 저를 용서해주시길 빕니다.)

"감사합니다." — (당신 덕분에 내가 부정적인 인과관계를 벗어날 기회를 얻었으니 감사드립니다.)

"사랑합니다." — (이렇게 하나의 테스트를 넘어 나를 성장하게 해준 우주 만물을 사랑합니다.)

별 거 아닌 것 같지만, 실로 엄청난 치유효과를 만들어내. 호오포노포노가 세상에 알려진 것도 한 원주민 의사가 이 기법을 통해 정신병동에서 이뤄낸 기적적인 치료결과 덕분이었어. 오직 자신을 정화하는 것만으로 정신병동의 모든 환자들을 치유해 버렸으니까! 이건 모든 세계를 규정짓고 바라보았던 자신에 대한 순도 100%의 정화였기 때문에 가능한 일이었지. 알게 모르게 저질렀던 스스로의 원인들에 의해 펼쳐지는 결과로 상대방이 고통을 받고 있다는 사실을 온전히 받아들일 때, 자신에게 펼쳐졌던 모든 인과의 업이 사라지게 되는 거야. 세상을 불완전하게 인식하던 시야가 클리어해지면서 완전한 세상을 바라볼 때, 기적처럼 병이 사라져 버린 거지. 이 모든 건 다름 아닌, '나'의 세상에서 이루어지는 거라고!

나 또한 삶 속에서 문제라고 여겨지는 일들을 마주칠 때마다 그게 왜 내 앞에 펼쳐지게 되었는지를 살펴보고, 미처 인식하지 못했던 인과관계를 찾아내어 반성했어. 11년이라는 시간동안 사업을 운영하면서 어렵고, 힘들었던 위기가 어디 한둘이었겠어? 하지만 그 인과를 살피며, 나를 제로화 시키고 정화했더니 내가 두려워했던 일은 실제로 하나도 일어나지 않았어. 난 어쩌면 내 두려운 생각 속에 갇혀있던 건지도 몰라. 신기하게도 내가 생각의 한계에서 빠져나올 때마다 나를 곧 덮칠 것만 같던 문제들이 순식간에 사라지곤 했거든. 그렇게 삶의 문제들을 해결해 나가다보니, 나는 더 이상 문제를 문제로 느끼지 않게 됐어. 문제라는 것이 실재하긴 하는 걸까? 내가 문제라고 생각해서 문제로 보였던 건 아닐까? 내가 문제라고 생각하지 않자, 문제가 사라져버린 걸까? 답은 직접 경험해보면서 찾길 바래.

나에게 현실의 문제를 해결해 달라고 찾아온 한 내담자가 있었어. 그는 10억 가까운 빚을 지고 있었어. 물론, 그 역시도 타인에게 자신의 명의로 자금을 빌려줬다가 사업에 문제가 생겨버린 케이스였지. 당시 10억의 빚에 대한 이자가 매달 수 백 만원씩 나오고 있었어. 사업 파트너는 더 이상 이자를 내줄 수 없는 형편이었고, 그가 고스란히 부담해야 하는 상황이었지.

그는 현재의 상황을 토로 하면서 취업을 하고 싶다고 했어. 하지만 그는 나이도 매우 많은 편이었고, 한 달에 600만 원 정도가 필요한 상태였어. 그에게 그 정도 급여를 줄만한 회사를 찾기는 현실적으로 어려운 일이었지. 이미 100군데 넘는 곳에 이력서를 넣었지만, 아무 곳에서도 연락이 오지 않았거든. 그는 다가올 부정적인 미래에 대해 굉장히 겁에 질린 상태였어.

나는 일단 그의 현실을 바꿔줘야겠다고 생각했어. 그를 진정시킨 후, 더이상 부정적인 미래에 휘둘리지 않도록 행복한 것들을 찾아보길 권유 했어. 두려움으로 가득 찬 생각들로부터 빠져나오는 게 급선무였거든. 그리고 그가 제로상태로 돌아올 수 있도록 이끌었지.

그에게 이런 문제가 생겨난 이유는 내면의 욕심 때문이야. 돈과 명예를 손쉽게 얻고자 하는 욕망에 의해 덜컥 타인을 믿어버리고, 자신의 명의로 큰돈을 빌려줬지. 모든 건 그가 자처한 카르마였던 거야. 그에게 이러한 현실의 이유를 설명했지만, 처음엔 쉽게 이해하지 못했어. 하지만 포기하지 않고, 그가 자기 자신의 내면의 결핍과 욕망을 이해함으로써 차근히 문제를 극복해 나갈 수 있도록 스스로를 정화하는 법에 대해 알려줬어.

나는 지금 당장은 취업이 어려운 상황처럼 보일지라도, 창조는 분명히 일어날 수 있으니 걱정하지 말라고 그를 다독였어. 뿐만 아니라, 그가 원하는 급여와 취업하고 싶은 곳을 구체적으로 정하도록 했지. 그리고 그것이 일어날 수 있다는 사실을 그냥 믿으라고 강력하게 말했어. 이내 그는 마음을 고쳐먹고, 이 상황을 만든 본인 자체를 서서히 정화하기 시작했어.

그 후, 정말 기적처럼 몇 군데의 회사로부터 면접 제의 전화가 왔고, 실제로 면접까지 치르게 됐지. 난 그에게 결과는 아직 정해진 것이 아니니, 계속해서 마음을 제로로 조절하며 비워야한다고 당부했어. 마침내 그는 몇 군데의 회사 중에서도 원하는 조건을 골라서 입사할 수 있게 되었어. 그가 걱정하던 부정적인 미래는 결국 일어나지 않았던 거야. 그는 덕분에 적절한 이자를 내면서 상황을 모면할 수 있었지. 게다가 이번 일을 통해 자신이 어떤 결핍을 갖고 있었는지 까지도 이해하게 됐고 말이야.

이처럼 자신이 '삶의 문제'를 통한 우주의 테스트를 통과했는지 아닌지는 누구나 직감적으로 알 수 있어. 살다 보면, 무수히 많은 우주의 테스트를 마주하게 돼. 그리고 우리 앞에는 점점 더 난이도가 높은 테스트가 주어지게 되어 있어. 때로는 내 모든 것이 부정당하거나 사라질 것만 같은 좌절감을 맛보기도 해. 절대 불가능해 보이는 상황을 맞닥뜨리기도 하지.

하지만 두려워하지 마. 우주의 테스트는 삶의 하나의 과정에 불과해. 모든 문제는 네가 감당하고, 풀 수 있는 만큼만 주어져. 문제를 풀 수 있는 열쇠는 '어떻게 해결하느냐'가 아니라, '두려움 속에서 얼마나 빨리 빠져나오냐'에 달려있어. 네가 두려워하는 일이 실제로 일어날 것 같지만, 사실은 그렇지 않아. 일단 두려움에서 빠져나와 상황을 있는 그대로 바라보도록 해. 그리고 현실 속에서 해결책들을 하나씩 찾아 나가보는 거야. 답은 늘 현실 속에 있거든. 네가 그 답을 지혜롭게 발견해낸다면, 네게 주어진 테스트 하나를 통과한 거지. 이 삶은 어쩌면 하나의 게임 스테이지를 클리어 해나가는 과정과도 같아. 제로 시스템을 이해하고, 제로 법칙을 잘 실천하기만 해도 높은 단계의 우주의 테스트까지 충분히 통과할 수 있어. 테스트를 통과해나갈수록 우리의 창조력은 막강해질 테니까 말이야. 명심해, 내 삶에서 '문제'로 여겨지는 모든 것은 결국 내가 넘어서야 하는 '우주의 테스트'임을!

알아차림 - 자가 정보수정 시스템

나의 무의식 속에 숨어있는 배심원과 도식들, 자동적 사고를 잘 들여다보면, 미처 알아차리지 못했던 '오류'들을 무수히 발견할 수 있을 거야. 우리는 남의 잘못은 쉽게 발견하면서도 정작 자신의 잘못에 대해서는 놀랄 만큼 관대하거나 아예 부인해버리곤 하지. 그러니 자신의 정보처리 시스템이 올바로 작동하고 있는지를 점검하는 일은 꼭 필요한 작업이야.

물론 그 오류의 정도가 심각해서 심리적 병증으로까지 나타나고 있다면, 전문가에게 상담을 받아야 하겠지만, 그렇지 않다고 하더라도 더 악화되지 않도록 스스로 내면을 잘 살펴서 부단히 오류를 찾아내고 수정해가야 해.

우리의 몸이 자가 면역체계를 통해 바이러스로부터 자신을 방어하듯이, 우리의 마음에도 '정보 바이러스'가 일으키는 오류를 막아내는 자가 정보수정 시스템이 있어. 이를 불교에서는 '알아차림' 또는 '마음챙김'(mindfulness)'이라고 부르지.

우리가 자신의 정보체계의 오류를 스스로 수정할 수 있다는 사실은 세상의 가장 위대한 발견이야. 문제를 해결하기에 앞서 가장 필요한 것은 정확한 '문제의 인식'이거든. 문제가 있다는 것을 정확히 파악하지 못한다면, 어떤 방법으로도 상황을 바꿔놓을 수가 없지.

한편, 무의식의 배심원들은 이 알아차림을 방해하는 데 혈안이 되어있어. 우리가 스스로를 있는 그대로 온전히 알아차리다 보면, 무의식 속의 정보의 오류가 자동적으로 수정되면서 자신들이 삭제되어버릴 것을 알기 때문이야. '나'를 지키기 위한 에고ego가 날 뛰게 되는 거지. 그래서 무의식의 배심원들은 내부의 원인을 분노, 억울함 등의 감정으로 돌려 외부의 대상에 투사하는 교묘한 방어기제를 펼쳐 우리의 주의를 알아차림과는 반대방향으로 향하게 만드는 거야.

지금까지 얼마나 많은 오류를 안고 살아왔는지는 중요치 않아. 마음은 항상 원점으로부터 스스로를 재인식할 수 있는 능력을 지니고 있으니까. 우리는 누구나 자신의 내면을 객관화시켜서 살펴보고, 정보처리상의 오류를 수정할 수 있지. 이러한 과정을 통해 올바른 사고가 가능해질 때, 우리는 자신이 진정으로 원하는 방향으로 창조의 에너지를 사용할 수 있게 되는 거야. 물론, 어느 정도의 노력은 필요하겠지?

마음을 알아차리는 방법

1. 감정이 올라올 때, 바로 반응하지 말고 잠시 멈춘다.

어떤 감정이 올라오면, 그 속에 함몰되어 휘말리지 말고 그저 나에게 그런 감정이 올라왔다는 '사실'만을 알아차린다. 예를 들어 남자친구와 저녁을 먹다가 "너 요즘 너무 뚱뚱해진 것 같은데, 그만 좀 먹어. 돼지 같아"라는 말을 듣는다면, 곧장 화를 내면서 반응하지 말고 대신 내 안에 '기분 나빠하는 무엇'이 일어나고 있음을 알아차린다.

2. 감정을 바라본다.

어떤 감정이 올라왔다면, 그것을 잠시 가만히 바라보라. 어떤 반응도 하지 말고, 그저 그것을 있는 그대로 세심하게 느끼고 관찰해보라.

3. 감정에 이름을 붙인다.

그것이 어떠한 감정인지 살펴보고, 가장 정확한 이름을 붙여본다. 예를 들어 남자친구가 돼지 같다고 놀렸을 때 그 기분 나빠하는 무언가가 '수치심'인지, '소외감'인지, '억울함'인지를 살펴보고 가장 정확하다고 생각되는 이름을 붙여본다.

4. 그 감정이 어디서 왔는지를 알아차린다.

이름을 붙이는 과정을 통해 감정의 특징을 파악했다면, 그 감정이 어디로부터 나타났는지를 살펴보라. 그것은 아마도 과거의 경험이 만들어낸 어떤 도식에 의해 나타난 반응일 것이다. 그것은 단지 내 기억의 잔재이자 부속물에 불과하므로, 나 자신을 그것과 동일시해야 할 이유는 어디에도 없다. 내 안에서 잠시 떠오른 하나의 감정일 뿐이다.

5. 그 감정을 알아차렸다는 사실을 알아차린다.

내가 감정의 출처를 밝히고, 그것의 무상함을 스스로 알아차렸다는 사실을 알아차려 보라. 하나의 감정으로부터 분리되어 나오면, 곧바로 새로운 생각과 감정이 잇따라 일어나곤 한다. 그럴 때는 그것들이 흐르는 대로 신속하게 그 움직임을 따라가면서 계속해서 알아차린다.

6. 알아차림을 계속 유지한다.

우리는 의식을 집중하여 알아차림을 해나가는 과정을 통해 이러한 알아차림의 상태가 줄곧 이어질 수 있다는 사실을 깨닫게 된다. 알아차림이 지속되면, 처음에 일어났던 생각과 감정은 잠재의식속의 오류로부터 일어난 것이며, 지금의 나와는 상관없다는 앎과 함께 감정의 분리가 일어난다. 알아차림에 익숙해질수록 우리는 마음을 통제할 수 있는 능력을 얻고, 평정심으로써 불필요한 언쟁과 다툼을 줄일 수 있게 된다.

무의식을 스스로 알아차린다는 것이 처음에는 어려운 일일 수도 있어. 하지만 자신의 감정들을 하나씩 둘씩 알아차리다 보면, 그건 지금 이 순간 필요 없는 감정이며, 과거의 찌꺼기로부터 올라온 기억의 잔재임을 알게 돼. 그렇게 나라고 생각했던 감정들로부터 나를 떼어놓는 데 익숙해지면, 더 이상 과거의 감정을 나와 동일시하지 않게 되기 시작하지. 머지않아 나와 분리된 감정은 더 이상 나에게서 에너지를 공급받지 못하고, 소멸해 버리게 될 거야.

이런 과정을 통해 불필요한 감정들이 제거되어 가는 동안 자가 치유가 일어나게 돼. 치유란 대단한 능력이 아니야. 그저 내가 아닌 것들을 구별해내어 나로부터 분리해냄으로써 온전한 나 자신을 찾는 아주 자연스러운 과정일 뿐이지. 이처럼 자가 치유란 특별한 사람들에게만 허용되는 기적이 아니라, 우리 모두가 일상적으로 행해야 하는 자기점검 모니터링의 자연스러운 부수물인 거지.

"저 사람이 널 쳐다보잖아. 아마도 네 몸매가 너무 뚱뚱해서 쳐다보는 걸 거야!"

"저 사람, 고양이를 너무 좋아하는데? 아마도 애정결핍인 게 틀림없어!"

"이걸 어떻게 한 번에 하라는 거지? 실패하면 어떻게 해? 난 실패가 너무 무서워!"

무의식은 끊임없이 우리에게 말을 걸면서 현재의 정보를 왜곡하려 할 거야. 혹시 너도 지금 무의식 속 배심원의 말을 듣고 있진 않니? 하지만 나의 진정한 주인은 바로 나이며, 배심원들의 고용주 또한 나야.

지피지기知彼知己면 백전백승百戰白勝. 적을 알고 나를 알면, 백 번 싸워도 백 번 승리하게 되지. 우리에게 필요한 건 올바른 알아차림뿐이야. 배심원들이 방해한다면, '배심원들이 방해하고 있구나' 하고 담담하게 알아차려야 해. 그리고 배심원들의 주장이 어디서 비롯된 것인지를 찬찬히 살펴봐야지. 그럼 배심원들은 더 이상 주인을 이길 수 없음을 깨닫고, 무의식 속에서 스스로 사라지게 될 거야. 우리는 진정으로 주체적인 삶을 살아가게 될 거고.

이제부터 그동안 알아차리지 못했던 무의식의 깊은 곳에 관심을 기울여보자. 무의식을 조금씩 들여다보면서 내면의 상처들을 치유하는 정화 작업을 해나가야 해. 엉망으로 엉킨 털실로는 스웨터를 짤 수가 없어. 뜨개질을 하려면, 먼저 털실의 엉킨 부분을 모두 풀어서 다시 반듯하게 감아야 해. 자신을 들여다보고 문제점을 파악하는 통찰에 익숙해지면, 무의식의 지배를 받지 않고 현실을 투명하게 바라볼 수 있게 될 거야. 그때 비로소 우리는 자신의 진실한 염원을 발견하게 되고, 그걸 그대로 우주로 전달할 수 있게 되는 거지.

집단 무의식과 집단 카르마

그가 태어날 세계의 모습은 하나의 허상으로서
이미 그의 내부에 타고 난다.

칼 융

무의식의 모든 원인이 단지 개인의 카르마는 아니야. 우리의 관념과 경향성을 구축하는 무의식의 프로그램은 인류라는 전체의 집단 무의식에 의해서도 만들어지기 때문이지. 집단 무의식이란 인간이라는 종의 조상 대대로 전해져 내려오는 그 지역만의 고유한 문화, 혹은 경험의 대물림을 뜻해. 집단 무의식은 하나의 거대한 정신에너지로서 현재를 살아가는 사람들의 의식을 지배하며, 강력한 에너지를 계속 생성해 내게 되지.

우리나라를 '한'의 민족이라 부르는 이유는 수천 년간 끊임없는 외부의 약탈과 침략에 의한 아픔과 기억을 간직하고 있기 때문이야. 일종의 집단 트라우마라고 볼 수 있지. 당장 내가 경험한 일은 아니지만, 선조들의 피의 DNA로부터 대물림되고 있는 집단의 무의식인 거야. 우리나라에 누가 조금만 건드려도 펑~하고 폭발할 준비가 되어있는 시한폭탄 같은 사람들이 늘어난 이유도 분노와 한을 바탕으로 형성된 집단 무의식 때문일 수 있어. '화병'이라는 것은 한국인들에게만 있는 특수한 질병으로 정신질환진단통계편람(DSM-4)에 등재가 될 정도이니, 그동안 한국인들의 정서 속에 억눌린 농축된 분노 에너지는 얼마나 크단 말이니?(최근 DSM-5부터는 화병이 다시 빠졌어).

각 나라마다 다른 문화권을 형성하는 것은 지역마다 대물림 되고 있는 무의식의 범주가 다르며, 그 무의식이 모여 독특한 그 나라만의 생활양식을 만들게 되기 때문이야. 나라마다 사람들의 성향이 각기 다르듯이, 그저 그 나라에 태어났다는 것만으로도 그 집단 무의식의 영향을 받게 되는 거야.

이렇게 개인의 의식은 집단의 영향을 받게 되지. 그리고 그 집단의 운명과 함께 하게 돼. 개인이 아무리 날고 기어도, 나라에 갑자기 전쟁이 일어난다면 국가와 운명을 같이 하게 되어버리지. 갑자기 모든 일상을 내려놓고 전쟁에 참여해야 할지도 모르고, 피난을 준비해야 할지도 모르지. 개개인의 모든 삶은 전체의 카르마에 의해 영향을 받게 되는 거야.

예를 들어 네가 들판에 피어있는 꽃이라고 해보자. 너라는 꽃은 어느 땅에서 자라느냐에 따라 잘 자랄 수도 못 자랄 수도 있어. 비옥한 땅이라면 꽃을 활짝 피울 테고, 척박한 땅이라면 금방 시들고 말겠지. 또한 지역적 환경도 중요하지만, 계절이라는 시간의 영향도 받게 될 거야. 따뜻한 봄이 오면, 마음껏 아름다움을 뽐내겠지만, 곧 추운 겨울도 찾아오니까. 물론, 운이 좋아서 누군가가 널 예쁜 화분에 심어 따뜻한 집에서 겨울을 나게 해줄 수도 있겠지. 하지만 대부분의 들꽃은 추운 겨울이 오면, 움츠린 채 힘든 시기를 보내야만 해. 이처럼 개개인의 삶에 계절이 있듯, 우주에도 계절이 있어. 우주의 계절이 바뀌면, 그 속에 살고 있는 모두가 영향을 받게 되지. 이건 개인의 카르마와는 전혀 상관없는 또 다른 개념이야.

요즘 전 세계를 긴장시키고 있는 코로나19 팬데믹의 경우도 마찬가지야. 바이러스 자체는 개개인의 문제가 아니지. 하지만 어쩌면 오랫동안 자연을 파괴해온 인류의 전체적인 집단 카르마와 그것을 방관해온 집단 무의식의 결과 일 수도 있어. 그 영향을 우리 개개인이 고스란히 받고 있는 거고.

미국의 핵과학자회(BAS)가 관리하고 있는 '지구 종말 시계'는 이제 종말 100초전을 가리키고 있어. 인류는 실제로 매우 위태한 나날을 보내고 있지. 이러한 현실을 자초한 것은 모두 인간들의 욕심임을 기억해야 해. 인간은 자신들의 편의와 이득을 위해 자연의 질서들을 파괴했고, 인간을 위한 문명을 세웠지. 오늘날 발생하는 수많은 기근, 환경오염, 자연재해와 전염병 등의 원인 중 대부분은 인간들이 자연의 생태계를 파괴하면서 만들어진 인과들 때문이야. 인류의 생존을 위협하는 여러 요소들은 자연의 흐름을 거스름으로써 발생하는 일종의 지구자정작용인 거지. 자연의 입장에서는 오히려 인간들이 자연의 프로그램을 거스르는 '바이러스'같은 존재가 아닐까?

우리의 삶은 유기적으로 복잡하게 얽혀 있어. 그래서 집단 무의식과 집단 카르마의 영향 또한 받게 되는 거야. 때때로 개개인의 삶보다는 전체의 삶에 편승해서 생각하고 행동해야 할 때도 있지. 코로나19와 같이 지구 전체가 직면한 문제들을 해결하기 위해서는 조금 더 넓은 차원의 인과를 이해하고, 그 문제를 자신의 문제로 받아들이며, 적극적으로 해결하려는 자세가 필요해.

개인의 명상이 실제 사회의 문제를 해결할 수 있다는 사례 중, 가장 잘 알려진 한 가지는 1993년 미국의 워싱턴 DC의 명상 실험이야. 당시 워싱턴 DC는 세계에서 가장 폭력 범죄가 많이 일어나는 도시 중에 하나였어. 1986년부터 1992년까지 범죄율이 77%(연 증가율 11%)나 증가했었지. 이에 초월명상을 하는 명상가들은 명상을 통해 실제 범죄율을 20% 이상 감소시킬 수 있을 거라고 예견했어. 하지만 누구도 믿지 않았어. 명상을 하는 게, 범죄율과 무슨 상관이 있다고? 말도 안 되는 괴변이라고 생각했을 거야. 그런데 실제로 명상가들이 명상을 시작하자, 범죄율이 줄어들기 시작했어. 매주 명상에 참여하는 자들의 수가 최대가 되는 시점에 정말 중대 범죄의 발생 건수가 23%나 감소했지.

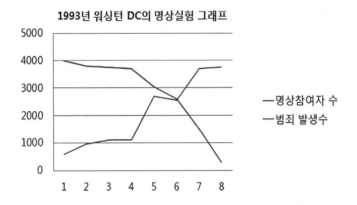

1993년 워싱턴 DC의 명상실험 그래프

개인의 삶의 전적인 책임이 개인에게 있듯, 전체의 삶의 책임도 그곳에 속한 개인에게 달려 있어. 우리는 때로 사회 전체의 문제를 해결하기 위해 가장 작은 유닛인 나를 정화하기도 해. 결국 전체라는 것도, 내가 있기에 존재하는 거니까. 나를 정화하는 것만으로도 내가 속한 사회전체를 변화시킬 수 있다는 사실이 놀랍지 않니?

집단 카르마 정화하기

우리가 직면한 사회 문제 또한 내가 포용하고, 정화해야 할 대상이다. 우리는 그 공동의 현실을 창조한 원인들이기 때문이다. 따라서 사회문제에 전적인 책임을 갖고, 당장 나의 삶과 직접적인 관계가 없더라도 관심과 사랑의 에너지를 보내는 것이 필요하다. 우리는 자기 정화와 명상만으로도 사회의 긍정적인 변화에 일조 할 수 있다.

1. 요즘 제일 문제가 되는 사회 문제는 무엇인가?

_____

_____

2. 1번의 원인은 무엇인가?

_____

_____

3. 나는 1번에 대해 어떻게 반응하고 있는가?

_____

_____

4. 1번에 대한 부정적인 감정을 적어보자.

_____

_____

5. 4번은 나의 무엇으로부터 비롯되었는가?

_____

_____

6. 모든 원인을 나에게로 돌리고, 나를 비우고 정화하라.

7. 평화로운 고요함속에 머물며, 나와 주위 공간을 평화와 사랑으로 가득 채우는 상상을 해보라.

인과법칙을 초월하라

모든 '바람'은 '결핍'이라는 전제로부터 발생하게 돼. 즉, 나의 모든 염원은 원하는 결과를 만들어냄과 동시에 원치 않는 부정적 결과도 만들어내게 되지. 삶이 불만족스럽게 느껴지는 이유는 원치 않는 상황들을 자주 마주치게 되기 때문인데, 그마저도 스스로 창조한 결과물이라는 걸 알아야 해.

우리는 늘 원하는 상황이 실현되기를 바라지. 하지만 그 '바람'이 순수한 목적이 아니라, 잠재의식 속의 부정적 기억들로부터 나온 것이라면 만족스러운 결과를 얻기가 힘들어. 오히려 새로운 인과관계에 의해 삶이 더 복잡하게 꼬이기 십상이지.

우리는 새로운 문제가 등장할 때마다 외부의 전문가에게 도움을 구하기도 해. 하지만 그 효과는 결코 지속적이지 않지. 또 다른 문제들이 잇따라 일어나기 때문이야. 스스로 또 다른 문제들을 계속 만들어내는 거지. 그렇기 때문에 내 안의 창조력을 조절하고 사용하는 방법을 알아야 하는 거야.

하지만 자신의 욕망의 근원이 무엇인지를 스스로 알아낼 수 없는 경우도 있어. 그럴 때 한 가지 대안이 있지. '바라지 않는 것'. 바라지 않으면, 동기가 되는 정신에너지가 존재하지 않기 때문에 인과가 만들어지지 않게 돼. 아무것도 바라지 말라니, 그럼 우리가 진정으로 바라는 삶은 어떻게 창조하란 말이냐고? **'바람 없는 바람'**을 하면 돼. '바람 없는 바람'이란 이유가 없는 바람, 결과에 집착하지 않는 바람, 즉 순수한 바람을 의미해. '바람 없는 바람'은 언어적 모순 같지만, 이 우주는 바로 그런 모순 속에 존재하고 있거든.

<u>바람</u>　　없는　　<u>바람</u>
현재의식　　　잠재의식

　대부분의 사람들은 개인적인 욕망으로써 많은 것들을 바라지. 이러한 바람은 나의 결핍을 채우기 위해 일어나는 생각들이야. 어쩌면 내가 원하는 삶을 가져다주기보다는 오히려 내 삶을 더 고달프게 만드는 원흉일지도 모르지. 욕망에 의한 바람은 불필요한 또 다른 결과를 만들어내거든. 바라지 말라는 이유는 '거짓의 나'가 자신의 욕망을 채우기 위해 이것저것을 바라는, 즉 '표피적인 바람'을 그칠 때 비로소 '본연의 나'가 나아가야 할 길이 드러나기 때문이야. 이게 우리 삶의 진정한 목적이고, 내면에서 솟아나는 순수한 바람이지.

　'바람 없는 바람'이란 '거짓의 나'가 욕망의 바람을 그칠 때 드러나는 '진짜 나'의 바람인 거야. 순수한 바람은 이해타산을 초월하여 모두를 위하는 순수한 동기를 지녀. 개인적인 나를 위한 바람이 아니라 내가 소멸된 무아無我의 바람이지. '바람 없는 바람'이 이루어질 때, 우주는 나의 바람대로 현실을 창조해주기 시작해. 무아의 창조는 특정한 의념을 가지고 끌어당기는 창조와는 전혀 성질이 다른 거지.

> ### 바람 없는 바람하기
>
> 1. 현재 바라는 것을 일단 완벽하게 멈춘다.
> 2. 심층 초기 명령어를 찾아낸다.
> 3. 심층 초기 명령어를 확언으로 만든 뒤, 단지 '인식'만 한다.
> 4. 모든 의도를 내려놓고, 제로 포인트에 머문다. 평정하고 고요
>   한 상태에 머문다. 이어 제로명상에 들어간다.
> 5. 일상적인 생활을 지속하며 기본적인 인과를 만들어 나간다. 하
>   지만 그것을 의도적으로 이루려고 애쓰진 않는다. 이미 무위의
>   에너지는 작동하고 있기 때문이다.

바람 없는 바람을 하기 위해서는 먼저, 현재 의식의 모든 바람을 내려놓아야해. 그것들은 내가 진정으로 원하는 게 아닐 확률이 높거든. 일단 모든 바람을 멈춘 뒤, 자기 자신을 깊숙이 관찰함으로써 정확한 심층 초기 명령어를 찾아내야 해. 주의해야할 점은 이것도 바라지 않아야 한다는 거야. 모순처럼 느껴져도, 그렇게 해야만 해. 그것은 우주의 상대성의 펜듈럼을 건드리지 않기 위해서야. 모든 걸 멈추고, 내려놓도록 해봐. 심층 초기 명령어는 결핍에서 비롯된 것이 아닌, 순수하고 담백한 것일수록 좋아. 그리고 우주에 점을 찍어 놓듯이 심층 초기 명령어를 하나의 정확한 확언으로 바꾸도록 해. 그걸 내 무의식 속에 넣어 두는 거야. 그 후에는 더 이상 바라지 않아야 해. 그저 제로 포인트에 머물면서 우주의 의식과 동조 상태를 유지하는 거지. 이렇게 우리의 모든 생각이 끊어진 제로 상태가 되면 우주와 접속

할 수 있게 되고, 무한한 우주의 에너지를 실제적으로 우리에게 끌어다 올 수 있게 되는 거야.

심층 초기 명령어 찾는 과정

초기 명령어를 발견했다면, 계속해서 '왜'라는 질문을 던지며 더 심층 초기명령어를 찾아 내려가 보자.

나는 빨간 스포츠카를 원해
-> 초기명령어 찾기 : 그것이 정말 내가 원하는 것일까? 왜?
　수정 : 사실 나는 따뜻한 관심이 필요해.
↓
나는 따뜻한 관심을 원해
-> 초기명령어 찾기 : 나는 왜 관심 받고 싶어 하는 것일까?
　수정 : 어렸을 때 엄마의 사랑을 많이 받지 못했어.
↓
나는 엄마의 사랑을 원해
-> 초기명령어 찾기 : 엄마의 사랑은 왜 받고 싶은 것일까?
　수정 : 글쎄… 그냥 원해.

생각과 모든 바람이 멈춰진 제로 상태라는 것은 마치 펜듈럼의 진동을 계속해서 0으로 유지하는 상태를 말해. 모든 생각이 멈춰진 절대적인 고요의 상태. 원하지도, 원하지 않지도 않는 모든 것이 멈춰버린 순간이지. 하지만 아무것도 존재하지 않고, 아무것도 이루어지지 않을 것만 같은 그 순간에도 내가 원하던 본래의 바람은 잊혀 지지 않아. 모든 사유가 멈춰버려도 무의식에서는 우리가 간절히 바라는 것을 늘 기억하고 있기 때문이야. 다시 말해 바라지

않아도 바람은 존재함과 동시에 나의 모든 생각과 행위는 일어나지 않는 상태인 거지. 분명 모든 것이 멈춘 순간임에도 불구하고 우리가 원하는 것들이 일어나게 된다는 거야. 이게 곧 바람 없는 바람의 핵심 인 거야.

빨간 스포츠카를 원하던 네 바람의 심층 초기 명령어가 엄마의 사랑에 대한 갈망이었음을 발견하고, 그것이 회복되기를 바랐을 때 놀라울 만큼 정확하게 심층 욕구에 맞는 현실들이 나타나기 시작해. 어쩌면 정말로 빨간 스포츠카가 눈앞에 나타날 수도 있지. 하지만 너의 무의식은 꼭 빨간 스포츠카가 아니더라도 만족할 수 있게 돼. 이를테면 엄마로부터 걸려온 전화 혹은 새로운 연인과의 만남에도 만족할 수 있게 된다는 말이야. 그 이유는 너의 잠재의식에 존재하는 결핍이 소거되었기 때문이야. 우리의 근원의 바람이 정확하게 무엇인지 몰라도 상관 없어. 무언가 함(doing)을 멈출 때, 무의식은 자연스럽게 우리가 원하는 쪽으로 우리를 이끄니까. 그저 우리는 모든 생각과 행동을 멈추는 것에만 신경 쓰면 돼. 할 수 있는 한 가능한 멈춰 봐. 놀라운 일들이 일어나기 시작할 테니까.

의식이 제로와 접속되어있는 상태에서는 모든 일이 술술 자연스럽게 풀리기 시작해. 불가능하게만 보였던 일들도 신기하게 해결되어버리지. 우주 에너지의 흐름에 막힘이란 없기 때문이야. 불특정한 사람들에게 도움이 되는 바람이라면 더더욱 그러해. 자신만을 위한 바람이 아니라, 타인들을 위해 순수하게 빌어주는 축복이 이에 해당해.

순수한 바람은 특별한 속성 값을 띠고 있지 않아. 그래서 우주에 순수한 바람의 진동이 전달되면, 방해없이 곧바로 현실로 나타나게 돼. 불특정 대상을 위해 축언을 할 경우에는 그 에너지가 도착할 대상이 따로 정해져 있지 않기 때문에 대상과의 인과관계에 영향 받는 과정 없이 그대로 작용하게 되지. 물질적인 환경조건만 갖춰지면, 곧장 현실화될 수 있는 거야.

한편, 자신의 삶 속에 작용하는 인과관계를 모두 다 알 수는 없는 일이기 때문에 가능한 한 인과관계를 보태지 않도록 주의해야 해. 우리의 행동 하나하나는 그 자체로 원인이 되어 또 다른 결과를 불러오게 되기 때문이지.

인과의 법칙을 초월하여 살아가는 유일한 방법은 그 원인에 해당하는 '동기'를 없애버리는 거야. 그래야만 우리가 품게 되는 '바람 없는 바람'이 결과에 얽매이지 않고, 그 자체로 삶의 목적이 될 수 있거든. 그때 우리에게는 오직 순수한 행行과 체험에서 오는 기쁨만이 남게 돼. 인과의 법칙을 초월하는 바람이며, 무위의 삶인 거지.

만약 불우이웃을 도울 때 자신을 '좋은 사람'으로 봐줄 것을 기대하거나, 누가 시켜서 하거나, 그들을 동정했다면 그 행위에는 자신의 특정한 동기가 배어들게 되어버려. 그리고 그 결과가 기대한 바와 다르게 나왔을 때 불편함, 분노, 배신감 등의 감정에 시달리게 되지.

지하철에서 구걸하는 노인에게 매일 3천 원씩 적선한 착한 아주머니가 있다고 해보자. 아주머니는 자신의 아버지와 비슷한 나이대의 노인을 불쌍하게 여겨서 볼 때마다 돈을 건네곤 했지.

그러던 어느 날, 아주머니는 그 노인이 외제차에 올라타는 모습을 목격하게 되었어. 노인은 자리를 주섬주섬 정리하고 나가더니, 대기하고 있던 벤츠의 뒷좌석에 태연히 앉는 게 아니야? 순간 아주머니는 여러 가지 생각에 사로잡히게 됐지. 그 노인이 더 이상 불쌍하게 여겨지지 않았어. 오히려 자기보다 훨씬 부자가 아닐까 하는 의심에 분노마저 솟구치게 되었지. 그 후로 아주머니는 구걸하는 사람들에 대한 강한 불신이 생겼고, 단 한 푼도 기부 하지 않게 됐어…

과장을 보태긴 했지만, 이처럼 현실은 우리의 기대와는 다른 모습으로 나타나곤 해. 그 이유는 우리는 늘 어떤 바람을 품은 채 현실을 대하기 때문이야. 만약 아주머니가 정말 순수한 마음으로 돈을 건넸다면, 도움을 구걸한 노인이 벤츠를 타고 다니든 돈다발을 세든 마음이 흔들릴 이유가 없었을 테지. 어떠한 바람도, 목적도 결부되지 않았다면 말이야. 이게 바로 제로 에너지, 즉 영점 에너지를 사용하는 방법이야. 에너지를 사용하지만, 그 바람 자체에는 어떠한 에너지도 실려 있지 않기 때문이야.

'바람 없는 바람'에 의한 행동이란 이런 거야. 하지만 많은 사람들은 '바람 없는 바람'을 실천하는 대신, 자신의 생각과 행동에서 특별한 의미를 느끼고 싶어 하지.

아주머니의 선한 행위는 그 자체로 목적을 달성한 것과 다름없어. 그런데 왜 아주머니는 분노하게 됐을까? 그 노인에게 무엇을 바랐던 걸까? 그 노인이 매일 밥을 굶는 처지가 아니라니, 오히려 다행이라고 생각할 수도 있지 않을까? 아니면 그 노인을 통해서 '저런 사람도 사는데…'라는 위안을 받아왔는데, 그 믿음이 깨져서 자괴감이 들었던 걸까?

'바람 없는 바람'과 '바람 없는 행위' 자체를 목적으로 삼는 삶은 실로 아름다워. 거기에는 우리의 거짓된 욕구가 투사되지 않았기 때문에 또 다른 인과를 발생시키지 않거든. 서로를 분리시키는 판단과 감정도 일어나지 않지. 그저 모든 일이 자연스럽게 흘러가게 돼. 그리고 아이러니컬하게도 내가 마음속 깊이 원했던 행복이 실현 되게 되지. 마치 우주의 선물처럼 말이야.

너무 먼 이야기처럼 느껴지니? 그렇지 않아. 우리는 삶 속에서 이와 같은 경험을 이미 숱하게 해왔어. 간절히 원하는 건 이루어지지 않지만, 잠깐 떠올렸다 잊어버렸던 소소한 생각들은 대단히 잘 이루어지는 경험처럼. 그때 우리는 어렴풋이 '욕심을 버리면 이루어진다'는 느낌을 받게 되지. 네가 느끼는 게 진실이야.

실제로 '의도'가 잔뜩 들어간 염원을 이뤄내는 것보다 '바람 없는 바람'을 성취하는 일이 훨씬 더 쉬워. 후자는 인과의 법칙을 초월하기 때문이야. 어쩌면 우리는 그렇게 살기 위해 존재하는지도 모르지.

의식을 제로 포인트에 가져다놓고, 인과법칙을 초월하여 매 순간이 목적인 삶을 살 때, 우주는 우리에게 꼭 필요한 것들을 때맞추어 기꺼이 내어놓게 돼. 제로 포인트에서 '바람 없는 바람'으로 일으킨 창조의 에너지는 자연스럽게 현실을 꽃피우며, 어떠한 걱정도 근심도 불러일으키지 않게 되지. 그때 우리는 우리가 그토록 바라왔던 삶을 스스로 창조하게 되는 거야.

우리는 지금껏 행복하기 위해서는 뭔가를 가져야 하고, 뭔가를 갖기 위해서는 그만큼의 대가를 치러야 한다고 배워왔어. '끌어당김의 법칙'도 정신 에너지를 대가로 치러야 한다는 점에서 그러한 유위법에 속하게 되는 거야.

하지만 '바람 없는 바람'은 정신에너지가 아니라, 우주의 순리에 자신의 삶을 맡겨버리는 거야. 그럼 우리는 상상도 하지 못했던 축복과 창조의 순간들을 마주하게 될 수 있지. 내부의 프로그램을 비우고, 우주와 하나가 되어 우주의 에너지를 그대로 받아들일 때라야 비로소 우리는 진정으로 바라던 모든 것을 창조하며 풍요로운 삶을 누릴 수 있게 돼.

쉽지 않니? 그냥 네 자신을 믿고, 모든 걸 맡겨 봐!

JUST DO IT

제로명상

    제로명상은 우리의 의식을 제로에 두기 위한 명상이다. 모든 생각을 멈추고, 그저 텅 빈 제로지점에 머무는 명상이다. 현실창조를 위해서는 반드시 숙달해야 하는 의식 상태이다. 마음의 동요가 있거나, 의식을 제로로 세팅해야 할 때 하면 유용하다.

1. 자리에 편안하게 앉는다.

2. 숨을 편하게 들이마시고, 내쉬면서 호흡을 편안히 한다.

3. 제로 명상은 어떠한 것을 관찰하거나, 알아차리기 위한 것이 아니다. 오직 현존을 위한 명상이다. 무언가를 하려던 모든 동기를 멈추고, 치우치지 않은 상태에서 편안하게 호흡을 지속한다. 하지만 호흡을 바라보거나 알아차리는 것은 아니다. 자연스럽게 일어나는 호흡을 그저 느낀다.

4. 이 명상의 규칙은 자동적으로 일어나는 인지를 멈추고, 그저 존재하는 연습을 하는 것이다. 우리는 습관적으로 무언가를 계속 인지하거나, 생각하려고 할 것이다. 어떤 생각에 빠져있는 것 또한 제로는 아니다. 생각은 과거와 미래의 어느 지점이다. 어느 생각이 떠오르면 그것에서 빠져나와 다시 텅 빈 공간으로 돌아온다.

5. 제로의 지점은 그저 텅 빈 공간이다. 아무것도 하지 않아도 충만한 상태이다. 그저 자연스러운 호흡이 흐르도록 하면서 제로 상태에 계속 머문다.

휴먼 프로그래밍 리셋의 과정

바람 없는 바람의 의식 상태와 창조자의 의식 상태로 변화하게 만드는 것은 우리의 휴먼프로그램을 리셋(reset)했을 때 가능해져. 우리는 태어날 때부터 기본적인 동기와 욕구, 바람을 가지고 있어. 현재 체험해야만 하는 것이 있거나 이루고 싶은 것이 있는 경우에는 그걸 일단 하면 되지. 하지만 되는 일이 없거나, 삶의 이유를 모르는 사람들의 경우에는 자신의 휴먼 프로그램이 어떻게 되어 있으며, 의식과 무의식의 정보체계가 어떻게 되어있는지를 꼭 확인해 봐야 해. 불필요한 정보들이 축적이 되어서 스스로를 치유하는 리프로그밍 작업조차 제대로 이루어지지 않고 있는 상태이기 때문이야. 이러한 상태를 개선시키기 위해서는 컴퓨터를 포맷시키듯 우리의 휴먼 프로그래밍을 리셋 시키는 작업을 해야 해.

휴먼 프로그래밍의 리셋작업은 우리의 모든 정보체계들을 새로 리셋시키는 것을 의미해. 그 동안 우리가 알고 있던 모든 정보와 관념체계를 버리고, 스스로 새롭게 구축하는 단계를 말하는 거지.

우리는 그 동안 '나'라고 알아왔던 상(image)을 구성하며 살아왔어. 그 것은 남들이 나에게 만들어준 상일지도 모르며, 스스로 만든 상일지도 모르지. 나의 관념들은 나의 고유한 틀(Frame)을 구축하게 돼. 그것이 고착화 되면 고정관념이 되어 나의 시선대로 세상을 규격화하기 시작하지. 사실은 이러한 틀에 의해 오류가 발생하게 된 거야. 따라서 그 동안 '나'라고 알아왔던 모든 것들을 제거했을 때, 무엇이 남는가에 대한 인식을 스스로 느끼게끔 하는 리셋과정이 필요한 거야.

내가 '나'라고 생각해왔던 모든 상을 버렸을 때, 과연 무엇이 남을까?

Who are you?

우리는 '나'는 무엇인가라는 것에 대한 질문을 스스로 하게 돼. 모든 관념체계가 사라졌을 때, 과연 무엇을 '나'라고 부를 수 있을까? '나'를 제거하고 나면 우리는 자아초월(Transpersonal)상태를 경험하게 되지. 아무 주입된 정보도 없는 순수한 나의 존재(being)상태로 존재하게 돼. 한 가정의 딸도 아닌, 학생도 아닌, 여자도 아닌, 대한민국도 아닌, 공부 잘하는 사람도 아닌, 쾌활한 성격의 소유자도 아닌… 표현할 수 없는 그 상태만이 남게 되는 거지. 어쩌면 그 상태가 나의 진짜 모습일 거야. 우리가 '나'라고 알고 있었던 군더더기의 정보들이 사라진, 담백한 나. 이와 같은 자아초월 상태에서 우리는 새로운 시야와 세계를 경험하게 돼. (2장에서의 workbook - I am I를 반복해서 하면 도움이 될 거야!

휴먼 프로그래밍의 리셋과정은 타고난 휴먼프로그램의 초기화이기도 하지만, 우리가 살아온 모든 인위적인 정보들을 초기화 하는 과정이기도 해. 그동안 우리가 살아온 이분법적인 세계의 정보들과 한계를 규정지었던 정보들을 모두 리셋 시키고, 새로운 정보인 양자의 초월세계와 무한한 우주의 자연 시스템을 다시 세팅시키는 거지.

이것은 새로운 창조의 시작이며, 온전한 우주의 에너지의 사용, 우주의 흐름에 맞게 살아가기 위한 기본 동조과정이야. 휴먼 프로그래밍을 리셋시키지 않으면, 우리는 우주의 시스템을 이용할 수가 없거든. 휴먼 프로그래밍은 우리의 삶에 알맞게 프로그램 된 시스템일 뿐이야. 따라서 우리가 우리의 삶을 새롭게 창조하기를 바란다면, 일단 우리의 의식체계를 새로 세팅해야 하는 거지. 가득 찬 독에 새로운 물을 부을 수 없듯이, 새로운 법칙과 새로운 에너지를 받아들이기 위해서는 고인 물을 버리고, 나를 비운 상태를 유지해야 하는 거야.

휴먼 프로그래밍의 리셋과정은 모든 '나'라는 이미지를 버리는 자아초월프로그램을 통해 진행 돼. 나라고 할 만한 모든 것들을 포맷 해버림으로써 진실한 존재로서의 나를 재발견하게 되는 초월의 순간을 맞이하게 되지. '나'라고 하는 이미지를 버리는 일을 혼자서 하기는 매우 어려워. 이를 도와줄 사람이나, 훈련을 받은 전문가가 필요하지. 만약 전문가의 도움을 받기 어려운 상황이라면, 스스로를 알아차림 함으로써 셀프 포맷 작업을 시도해 볼 수도 있어. 다음의 워크북을 차근히 해나가면, 셀프 포맷 방법을 익힐 수 있을 거야.

휴먼 프로그램 포맷하기 1

1. 내가 싫어하는 것들을 체험했을 때, 어떠한 감정이 올라오는지를 관찰한다. 가장 싫어하는 상황을 10가지를 적어보자.

2. 1번에 적은 것들 중, 한 가지 상황을 직면한다. 실제로 그와 비슷한 상황을 조성하고, 체험해본다. 이때 어떠한 감정들이 올라오는지 적어보자.

3. 2번에서 올라온 불쾌한 감정을 I am I 기법을 통해 나와 분리시키는
연습을 해보자.

- 나는 _____ 가 불쾌하다.

- 불쾌한 _____ 이 나인가?

- 나는 _____ 감정을 일시적으로 느끼

  고 있는 중이다.

- 나는 무엇인가? _____

- 아무 감정에 휘둘리지 않는 나를 가만히 느껴보자.

- 그 감정을 가만히 바라보자. 그 감정은 내가 아니다. 그 감정은 어디

로부터 나온 것일까?

4. 제로명상을 한다.

싫기 때문에 직면하지 못했던 상황들을 위와 같은 방법으로 하나씩 직
면함으로써 싫은 것에 대한 정보를 삭제하고, 더 이상 싫은 것이 나에게
영향을 미치지 않도록 포맷시킨다.

휴먼 프로그램 포맷하기 2

I. 내가 좋아하는 것들을 체험했을 때, 어떠한 감정이 올라오는지를 관찰한다. 가장 좋아하는 상황을 10가지를 적어보자.

2. 1번에 적은 것들 중, 한 가지 상황을 직면해본다. 실제로 그와 비슷한 상황을 조성하고, 체험해본다. 이때 어떠한 감정들이 올라오는지 적어보자.

3. 2번에서 올라온 좋은 감정을 I am I 기법을 통해 나와 분리시키는 연습을 해보자.

- 나는 _____ 가 좋은가?
- 좋은 _____ 이 나인가?
- 나는 _____ 감정을 일시적으로 느끼고 있는 중이다.
- 나는 무엇인가? _____
- 아무 감정에 휘둘리지 않는 나를 가만히 느껴보자.
- 그 감정을 가만히 바라보자. 그 감정은 내가 아니다. 그 감정은 어디로부터 나온 것일까?

4. 제로명상을 한다.

좋아하는 한 가지에 대한 질문을 계속해서 하다 보면, 처음에 그것을 좋아했던 이유의 타당성이 모호해진다. 무엇 때문에 그것을 좋아하게 되었는지가 불확실해지며, 명확한 이유가 없거나 다른 이유로 대리만족을 느끼고 있었다는 사실을 발견하게 된다. 이를 알아차리고, 나머지 것들도 같은 방법으로 초기화시킨다.

휴먼 프로그램 포맷하기 3

1. 원하거나 하고 싶은 것들에 대해 생각해보고, 10가지를 적어보자.

_____

_____

_____

_____

_____

2. 그것이 진짜 원하는 것인지를 스스로 질문해보자. 지속적인 자문자답을 통해 진정으로 원하는 것만 남겨놓고, 모두 삭제해 보자.

3. 남아있는 것들에서 초기 명령어를 찾는 작업을 해보자.

-내가 원하는 것 : _____

-왜 그것을 원하는가? (첫 번째 질문)

_____

_____

-왜 그것을 원하는가? (첫 번째 질문에 대한 질문)

_____

_____

_____

-왜 그것을 원하는가? (두 번째 질문에 대한 질문)

_____

-세 번째 질문의 답을 통해 내가 진정으로 원하는 것을 찾아 적어
보자. (초기 명령어)

_____

-찾아낸 초기 명령어가 처음 내가 원했던 것과 얼마나 다른지 비
교해보자.

4. 초기명령어의 결핍(상대성)을 찾아보자.

5. 제로명상을 한다.

원하는 것들은 어떠한 결핍으로 기인된다. 그 결핍은 내가 살아오면서
아직 충족되지 못한 체험의 단편들이다. 결핍은 오직 체험으로써 충족되
어야 한다. 내가 여전히 경험하고 싶어 하는 것들을 발견했다면, 그것들
을 체험해 볼 방법들을 생각해보도록 하자.

휴먼 프로그램 포맷하기 4

I. 내가 옳다고 생각하는 신념 10가지를 적어보자.

2. 내가 옳지 않다고 생각하는 신념 10가지를 적어보자.

3. 내가 선하다고 생각하는 신념 10가지를 적어보자.

4. 내가 악하다고 생각하는 신념 10가지를 적어보자.

_____

_____

_____

_____

5. 1번과 2번의 신념들 중에서 상대성으로 연결되어 있는 것을 찾아 연결해보자.

6. 3번과 4번의 신념들 중에서 상대성으로 연결되어 있는 것을 찾아 연결해보자.

7. 1~4번의 신념들 중에서 비슷한 것들끼리 연결해보자.

8. 연결된 신념들을 확인하며, 나는 주로 어떠한 신념들을 가지고 있는지 생각해 보자.

_____

_____

_____

_____

9. 그 신념은 당신에게 어떠한 의미가 있는가?

10. 그 신념은 언제 처음 만들어진 신념인가? 당신의 기억과 경험을 더듬어보자.

11. 제로명상을 한다.

휴먼 프로그램 포맷하기 5

1. 내가 해야만 한다고 생각하는 것 10가지를 적어보자.

2. 나는 그것들을 왜 해야만 한다고 생각하는가?

3. 그것들을 하지 않으면 어떻게 될 것 같은가?

4. 실제로 그것들을 하지 않았을 때 무슨 일이 일어나는가?

5. 나는 무엇을 두려워하는가?

6. 그 두려움과 유사한 과거의 기억이나 경험이 있는가?

7. 나는 무엇을 원하고 있는가?

8. 만약 내가 진심으로 원하는 것이 충족된다면, 여전히 1번에 적은 것을 원하겠는가?

9. 제로명상을 한다.

휴먼 프로그램 포맷하기 6

1. 휴먼 프로그램 포맷작업을 하면서 가장 마음에 걸리는 것들은 무엇인가?

2. 올라오는 감정 중에 두려움이나 의심과 같은 감정이 있다면 적어보자.

3. 아마도 여러 방어기제들이 부정적인 감정으로 올라올 것이다. 그러한 감정들은 경험되면 사라져버릴 것들이다. 감정에 빠지지 말고, 담담하게 감정을 바라보자. 그리고 I am I 기법을 이용해 그 감정과 당신을 분리시켜라.

- 나는 _____ 감정이 올라오는가?
- 그 _____ 감정이 나인가?
- 나는 _____ 감정을 일시적으로 느끼고 있는 중이다.
- 나는 무엇인가? _____
- 아무 감정에 휘둘리지 않는 나를 가만히 느껴보자.
- 그 감정을 가만히 바라보자. 그 감정은 내가 아니다. 그 감정은 어디로부터 나온 것일까?

4. 제로명상을 한다.

방어기제는 당신의 도식이 건드려질 때마다 올라올 것이다. 당신의 프로그래밍이 바뀌는 것을 방해할 것이다. 아마 포기하고 싶은 마음, 직면하고 싶지 않은 마음, 의심스러운 마음이 들지도 모른다. 그것은 아주 자연스러운 현상이다. 그것에 속지 말고, 다음 워크북을 계속 해나가자. 그리고 올라오는 감정들을 바라보며 분리해내고, 고요한 제로상태에 머물러보자. 부정적인 감정들이 점점 줄어들면서, 강렬한 신념들이 부드러워지기 시작할 것이다.

휴먼 프로그램 포맷하기 7

I am I 작업을 다시 해볼 것이다. 이것은 그동안 나라고 알고 있던 모든 허상들을 삭제하고 본래의 나를 인지하기 위한 작업이다. 나는 아무것도 규정지을 수 없는 '나'이다. 나를 구성하고 있는 모든 수식어를 삭제하는 연습을 한다.

1. 나를 표현하는 모든 단어들을 적어보자. (예) 돈 없음, 키가 큼, 뚱뚱함 , 의사 등

　　　　나는 ───────────────── 이다,

2. 단어들을 차례대로 바라보면서 그것이 정말로 나인지, 나를 표현해 주는 수식어 인지 생각해 보자. 나를 표현해 주는 수식어라면 하나씩 삭제를 하면서 내가 그것을 가지고 있지 않아도 나는 존재하는가를 생각해 보자. 삭제해도 내가 존재할 수 있다면 과감히 하나씩 지워나가 보자. 예를 들어 나는 돈이 없다고 생각했는데, 돈이 없는 게 나인가? 나를 표현해 주는 하나의 수식어인가를 살펴보자. 돈이 있고 없고는 내가 아니다. 나는 그저 돈이 없는 상태를 나라고 착각을 하고 있었던 것이다. 그렇다면 돈 없음을 삭제하고 다른 단어를 다시 바라보고 같은 과정을 반복해보자.

3. 모든 단어들을 하나씩 다시 바라보면서 그동안 수식어가 나라고 착각하면서 살아왔던 자기 자신을 발견해 보자. 그리고 모든 수식어가 사라진 온전한 '나'를 느껴보자. 모든 삭제 작업이 끝나게 되면 아무것도 존재하지 않는 'I am I'를 느껴보자.

세상에 그 어떤 단어도 나를 규정지을 수는 없다. 수식어가 들어갈 자리에 나를 넣자. 그리고 온전한 나 자신을 느껴보자.

나는 —— 이다.

4. 지금의 이 느낌을 기억하자. I am I. 모든 수식어가 제거된 온전한 나를 느껴보자.

5. 제로명상을 한다.

휴먼 프로그램 포맷하기 8

1.나는 누구인가에 대한 질문을 스스로 해보자.

2.나를 표현하는 단어가 떠오르면, I am I 작업을 통해 삭제한다.

3.나라고 할 만한 것이 떠오르지 않아도 좋다. 굳이 언어로 표현하려 애쓰지 않아도 된다. 가만히 눈을 감고, 본래 그 느낌에 머물러보자. 어떤 언어로도 표현할 수 없는 내 자신을 가만히 느껴보자. 나를 규정지을 필요는 없다. 그저 존재하는 나를 느낀다.

4. 그대로 자연스러운 제로명상 상태로 들어간다.

8단계까지 모두 진행하고 나면, 우리는 아무 정보도 없는 초기화상태로 돌아가게 돼. 나라고 할 만한 모든 정보를 비롯한 모든 관념들이 제거되었을 때 우리는 자아초월상태에 이르게 되지. 이때의 나는 본연의 가장 순수한 존재 상태야.

자, 이제부터는 우리를 보다 확장시킬 수 있는 새로운 개념에 대해 다시 프로그래밍 해보도록 하자. 리프로그래밍 작업은 우리가 무한한 가능성의 의식을 가진 창조자의 의식 상태로 다시 세팅되는 것을 도와주지. 물론, 새로운 개념들이 단번에 와 닿진 않을지도 몰라. 하지만 조금이나마 열린 마음과 확장된 의식을 갖겠다는 가벼운 마음으로 리프로그래밍에 들어간다면, 분명 새로운 관점으로 세상을 바라보는데 도움이 되긴 할 거야.

다음은 나의 의식을 다시 프로그래밍하기 위한 내용들이다. 내용을 하나씩 읽고, 눈을 감은 채 그것에 관한 깊은 의미를 묵상해보자. 굳이 오래 생각하거나 외울 필요는 없다. 가볍게 한 줄씩 읽어보면서, 새로운 개념들에 대해 알아보려는 열린 마음이면 충분하다.

1. 이 세상에는 옳고 그름이 존재하지 않는다. 바라보는 관점에 따라서 그 기준점은 달라진다. 자신이 동조한 쪽이 옳은 쪽이 되고, 동조하지 않는 쪽이 그른 쪽이 된다. 옳고 그름이라는 상대성의 제로 포인트에 멈춰서라. 어느 쪽도 힘을 주지 말라. 모든 것은 존재 자체로 합당하다.

2. 이 우주는 무한한 가능성의 공간이다. 상상 할 수 있다면, 최대한 많은 것들을 상상해봐라. 당신에게 '무한'이라는 개념이 생기게 될 것이다. 스스로 제한된 한계를 그을려고 할 때마다 '무한'을 다시 생각하라. 그동안 가지고 있던 한계는 이제 잊어버려라. 이 세계는 당신이 바라본 대로 생겨나기 시작한다. 무한을 인정할 때, 당신에게 무한한 가능성이 열리게 된다.

3. 무한이란 개념이 생겨나게 되면, 당신은 우주의 힘을 언제든지 이용할 수 있다. 우주는 무한의 세계 속에 존재하기 때문이다. 우주의 마음속에 머물라. 텅 빈 제로상태에 머물라. 당신이 사라진 상태에서 더 넓은 무한 속에 머물라. 내가 곧 우주이다. 내가 곧 모든 것이다.

4. 만약 어떤 한 쪽으로 에너지가 치우치게 되면, 다시 제로 포인트에 당신의 상태를 맞춰라. 우리는 어떠한 감정에 쉽게 치우칠 수 있는 존재다. 다시 편협한 생각으로 세상을 바라볼 지도 모른다. 중심을 잃었다면, 다시 제로 포인트로 돌아오라. 당신은 이제 제로 포인트가 어디인지 안다. 언제든지 자신의 고요한 평화의 자리로 돌아오라.

5. 우주의 힘을 이용하기 위해서는 인위적인 시스템을 내려놓고, 무위(자연)의 시스템을 따라야 한다. 그저 자연의 흐름을 바라보라. 세상의 순리를 바라보라. 가장 자연적인 선택을 생각하라. 개인적인 이득이 아닌, 모두를 위한 공정한 선택을 하라. 무위의 흐름에 동조할 때 온 우주가 당신을 도와줄 것이다.

6. 모든 것은 완전하다. 그 완전함을 온전히 받아들여라. 이 세상엔 어느 하나 불완전한 것이 없다. 당신이 부족하다고 여기는 것은 오직 자신의 결핍일 뿐이다. 그조차도 좋다. 당신은 곧 그것조차도 완전한 치유의 과정에 오르게 될 것이다. 아직은 완전함이 멀게 느껴질지라도, 본래 이 자연과 우주는 완전했다는 사실을 기억하라.

'나'라는 관념이 사라지게 될 때, 우리는 비로소 제로상태의 기본 단계에 접속하게 돼. 리프로그래밍이 완료되면, 우리는 무한한 창조의 세계에 접속하게 되는 모든 조건을 갖추게 되는 거지. 리프로그래밍에 성공할 수 있길, 건투를 빌어!

무한에의 접속

제로 상태는 우주의 무한한 질료를 마음대로 사용하여 아무런 방해물 없이 현실을 창조할 수 있는 상태야. 우주의 에너지를 맘껏 사용하기 위해서는 우리의 몸과 마음이 그러한 자격과 조건을 갖추어야 하지. 앞서 제시한 제로 법칙과 연습과제들이 바로 그 준비 과정이었어.

그동안 사회로부터 주입받아온 이분법적 사고방식과 고정관념, 그리고 피해의식을 내려놓을 때라야 우리는 진정한 나를 깨닫게 돼.

너는 누구니? 넌 무엇을 할 수 있니?

세상이 달리 보이기 시작하니? 사실 세상은 달라진 게 아무 것도 없어. 오직 너의 관점이 달라졌을 뿐이지.

아무리 이론에 밝은 사람이라도 실제로 원하는 바를 이루어보지 못했다면, "내가 우주의 주인이다"라는 말의 진정한 의미를 알 수 없어. 하지만 직접 체험하고 실천해본 사람은 그것의 의미를 이해할 수 있게 되지. 그리고 진짜 삶의 주인이 되면, 이면의 작용원리와 법칙까지도 모두 이해할 수 있어. 내가 지금 너에게 제로시스템에 대한 이야기를 서슴없이 해주고 있듯이. 내가 알려준 것들을 잊지 말고, 차근히 현실에서 체험해보기 바래. 스스로의 체험을 통해 현실창조의 놀라운 가능성을 검증할 수 있을 테니까. 내가 뜬구름 잡는 헛소리를 하는 건지, 아니면 믿기 힘든 일들이 실제로 일어나는지 말이야.

다음 장은 우리가 현실에서 직접 체험하고 실천해볼 수 있는 내용으로 구성되어 있어. 이제 너는 네 삶에서 현실창조자의 존재 상태로 살아가야 하잖아. 머리로만 아는 것은 진짜 아는 것이 아니지. 머리로 삶을 사는 게 아니잖아? 음악을 진짜 알기 위해서는 악보를 읽는 데서 나아가 그것을 직접 연주하고 노래해봐야 하지 않겠니?

제5장 Right 현실창조자의 삶

致虛極 守靜篤

萬物竝作 吾以觀復

夫物芸芸 各復歸其根

歸根曰靜 是謂復命

復命曰常 知常曰明

不知常 妄作凶

知常容 容乃公

公乃王 王乃天

天乃道

道乃久 沒身不殆

철저히 모든 것을 비우고, 참된 고요함 속에 머물러라.

만물이 무성하게 일어나는데서, 나는 이것들이 본원으로 돌아가는 것을 본다.

무릇 사물이라는 것은 무성하게 일어나지만, 결국은 각각 그 본원으로 돌아간다.

돌아가는 것을 고요라 한다. 고요한 것은 본성의 회복이다.

본성의 회복은 영원이라 한다. 그 영원함을 아는 것을 밝음이라 한다.

영원을 알지 못하고 망령되게 행동하는 것은 흉한 것이다.

영원을 아는 것이 포용이다. 포용을 아는 것은 공평함에서 오는 것이다.

공정해지면 왕이 되고, 왕이 되면 천,지,인과 하나가 된다.

모든 자연과 하나가 되면, 곧 도와 통한다.

도를 얻게 되면 불멸이다. 몸이 다할 때까지 위태롭지 않다.

- 도덕경 16장

주인의 삶이란?

넌 그동안 우주의 여러 가지 법칙들, 그리고 창조적 삶의 의미에 대해 알게 됐어. 그래, 우리에게는 우주의 무한한 에너지를 사용할 수 있는 '창조자'의 권리가 내재되어 있지. 단지 자신의 창조력을 온전히 자각했는가, 즉 그 주인 된 역할을 스스로 선택했는가, 그렇지 않은가의 차이가 있을 뿐이지.

우주의 무한한 에너지는 누구에게나 열려 있어. 하지만 스스로 그것을 자각하지 못한 채 주인으로서 존재하려 하지 않는다면, 그건 먼 나라 동화 속 이야기로만 존재할 뿐이야. 제5장에서는 네가 일상 속에서 어떻게 제로 시스템을 적용하고 제로의 삶을 살아갈 수 있는지, 그 방법을 알려주려 해.

자신의 삶을 되살펴 우주의 제로 시스템을 늘 의식하는 습관을 기르게 되면, 머지않아 놀랄 만큼 변화된 삶을 경험할 수 있을 거야. 이 과정 속에서 현실창조의 능력은 마치 우주의 선물처럼 불쑥 주어지게 된단다.

있는 그대로 알아차리기

우리는 한순간도 생각을 멈춘 적이 없으며, 판단 없이 살아온 적이 없어. 우리는 늘 무언가를 생각하고 있고, 그 생각을 멈추고자 할 때조차 '멈추려는 생각'을 하곤 하지. 그리고 '그것이 쉽지 않다'고 다시 생각하게 돼. 의식하든 않든 간에 우리는 꼬리에 꼬리를 물고 이어지는 생각의 소용돌이 한가운데서 살고 있는 거야.

그리고 결국은 그 상태가 고착되어서 현실을 있는 그대로 바라보지 못하고, 자신만의 틀 속에 가두어놓고 바라보게 되므로 왜곡된 해석에 사로잡히게 되지.

"나는 생각한다. 고로 존재한다."

— 데카르트

우리는 꽃을 볼 때 그 자체를 있는 그대로 보지 않고, 과거의 기억에 비추어 예쁘다거나 마음에 안 든다거나 하는 생각부터 떠올리게 되지. 때로는 그 향기가 기분 나쁘게 느껴지기도 해. 밥을 먹을 때도 우리의 주의는 주고받는 대화 내용이나 텔레비전 화면에 팔려 있어서 음식의 맛을 온전히 느끼지 못하곤 하지.

　이처럼 우리는 매사에 자동적으로 떠오르는 정보들로써 판단을 일삼는데 익숙해져 있어. 그리하여 현실이 전해주는 본래의 정보는 뒷전에 가리고 재해석되고 왜곡된 정보만이 남게 되는 거야.

　만약 모든 사물을 있는 그대로 바라볼 수만 있다면, 우리는 그 안에서 새로운 정보를 발견하고 이용하는 능력을 갖게 될 거야. 어쩌면 이전에 알아차리지 못했던 사물의 본질을 깨닫게 될지도 모르지.

　우리는 어떤 사물이나 상황을 바라볼 때 자동적으로 지각 → 느낌 → 생각의 단계를 거치게 돼. 때문에 생각을 비운다는 것은 어렵고도 중요한 일이야. 자, 이제는 본격적으로 생각을 비우고, 있는 그대로 바라보는 연습을 해보자.

　이 연습을 반복하다보면, 내가 계속 이야기 했던 직관直觀이란 것이 무엇인지 확실히 알게 될 거야.

있는 그대로 알아차리는 연습

1. 주변에 보이는 물건 중, 아무거나 하나를 집는다. 그것을 관찰해보고, 그 관찰로부터 얻을 수 있는 사실 정보만을 적는다. 가령 연필을 집어 들었다면 "노란색이다. 줄무늬가 있다. 지우개가 달렸다" 등의 관찰 가능한 정보만을 적는다. 가능한 한 많은 정보를 적도록 한다.

2. 더 이상 적을 것이 없다면, 관찰한 정보를 천천히 읽어보라. 그리고 순수하게 객관적인 정보만을 남기고, 자신의 주관적인 판단과 감정이 포함된 말은 모두 제거한다. "뾰족하다, 길다" 등의 상대적인 형용사도 모두 제거하라.

3. 남아 있는 문장들을 살펴보고, 그 대상을 다시 관찰해본다.

4. 남아 있는 문장들 중에서 상식적이고 당연하게 느껴지는 정보에는 동그라미를, 오늘 처음으로 새삼스럽게 발견한 정보에는 세모 표시를 한다.

5. 지워버린 정보의 개수와 세모 표시를 한 정보의 개수를 확인해보라. 자신이 얼마나 많은 선입견을 통해 사물을 바라보고 있었는지를 알아차리라.

지워진 정보 개수 : _____

세모 개수 : _____

동그라미 개수 : _____

6. 같은 방법으로 다른 사물을 관찰해보라. 자동적으로 떠오르는 감정과 판단을 제거하고, 있는 그대로의 지각 정보만을 인식하는 연습을 반복하라.

우리는 알게 모르게 대상들을 내 생각에 비춰 멋대로 해석해버리는 경우가 많아. 이러한 주관적인 생각을 내려놓고 객관적인 사물의 정보만을 받아들일 때, 제로 상태에 가까워질 수 있게 되고, 직관적인 선택을 내릴 수 있게 돼. 그리고 그 선택은 예상외로 본질에 부합할 때가 많지.

사물을 있는 그대로 관찰하는 데 도움이 되는 호흡 명상법을 하나 소개할게. 이 호흡법은 자신의 들숨과 날숨을 관찰하고, 그 사이의 찰나를 발견하게 함으로써 '알아차림'의 능력을 높여주게 돼. 틈틈이 연습해보도록 해!

들숨-날숨 호흡 명상법

1. 천천히 숨을 내쉰다.

2. 더 이상 숨을 내쉴 수 없을 때, 숨이 다다르고 있는 그 멈춤의 순간을 알아차린다.

3. 다시 천천히 숨을 들이마신다.

4. 더 이상 숨을 들이마실 수 없을 때, 숨이 다다르고 있는 그 멈춤의 순간을 알아차린다.

5. 계속 반복하면서 나의 호흡이 어떻게 일어나는지를 관찰한다. 호흡의 빠르기와 세기 등 전 과정의 변화를 관찰한다.

6. 나의 호흡은 태어나서 지금까지 한 번도 멈춘 적이 없다는 사실을 알아차린다. 그동안 내가 알아차리지 못했던 호흡의 전 과정을 세세히 살펴, 호흡이 어떻게 일어나고 있는지를 관찰한다.

7. 만약 '힘들다', '집중이 잘 안 된다', '숨이 좀 더 길었으면 좋겠다'는 등의 부수적인 생각에 빠져들었다면, 그것을 알아차린 순간 다시 객관적으로 호흡을 관찰하는 연습으로 되돌아온다.

8. 내가 호흡에 대한 주의를 놓치게 되는 그 '경계'가 어디인지를 알아차린다. 그리고 다시 호흡으로 되돌아와서 들숨-날숨을 관찰한다. 아무 기대나 생각 없이 그저 호흡을 관찰하는 데만 집중한다.

마음을 있는 그대로 투명하게 바라볼 수 있는 시야는 훈련을 통해서 길러진다. 거창한 방법이 존재하는 것은 아니다. 그저 솔직하게 내 마음을 속이지 않고, 무엇이 존재하는가를 관찰하는 것뿐이기 때문이다. 중요한 건 '나'의 안에서 의도가 섞인 관찰을 하는가와 '나'와 분리가 된 상태에서 '나'의 모든 의도를 관찰하는 것이냐다. 마음 발견하기는 언제나 외부에서 관찰되어야 한다. 대부분의 우리의 의식 상태는 '나'에 고착이 되어 있다. 때문에 내가 생각하는 것이 나의 에고의 생각인지, 참 나의 생각인지 분간이 가지 않을 때가 많다. 마음을 발견하는 연습을 한다고 해도 제대로 마음을 발견하는 사람이 많지 않은 이유이다.

마음 발견하기 훈련은 될 수 있는 한 매 순간 해야 한다. 누굴 만나거나 어떤 상황이 일어날 때마다 나를 객관화시켜 마음의 작용을 바라볼 수 있는 훈련을 해야만 하는 것이다. 이것은 외부에서 늘 나를 바라보는 관찰자 시점으로 이루어져야 한다. 매 순간 '나 OO가 이런 생각을 하고 있구나!' 스스로를 호칭하며 자신의 활동을 객관화시켜 바라보자. 훈련이 지속될수록 현재의 마음이 다음 마음으로 이동하는 과정들을 발견하게 된다. 그러면 나는 언제라도 원하지 않는 마음이 올라올 때 그 순간 그것을 멈출 수 있고, 다른 정보로 다시 바꿀 수도 있을 것이다. 디테일한 관찰이 가능해질 때 현실 창조는 비로소 가능해진다. 늘 깨어있는 상태에서 관찰자 의식을 유지해야 하는 이유는 이 때문이다.

바람을 버리라

욕심慾心은 별다른 것이 아니야. 우리는 대개 욕심을 매우 부정적인 것으로 여기지만, 사전적 의미에서 욕심은 그저 '바라는 마음'일 뿐이지. 바라는 것 자체가 나쁜 건 아니잖아?

바라는 마음은 우리를 움직이게 하는 원동력이야. 하지만 그것이 쌓여 점점 형체를 갖게 되면, 과거의 기억을 토대로 특정한 감정을 이끌어내기 시작해. 그 감정은 이미 충족되지 않은 결핍의 욕구불만으로 가득 차 있겠지? 결국 그 결과로서 원하지 않았던 반작용을 창조하게 되는 거야. 지금 네가 매우 굶주린 상태라고 상상해봐. 처음에는 단순히 배고픔을 달래줄 수 있는 음식이 주어졌으면 하고 바라겠지. 하지만 굶주림이 심해질수록 분노와 같은 다른 감정들이 덧붙게 되고, 결국 너를 안 좋은 상황까지 몰고 가게 될 수도 있어. 머지않아 음식을 훔쳐 먹게 될지도 몰라. 넌 너무 굶주렸거든. 욕심은 자칫 탐욕으로 치우치게 되기 쉽지.

이처럼 욕심이 생기면 우리의 생각은 한쪽 방향으로 흐르면서 많은 정보를 왜곡하고, 어려움을 자초하게 돼. 따라서 우리는 '바라는 마음'이 통제불능이 될 만큼 커지지 않도록 늘 주의를 기울여야 해.

아무런 바람도 없었는데, 좋은 일이 일어날 때, 우리는 '뜻밖의 행운'을 만났다고 말하지. 기대하지 않았기 때문에 몇 배나 더 즐겁게 느끼게 돼. 한편, 나쁜 일이 일어날 때도 아무런 바람이 없는 상태라면 좀 더 쉽게 극복할 수 있어. 좌절하는 대신에 그 일을 우주의 테스트로 인식하여 새로운 성장을 위한 발판으로 삼을 수도 있지. 모든 것은 너의 관점과 생각에 달려있어.

제로 포인트는 좋은 일도, 나쁜 일도 일어나지 않은 상태야. 우리는 좋은 일만을 선호하고, 나쁜 일은 배척하는 이분법적인 사고에 길들어있어. 이분법적 사고를 내려놓기 위해서는 좋고 나쁨을 가리는 분별심을 내려놓아야 해.

특별한 의도나 바람이 없을 때, 우리는 일어나는 모든 상황을 객관적으로 마주할 수 있게 되지. 우리가 상황의 한 가지 측면에 자신을 동일시하게 되는 이유는 바로 뭔가를 '바라는 마음'이 있기 때문이야.

내가 이렇게 말하면, 어떤 사람은 아예 '바라는 마음'을 적대시하려 들기도 해. 앞에서도 말했지만, '바라는 마음'이 생기는 건 자연스러운 현상이야. 다만 그것이 힘이 커져 우리로 하여금 제로 포인트로부터 멀어지게 만들지 않도록 주의하면 돼. '바라는 마음'을 알아차렸다면, 그것을 판단의 대상으로 삼지 말고 그냥 내려놓아야 해.

'바라는 마음'은 사실 결핍의식으로부터 나오는 거라고 했어. 하지만 결핍의식은 네가 아니야. 너는 창조자로서의 완전하며 아무것도 부족하지 않아. 그러니 우리를 짓누르는 현실의 문제가 아무리 무거워 보일지라도, 그것을 우리가 불완전하다는 증거로 삼는 어리석음을 범하진 말아줘.

아주 잠시라도 더할 것 없는 제로 포인트 속에서 삶의 충만함과 완전함을 느껴 봐. 내가 알려준 제로명상이 도움이 될 거야. 우리 안의 부정적인 에너지가 사라지면서, 현실의 삶 또한 실제로 그렇게 변화되어가는 것을 발견할 수 있을 거야. 진실로 삶을 풍요롭게 하는 비결이지.

바르게 살자

저마다 살아온 환경이 다른 만큼 '바른 것'에 대한 사람들의 기준도 천차만별이야. 하지만 제로 시스템에서는 모두가 같지. 제로시스템에서 '바른 삶'이란 곧 치우침 없이 균형을 유지하는 삶, 즉 제로 포인트에 머무는 삶이니까.

우리의 생각과 행동이 어느 한쪽으로 치우치면, 그 즉시 불균형이 일어나면서 한쪽은 넘치고 다른 쪽은 부족한 상태가 돼. 한쪽에는 기쁨이 주어지지만 다른 쪽에는 슬픔이 주어지게 되지. 내가 승리의 기쁨을 얻었다면, 그로 인해 누군가는 패배의 아픔을 느끼게 되는 것처럼.

바른 삶이란 결코 '좋은 삶'을 의미하지 않아. 좋고 나쁨을 초월한 '균형'이야말로 바른 삶의 진정한 기준이지. 불교에서는 양극단을 피하고 중도를 지킴으로써 깨달음(제로의 존재 상태)에 이르는 실천적인 삶의 방법으로서 '고귀한 여덟 가지 길'(八聖道 혹은 八正道)을 제시했어.

그 여덟 가지 길은 다음과 같아.

1. 바른 견해

2. 바른 생각

3. 바른 말

4. 바른 행동

5. 바른 생활(직업)

6. 바른 노력

7. 바른 알아차림

8. 바른 집중

팔정도를 제로 시스템에 비추어서 재해석해볼 수 있어.

바른 견해란 이 세계는 내가 만든 원인에 의해 생겨난 결과물로서, 영원불변하는 알맹이 없이 늘 덧없이 변해간다는 사실을 아는 것.

바른 생각이란 욕심에 휘둘리지 않고, 있는 그대로의 현실로부터 순수 정보를 얻는 것.

바른 말이란 바른 견해와 바른 생각으로 어긋난 말을 입에 담지 않는 것.

바른 행동이란 '바람 없는 바람'을 갖고, 그 자체를 목적으로 삼고 행동하는 것.

바른 생활이란 남에게 해를 끼치거나 인과관계를 복잡하게 만들지 않는 방법으로 생계를 유지하는 것.

바른 노력이란 행함에 있어 최선을 다하면서도, 그것의 결과나 보상에 집착하지 않는 것.

바른 알아차림이란 허상을 허상이라 알아차리는 것.

바른 집중이란 허상에 휘둘리지 않고 본질에만 주의를 기울이는 것.

이 '고귀한 여덟 가지 길'은 머리로 달달 외우기만 해서는 알았다고 할 수 없어. 오직 실천을 통해 스스로 체득해야만 그것의 참 의미가 삶으로 드러나게 된단다.

주위에 '저 사람은 참 바른 사람이야'라는 생각이 드는 사람이 있다면, 그는 아마도 위의 여덟 덕목에서 크게 어긋나지 않는 삶을 살고 있을 거야.

팔정도는 매우 단순한 규칙 같아 보이지만, 실제로 지키긴 어려워. 너의 마음을 계속 비워내야 가능한 삶이기 때문이지. 이것은 삶을 통해 직접 그 효과를 경험할 수 있는 '살아 있는 지혜'야. 팔정도를 매일 되뇌면서 균형을 잃지 않고자 노력한다면, 매 순간 제로 포인트에 머무는 것은 결코 어려운 일이 아닐 거야.

팔정도를 실천하면 한쪽으로 치우친 감정, 잠재의식의 부정적 기억, 그리고 왜곡된 정보들로부터 자유로워질 수 있어. 팔정도는 우리로 하여금 온전히 제로의 존재 상태에 머물 수 있게 해주는, 더없이 값진 인생의 귀한 보물이지.

소유하려 들지 말라

무소유란 아무것도 갖지 않는다는 것이 아니라, 불필요한 것을
갖지 않는다는 뜻이다. 우리가 선택한 맑은 가난은 부보다
훨씬 값지고 고귀한 것이다.

-법정스님

인간은 언제나 뭔가를 소유하려 들지. 원하고 바라는 마음은 이 소유
욕으로부터 나와. 그리하여 우리는 '나의 것, 너의 것'을 확실히 구분 짓
기를 좋아하게 되는 거지. 이런 '소유병'의 대상이 물건의 차원을 넘어선
지는 오래야. 부모는 자식들이 제 소유라고 믿고, 남편은 아내를 제 소유
물로 믿고. 상대방을 있는 그대로 존중하는 것이 아니라 '내 딸', '내 마
누라'라는 이름을 붙여놓고 자신의 뜻대로 좌지우지하려해. 내가 좋아하
는 것일수록 소유병은 심해지게 되지. 연인들 중에 '사랑'한다는 이유만
으로 상대방의 사생활을 감시하면서 자기만의 사람으로 존재하기를 바
라는 사람들이 많듯이.

하지만 이건 큰 착각이야. 세상에 정녕 나의 것이라고 할 만한 것이 단 하나라도 있을까? 내 몸조차도 나의 것이 아닌데 말이야. '나'라고 하는 관념 자체는 실체가 없기 때문에 우리는 무아無我라고 했잖아. 우리는 그 어떤 것도 소유할 수가 없어. 다만 서로를 위한 관계를 맺을 뿐이야.

우리가 삶에서 겪는 많은 문제들은 소유할 수 없는 대상을 소유하려 들기 때문에 발생하는 거야. 소유하려는 마음을 내려놓고, 주위의 소중한 사람들을 있는 그대로 바라보도록 해봐. 당신은 그 사람을 결코 소유할 수 없어. 단지 사랑으로 대해주며, 친밀한 관계를 유지해나가면 돼. 그리고 친밀한 관계를 잘 맺고자 한다면, 상대방을 자신의 '소유물'로 취급하는 대신, 자신과 동등한 '존재'로 인정해줘야만 하지.

이 우주에서 모든 관계는 동등해. 누가 누구를 지배하거나 소유한다는 것은 사실 불가능한 일이지. 인간관계의 측면에서도 우리는 '치우침 없는 제로'의 상태에 머물러야 해. 그때 상대방의 본모습이 보이기 시작하고, 나의 삶 또한 자유롭고 유연해질 테니까.

불가능은 없다

우리 내면의 프로그램은 스스로 '한계'로 그어놓은 제약적이고 부정적인 정보들로 가득해. 하지만 소수의 창조적인 사람들은 이런 한계를 훌쩍 뛰어넘곤 하지.

- 인간은 하늘을 날 수 없다고 생각했지만, 라이트 형제는 비행기를 발명했다.

- 헬렌 켈러는 보지도, 듣지도, 말하지도 못했지만, 장애를 극복하고 대학까지 나와 자기주장과 자기표현에 주저함이 없는 신여성의 본보기가 되었다.

- 사람이 생존하려면 반드시 5대 영양소를 섭취해야 하지만, 몇 년째 물만 마시고 사는 사람들이 존재한다.

기네스북을 펼쳐 보면, 과연 인간의 한계가 어디까지인가 하는 의문이 들 정도야. 그들의 삶은 우리의 일상과는 너무도 달라 보이지. 마치 인간이 아닌, 화성인들을 보는 듯해! 하지만 그들도 우리와 똑같은 인간일 뿐이야.

무한한 가능성을 실현한 그들과 우리의 차이점은 스스로 자신의 한계를 인정했느냐, 인정하지 않았느냐에 있어. 그들은 인간의 한계를 규정짓는 대신, 무한한 가능성을 받아들였어. 오히려 적극적으로 자신에게는 어떠한 불가능도, 한계도 존재하지 않는다고 믿지.

무위無爲의 창조를 일으키기 위해서는 먼저 자신을 제로 포인트에 위치시켜야 해. 제로 포인트는 우리의 부정적인 기억마저도 제로로 소멸시켜버린 상태를 말하지.

만약 우리 안에 부정적인 기억과 그로 인한 자기제약이 존재한다면 필연적으로 그에 상응하는 현실이 펼쳐질 거야. 뭔가를 창조하고자 할 때 '이게 과연 될까?'라는 의심이 든다면, 이미 부정적인 에너지가 작용하고 있다는 증거야. 이런 상태에서는 백이면 백 실패할 수밖에 없어. 자기 안의 모든 한계를 잊어버리고, 긍정적인 가능성만이 남도록 해야 해.

"내 사전에 불가능이란 없다."

— 나폴레옹

우리 내면의 프로그램을 다음과 같이 새롭게 세팅시켜 보자!

"내게 한계는 없다. 나는 원하는 무엇이든 될 수 있다.
나는 그것을 실현시킬 수 있는 능력이 있다. 고로,
그것은 반드시 이루어진다."

한계란 스스로 그것을 한계로 인정했을 때만 의미를 갖게 돼. 한계는 네가 스스로 만든 자기 제약인 거야. 부정적인 한계를 스스로 없애버렸을 때, 우리의 삶에 새로운 창조가 시작되게 돼. 오늘부터는 그 어떤 가능성도 긍정하는 '예스맨'이 되어 볼까? 네 머릿속에서 불가능이란 부정적인 단어는 모두 지워버리도록 해!

점 하나를 찍을 뿐

　목표가 한계를 넘어선 듯이 보이더라노 그 전혀 걱정하거나 고민하지 마. 그것을 어떻게 실현시키느냐는 너의 문제가 아니라 우주의 문제이니까.

　현실창조에 있어서 넌 단지 그 목표에 해당하는 '점' 하나만 찍어놓으면 돼. 너는 그 점까지 가는 방법을 고민할 필요가 없지. 네가 점을 찍고 바라보는 순간, 우주의 조화에 의해 길은 자연스럽게 열리게 되니까.

영화 '국가대표'

스키점프의 핵심은 균형 잡힌 자세로 멀리 날아 정확하게 착지하는 거야. 스키점프를 할 때는 땅 위에서 걷듯이 방향을 조절하기가 매우 힘들어. 그러므로 스키점퍼들은 공중에 몸을 맡긴 채, 풍향에 따라 방향을 세밀하게 조절하지.

그들에게는 균형을 유지하는 것이 매우 중요한 기술이야. 하늘을 나는 동안 조금이라도 몸의 균형이 흐트러지면 제대로 된 곳에 착지를 못하거나 큰 부상을 당하게 되니까. 대체 그들은 의지할 곳 없는 허공에서 어떻게 균형을 잡고, 방향까지 조절하는 걸까?

스키점퍼들은 자신이 가고자 하는 방향으로 시선을 보내. 고개를 돌리는 게 아니야. 단지 시선만을 돌려서 그곳에 의식을 집중하는 거야. 내가 바라보는 쪽으로 가겠다는 의도, 그 미세한 에너지만으로도 방향이 바뀌어 가는 거지.

우리가 인생에서 꿈을 실현하는 원리도 이와 같아. 우리는 스키점퍼들과 같이 몸을 전혀 움직일 필요가 없어. 굳이 해야 할 것도 없지만, 해서도 안 되지. 해야 할 일은 그저 몸과 마음의 균형을 유지하는 것뿐이야. 흐트러짐 없는 균형을 유지한다고 해서 늘 그 자리에만 머물게 되는 건 아니야. 우리의 삶은 늘 우리가 의식한 쪽으로 섬세하게 방향을 맞추어 가고 있기 때문이야.

가속도가 엄청난 스키점프에서는 지상에서보다 훨씬 더 섬세한 움직임을 필요로 해. 그렇기 때문에 그들은 불필요한 행동이 전혀 존재하지 않는, 초월적인 제로의 영역에 들어가야 하지. 행동이 아닌, 정신에너지가 중요한 세계로 들어가는 거야. 몸을 움직이지 않고도 항로를 바꿀 수 있는 정신에너지의 세계로.

이와 마찬가지로 우리도 특정한 방향을 가기 위해 몸을 움직일 필요가 없어. 우리가 해야 할 일은 정확히 제로 포인트에 머무는 것뿐이지.

우주의 시스템 속에서는 시공간의 개념이 한계로 작용하지 않아. 우주의 시스템은 우리가 인식할 수 있는 범주 너머에 있기 때문이야. 우리는 목표에 이르기 위해서 끊임없이 움직여야 한다고 믿지만, 실제로 우리 삶의 항로는 미세하게 집중된 의식, 즉 '바람 없는 바람'에 의해 움직이고 있어.

제로 포인트에 머물면서 내가 원하는 곳에 점만 하나 찍어놓으면, 우주의 놀라운 힘이 우리를 그곳으로 이끌어갈 거야. 물론, 아예 아무 것도 하지 않을 순 없겠지. 삶의 인과를 만들기 위해 최소한의 행동은 해야 하지. 하지만 그 또한 직관으로부터 비롯된 행동, 즉 '바람 없는 행동'이어야 해.

모든 긴장을 풀고, 하나의 점을 찍는 데 온 의식을 집중해봐. 그렇다고 '집중'하려고 너무 애쓰지는 마. 단지 점 하나만 찍는 것뿐인데, 그리 어려울 게 있겠어?

제로 시스템의 현실창조는 아주 단순하면서도 신비한 거야.

지식보다는 지혜

　우리는 '지식'이라 불리는 수많은 정보를 배우고, 외우며 살아가. 우리는 새로운 정보를 습득하느라 늘 바쁘지. 오늘날의 사회에서는 '지식=능력'으로 평가되곤 해.

　하지만 우리가 굳게 믿어온 지식이 절대적으로 올바른 건 아니야. 시대와 문화가 바뀌고, 새로운 사상과 과학적 발견들이 등장함에 따라 널리 통용되는 지식도 달라져온 것을 역사가 보여주고 있잖아. 심지어 도덕의 기준과 법률조차 덧없이 변화되어오지 않았니?

　한 시대를 풍미했던 진실도 다음 시대에서는 그저 우스갯소리가 되어버리는 요즘이야.

"이 우주에서 생명체가 살 수 있는 별은 지구뿐이다."
"몸과 마음은 서로 분리되어 있고, 몸은 그저 정밀한 기계에 불과하다."
"모든 병은 신의 저주를 받아서 발생하는 것이다."

　지식은 늘 변해. 과거에 옳았던 일도, 지금은 옳지 않은 일이 될 수 있지. 우리는 내 안에 축적된 정보에 비추어서 모든 판단을 내리기 때문에 그 정보들이 이제 더 이상 실효성이 없게 된다면, 심각한 오류를 범하게 될 거야. 더구나 요즘처럼 하루가 무섭게 급변하는 디지털 세상에서는 기존의 지식으로는 답을 찾기 어려운 상황이 너무나 자주 발생하곤 하지. 그렇다면 우리는 무엇을 따라야 할까?

어떤 선택을 해야 할지 알기 어려울 때는 모든 생각을 잠시 멈춰봐. 마음을 텅 비운 재 내면의 소리에 귀를 기울여보는 거야. 우리의 순수한 내면은 지혜의 눈을 가지고 있어. 모든 각도에서 상황을 올바로 보고, 우리에게 늘 신호를 보내주고 있지. 네 안의 지혜를 믿어봐!

"잘 모르겠지만, 왠지 이게 옳은 것 같아."

머리로는 이해되지 않지만, 가슴이 움직이는 순간을 경험해본 적이 있을 거야. 문득 어디론가 떠나고 싶고, 무언가 하고 싶어질 때가 있지. 지금까지의 내 생활패턴으로는 도저히 이해가 되지 않는 것들 말이야.

이때 한 가지 주의해야할 점은 나의 무의식이 언제나 옳지는 않다는 사실이야. 잠재의식으로부터 '유익한' 정보를 얻으려면 산발적으로 떠오르는 욕망들로부터 분리되어 있어야 하거든.

제로 포인트에 머무는 순간에는 아무런 간섭 없이 순수한 정보가 떠오르게 돼. 그것을 따르면 내 삶은 풍요와 행복이 이어지고, 우주가 기꺼이 응원하는 방향으로 순조롭게 흘러가기 시작하지.

순수한 정보는 바라는 마음 없이 멍하게 있을 때 불현듯 떠오르는 생각이나 느낌인 경우가 많아. 그것을 따를 때 내가 생각하지도 않았던 방법으로 일이 풀려나가는 경험을 하게 되지. 그것은 곧 우주의 지혜이기 때문이야.

우리는 이미 모든 것을 알고 있어. 단지 우리가 이미 모든 것을 알고 있다는 그 사실을 모를 뿐이야.

모든 것을 존중하라.

존중(尊重)이란 높이어 귀중하게 대한다는 뜻이야. 우리는 자신보다 서열이 높은 대상에게는 존중을 표하지만, 자기보다 서열 낮은 이들은 홀대하기 쉽지. 서열이 높은 사람은 그들보다 서열이 낮은 이들로부터 존중받아야 한다는 관습적인 통념이 있기 때문이야. 며느리의 군기를 잡는 시어머니나, 인사 안 하는 젊은이에게 호통치는 할아버지처럼 말이야. 이처럼 한국문화에서는 존중이란 단지 자기보다 높은 사람들만을 위한 예의로 인식되기 쉬워. 물론, 예의는 필요하지. 하지만 그 예의가 일방이 아닌 쌍방으로 있어야 한다는 거야.

에너지가 줄곧 한 쪽 방향으로만 흐른다면, 에너지의 시작점에서 무한한 에너지가 솟아나오지 않는 한 에너지는 고갈될 수밖에 없을 거야. 만약 존중이 일방통행이 아닌, 양방향으로 흐른다면 어떨까? 양쪽 방향으로 흐르는 에너지는 돌고 돌면서 서로 상승작용을 하여 새로운 조화의 환경을 조성할 거야.

어른들이 젊은이들을 '애들이 인생을 알겠어?' 라며 무시하지 않고, 젊은이들이 어른들을 '세상이 어떻게 돌아가는지도 모르는 노인네'라며 무시하지 않고, 서로를 존중하는 마음으로 대할 때, 존중심은 일방통행이 아니라 양방향으로 흐르게 돼. 이때 제로의 균형이 잡히고, 어느 쪽으로도 기울지 않는 조화로운 상태가 세팅되는 거지. 누구든 자신이 존중을 받을 때, 그 존중을 상대에게 다시 되돌려 주고 싶은 마음이 들기 마련이잖아. 멸시당하는 환경에서는 그 멸시를 되돌려 주고 싶어 하기 마련이고. 이건 너무도 당연한 에너지의 법칙이야. 이해되지? 존중받기를 원한다면, 상대방을 존중하라! 만고의 진리지.

존중의 대상은 인간에게만 국한되지 않아. 인간은 자신이 만물의 영장이니, 다른 동식물들을 마음대로 지배할 권리가 있다고 착각하지. 그리하여 그들의 생명을 맘대로 빼앗거나 생활터전을 파괴하는 짓을 아무렇지도 않게 자행하곤 해. 이러한 생각 또한 에너지의 불균형을 일으키게 되는 거야. 한쪽으로 치우친 인간중심적인 사고방식의 에너지 흐름이 결국은 지구생태계의 위기를 초래하는 거니까.

우리는 겸손의 자세로 만물을 존중해야 해. 지구의 자원은 인간을 위해서만 존재하는 것이 아니잖아? 인간은 만물과 조화롭게 공존함으로써 우주의 에너지를 조화롭게 사용하는 법을 배워야해. 이러한 제로의 에너지를 사용하기 위해서는 자신의 마음가짐을 먼저 제로로 맞춰야 해.

누구 혹은 무엇보다 위도 아니고 아래도 아닌, 동등한 위치에서 만물을 대하는 자세를 끊임없이 연습해야 해. 모든 것을 존중함으로써 우리는 제로의 존재상태가 될 수 있어. 그 모든 에너지는 다시 우리에게 흘러 돌아와 우리의 삶을 자연스럽고 조화로운 것으로 만들어 주게 되지.

모든 건 이미 그 자체로서 완벽해. 만물은 동등하고, 가벼워 무거움이 없지. 존재하는 모든 것의 가치를 올바로 인식하고, 존중하는 겸허한 자세가 우리에게 필요할 뿐이야.

우리의 삶은 이미 완전하다

이 우주의 모든 시스템은 완전해. 따라서 그 일원인 우리도 완전한 존재지.

불완전하게만 보이는 현실이 사실은 흠잡을 데 없이 완전하다는 말을 믿을 수 있겠니? 자신이 부족하고 잘못되었다는 착각의 함정에서 벗어나, 자신의 완전함을 늘 알아차리며 살아간다면 과연 어떤 일이 벌어질까?

'알아차림'을 통해서 항상 제로 포인트에 머물기 위해 노력하는 사람은 '우리의 삶은 이미 완전하다. 무엇 하나 부족하지 않고, 더 바랄 것 없으며, 모든 것이 축복이다'라는 사실을 어느 날 홀연히 깨닫게 돼.

우리는 늘 뭔가를 바라기만 하는 삶을 늘 살아왔잖아. 하지만 더 이상 바라는 것이 없어졌을 때, 비로소 완전한 삶이 주어지는 거야.

「하나님이 그가 하시던 일을 일곱째 날에 마치시니,

그가 하시던 모든 일이 그치고 일곱째 날에 안식하시니라.

하나님이 그 일곱째 날을 복되게 하사 거룩하게 하셨으니,

이는 하나님이 그 창조하시며 만드시던 모든 일을 마치시고 그날에 안식하셨음이니라.」

— <창세기> 1장 2~3절

결핍에서 비롯되는 바람은 오직 그 바람을 그침으로써 완성될 수 있게 되지.

어느 한 군데 손댈 곳이 없는 미켈란젤로의 완벽한 그림을 보았을 때, 우리는 "우와!" 하는 감탄사를 내뱉는 것 외엔 어떤 반응도 할 수 없어. 너무나 경이롭기 때문이지. 우리의 삶과 우주의 시스템을 들여다볼 때도 마찬가지야. 무엇이 더 필요하겠니? 그 자체로 완전한 것을.

<미켈란젤로 그림>

존재하는 것은 모두가 완전해. 아름답기 그지없는 눈꽃의 기하학적 디자인을 봐. 정교하기 이를 데 없는 인간의 DNA 구조를 보라고. 어떤 인간도 이 우주의, 자연의 완전한 창조 시스템을 흉내 낼 수 없어. 그 안에 존재하는 것만으로도 우리는 이미 완전한 존재인 거야.

이러한 완전성을 깨닫고 존재의 의미를 회복할 때, 우리는 우리의 진정한 능력, 곧 무한한 우주의 에너지를 사용할 수 있는 능력과 만날 수 있게 돼. 또한 이 세상의 모든 완전한 존재들과 다시 만날 수 있게 되지. 그제 서야 완전함의 세계로 다시 들어오게 되는 거야. 불평만 늘어놓게 만들었던 그간의 모든 원인이 소멸됨으로써 새로운 눈으로 세계를 바라보게 될 거야. 그리고 이 세계에 존재하는 모든 것과 조화롭고 평화로운 삶을 살게 될 테지.

넌 여전히 문제가 끊임없이 일어나고, 되는 일 하나 없는 일상이 대체어디가 완벽하단 말이냐며 냉소할 수도 있을 거야. 하지만 냉소적인 태도로 살았을 때, 달라진 게 있었니? 끊임없이 뭔가를 바라왔고, 아무리 바라도 채워지지 않는 상태에서 불완전한 행복만을 맛보다가 다시 고통 속으로 돌아가곤 했잖아?

여태껏 똑같은 삶이었다면 한번쯤 확 뒤집어서 제로의 삶을 시도해 보는 게 어떨까? 결핍의 마음을 잠시 내려놓고, 우리 안에 숨겨져 있을지도 모를 '바랄 필요 없는' 완전함과 무한함을 믿어보는 거야. '더 해야 할 것이 없는 진정한 자유'를 찾아보는 거지.

내달리던 생각과 행동을 잠시 멈추고 휴식을 가져봐.

그리고 내 안을 들여다보는 묵상을 시작해 보는 거야.

너에겐 원하는 대로 살 권리가 있어. 무한한 가능성으로 삶을 창조할 수 있는 능력이 있지. 너는 '이미' 완전한 존재니까.

네가 스스로 그러한 존재로서의 삶을 선택하고 인정하는 순간, 너는 창조의 힘을 자유로이 사용할 수 있게 돼. 그동안 네가 그 힘을 사용하지 못했던 것은 스스로 그런 능력이 없다고 믿어왔기 때문이야.

더 이상 삶이 네 뜻대로 되지 않는다고 한탄하지 마. 또한 부족한 삶을 비관하면서 결핍이 낳는 바람을 일으키지 마. 오직 완전한 자신을 받아들이고, 너의 존재만으로 무한한 가능성을 창조해봐. 그것이 이 놀라운 우주의 시스템이며, 너에게 주어진 현재(present)의 선물(present)이야.

넌 지금 어떤 '존재 상태'로 있니?

제로 포인트의 핵심은 오직 '현재'에 머무는 거야. 순수한 현재 속에는 그 어떤 감정도, 기억도, 정보도 존재하지 않지.

오직 지금 이 순간의 텅 빈 삶을 느껴봐. 어디에 있든, 무슨 일을 하든, 있는 그대로의 현실에 집중하고 그것을 온전히 체험하는 거야. 그 순간, '어떻게'와 '왜'는 사라지게 돼. 오직 행할 뿐이지!

밥을 먹고 있다면, 밥을 먹고 있는 순간에 온전히 집중 해봐. 밥의 맛과 반찬의 향과 색을 음미해봐. 길을 걸을 때는 길을 걷고 있는 나를 알아차려봐. 한 발을 내딛는 순간, 모든 근육의 움직임을 알아차리고 느껴봐. 그동안 발견하지 못했던 삶의 많은 순간들을 새롭게 알아차려 보는 거야. 그럼 쉼 없이 움직이고 있는 신비로운 세상을 발견하게 될 테니까. 참고로 거기에 쓸데없는 생각과 감정과 고민들을 끌어들여선 안 돼.

오직 지금 이 순간에 존재해봐. 그때 너는 생각이 끊어진 새로운 상태를 체험하게 될 꺼야. 온전한 '존재'로서 존재하게 되는 거지. 매 순간 일어나는 상황을 아무런 분별없이 그저 완벽하게 알아차리는 것이 현실창조자의 존재 상태에 머무는 유일한 방법이야.

생각과 판단, 정보가 끊어진 지점에는 어떠한 과거도, 어떠한 미래도 존재하지 않아. 오직 시시각각 변해가는 현재에 대한 관찰만이 있을 뿐이지. 그리고 우리는 늘 변화하는 현재만을 인식하며 현재에 존재하면 돼. 영원한 제로 포인트에 존재하는 거야. 과거도, 미래도 아닌 현재. 시공간을 넘어선 초월적 공간에 머무르게 되는 거지. 그곳에서 우리는 진정한 '나'를 만나고, 이번 삶의 진정한 목적과 길을 찾게 되는 거야.

인도의 명상가 오쇼는 누구나 삶을 명상적으로 살 수 있다고 말했어. 맞아. 우리는 삶의 모든 순간에 집중하고, 삶을 온전히 경험하기로 '선택'할 수 있어. 그것은 오직 '선택'의 문제야. 결코 거창한 훈련을 받은 사람에게만 가능한 일이 아니지. 지금 이 순간 네가 하고 있는 일을 온전히 알아차리고, 그 알아차림을 유지하겠다는 '선택'만 하면 돼. 그러면 삶의 모든 순간을 명상으로서 즐길 수 있게 되고, 네가 진정으로 하고 싶은 일과 삶의 의미도 자연스럽게 발견하게 되지.

우리는 이미 답을 가진 채로 이 세상에 태어났어. 우리가 온전한 존재로서 살아갈 때, 우주의 흐름은 우리의 진정한 바람과 합치하게 돼. 자연의 모든 현상이 순리대로 일어나듯이, 모든 일이 우리가 원하는 대로 자연스럽게 풀려나가기 시작하지. 우리의 바람이 더 이상 순리를 거스르지 않기 때문이야. 비로소 자연의 흐름에 어울려들어 그 속의 한 존재로서 살아가게 되는 거야.

매 순간 온전히 살아 있는 존재로서의 삶을 선택한 순간, 우리는 이 삶

속의 모든 순간을 즐길 수 있게 돼. 기쁠 때 웃을 수 있고, 슬플 때 슬퍼할 수 있게 되고, 화날 때 화낼 수 있으며, 감사할 때 감사할 수 있게 되고. 어떠한 과거의 기억이나 정보도 존재하지 않고, 오로지 현재의 담백한 느낌만이 존재하지. 생각만 해도 깔끔하고 깨끗한 느낌이 들지 않니? 이게 바로 순수의 상태거든. 아무런 정보도 덧씌워지지 않은 갓난아이의 순수한 미소를 되찾은 상태. 그리고 우리는 그 사실마저도 놓치지 않고 알아차릴 수 있게 될 거야.

비우고 비워서 제로의 존재 상태로 살라.
그것이 진정한 창조자로 깨어나는 길이다.

아마도 이 글이 너에게 남기는 마지막 글이 될 거 같아.

여태까지 네가 쉽게 이해할 수 있도록 할 수 있는 한 최대한 자세히 내가 경험한 것에 대해서 이야기해봤어. 나머진 너의 몫인 것 같아.

아무쪼록 너에게도 현실창조의 온전한 의미를 깨닫는 날이 하루빨리 찾아오길 바래. 만약 내가 이야기했던 것 중에 하나만이라도 제대로 깨닫게 된다면, 나를 다시 찾아와도 좋아.

이만 줄일게. 안녕.

P.S. 내가 좋아하는 시인데, 너에게 꼭 읊어주고 싶었어.

<사랑하라, 한 번도 상처받지 않은 것처럼>

— 알프레드 D. 수자

사랑하라, 한 번도 상처받지 않은 것처럼.

춤추라, 아무도 보고 있지 않는 것처럼.

사랑하라, 한 번도 상처받지 않은 것처럼.

노래하라, 아무도 듣고 있지 않는 것처럼.

일하라, 돈이 필요하지 않은 것처럼.

살라, 오늘이 마지막 날인 것처럼.

싱잉볼 제로 명상

싱잉볼을 이용하여 제로상태에 머무는 것을 연습해 볼 수 있다. 제로 상태는 생각이 끊어진 텅 비어 있는 상태이다. 싱잉볼의 진동이 끝난 지점은 모든 것이 멈춘 절대적인 제로 포인트로, 이 간단한 명상법을 이용해 제로 명상을 연습해 보자.

1. 적당한 사이즈의 싱잉볼을 손에 든다.
2. 싱잉볼은 스틱을 이용해서 친다.
3. 싱잉볼의 소리가 언제 끝나는지를 집중해 본다.
4. 싱잉볼의 소리가 끝난 지점(제로포인트)을 발견했다면, 그 멈춤의 순간에 10초 정도 머물러 본다.
5. 계속 반복해서 싱잉볼을 울리며 끝나는 지점을 찾아보고, 멈춤의 순간의 시간이 길어지도록 해보자. (10초, 20초, 30초..)
6. 이 절대적인 침묵의 시간에 오랫동안 머무는 훈련이 된다면, 당신은 싱잉볼 소리 하나만으로도 언제든지 제로상태에 접속할 수 있게 된다.

싱잉볼이 없는 분들은 젠힐링샵을 통해서 구입 가능하다.
www.zenhealingshop.co.kr

펜듈럼 제로 명상

펜듈럼은 마음을 비우는 연습을 하기에 매우 좋은 도구 이다. 나의 의념이 흐르는 곳으로 펜듈럼은 흔들리기 때문이다. 펜듈럼에게 질문을 할 때 반드시 마음을 비우는 제로세팅을 전제로 하기 때문에, 펜듈럼 활용은 훌륭한 제로 명상이 된다.

1. 펜듈럼을 손에 든다. 이때 팔꿈치를 바닥에지지 한 체 흔들리지 않도록 유지한다.

2. 먼저, 의념을 이용하여 펜듈럼을 움직이는 연습을 해본다. 마음 속으로 펜듈럼이 세로로 움직이라고 생각해보자. 손을 흔들지 말 고 생각만으로 펜듈럼이 세로로 흔들리는 것을 경험해 보자.

3. 마음속으로 펜듈럼이 가로로 움직이라고 생각해보자. 손을 흔 들지 말고 생각만으로 펜듈럼이 가로로 흔들리는 것을 경험해 보자.

4. 내가 생각하는 방향으로 펜듈럼이 움직이기 시작하면, 원하는 방 향을 마음속으로 생각해 본 후 펜듈럼이 움직이는 것을 확인해 보자. (빙글빙글 돌기, 대각선으로 움직이기 등)

5. 펜듈럼은 나의 의지대로 움직이게 되었다! 이제는 방향성에 대한 규칙을 정해보자. 질문에 대한 대답이 맞다면 세로로, 틀리다면 가로로 움직이라고 마음속으로 규칙을 선언하자. 이 행위를 '프 로그래밍'이라고 한다. 내가 정한 규칙대로 펜듈럼은 이제 움직 이게 된 것이다.

6. 이제 명상을 하기 위해 카드를 준비해 보자. 카드 중 한 장을 모양이 보이지 않도록 뒷면이 보이게 뽑자. 그리고 펜듈럼에게 질문을 해보자. 그 카드의 색은 검정색일까? 대답은 예/ 혹은 아니오일 것이다. 펜듈럼은 둘 중 한 방향으로 움직이기 시작하게 될 것이다.

7. 이때부터가 중요하다. 펜듈럼은 나의 생각대로 움직이게 되어있다. 내가 검정색이라 생각하는 마음이 강하면 세로로 움직일 것이며, 빨간색이란 생각이 강하면 가로로 움직일 것이다. 그것은 미묘한 나의 생각에 의해 움직이게 되는 것이다.

8. 가만히 펜듈럼을 바라보면서 의식을 제로로 세팅한다. '나는 모른다'라는 마음으로 모든 대답에 대한 생각을 비운다. 펜듈럼에게 질문을 하는데 목적을 두기 보다는 내 마음이 고요해 지는 것을 더 연습해 보자.

9. 의식이 제로상태가 되었다고 느껴지면 그때 펜듈럼에게 질문을 해보자.

10. 결과를 잘 맞추는 것은, 얼마나 내가 제로상태를 유지하느냐에 따라 달려있다. 반복해서 이 훈련을 해보면, 제로상태에 쉽게 머물 수 있게 된다.

펜듈럼이 없는 분들은 젠힐링샵을 통해서 구입 가능하다.
www.zenhealingshop.co.kr

강길전, 홍달수(2007),《양자의학》, 월간환경농업 刊.

김성규(1995),《아인슈타인이 깨달은 윤회의 법칙》, 큰산 刊.

김수웅(2009),《제5의 힘》, 울림사 刊.

묘원(2006),《12연기와 위빠사나》. 행복한숲 刊.

문인수(2009), <대학생의 스트레스 대처방식과 우울이 음주행동에 미치는 영향>, 건양대 대학원 석사학위 논문.

박영숙(2006), <마음챙김에 기반한 스트레스 완화(MBSR) 응용 프로그램이 심리적 건강에 미치는 효과 — 상태불안, 사회심리적 건강, 스트레스 대처방식을 중심으로>, 서울불교대학원대학교 석사학위 논문.

박상욱(2009), <老子에서 본 無爲自然의 教育思想>, 강릉원주대학교 교육대학원 석사학위 논문.

박석(1998),《(박석 교수의) 명상체험여행》, 모색 刊.

백지연(2004), <상담 및 심리치료와 위빠사나 명상에서의 알아차림에 관한 연구>, 서울불교대학원대학교 석사학위 논문.

신현균(1998), <신체화 집단의 신체감각에 대한 해석, 추론 및 기억 편향>, 서울대학교 박사학위 논문.

안상섭(2007), <한국형 마음챙김 명상에 기반한 스트레스 감소 프로그램이 만성통증에 미치는 효과>, 영남대학교 대학원 박사학위 논문.

유양수(2008),《과학으로 바라본 수맥과 건강》, 비전출판사 刊.

이경민(2005), <'무위' 개념을 통해 표현된 바람이미지에 관한 연구 : 'Doing Noting' 전을 중심으로>, 상명대학교 예술디자인대학원 석사학위 논문.

이기섭(2009), <파동이론에 근거한 기의 이동, 전달 System 연구>, 원광대 동양학대학원 석사학위 논문.

이경숙(2003), 《마음의 여행》, 정신세계사 刊.

이성권(2007), 《정통 氣 치유법 손빛치유》, 건강다이제스트 刊.

이승헌(2011), 《뇌호흡》, 한문화 刊.

이윤철(2009), 《자연치유와 양자의학(2)》, 아트하우스 刊.

이종문(2004), <의료기관 종사자의 대체의학 이용양상 및 인식에 관한 조사 연구>, 대전대학교 보건스포츠대학원 대체의학과 석사학위 논문.

이준석, 양병환, 오동열, 김기성(2006), <주요우울증에서 우울과 불안 증상의 심각도에 따른 뇌파 A1, A2, percent 비대칭 지표들의 특성 연구>.

임은(1999), 《한의학과 유교문화의 만남》(문제곤 역), 예문서원 刊.

이태선(2008), <마음챙김 명상이 여고생의 근골격계 통증경감에 미치는 효과>, 덕성여자대학교 대학원 석사학위 논문.

정은희(2011), <마음챙김 명상이 암 환자들의 통증과 불안에 미치는 효과>, 충북대학교 대학원 심리학과 임상심리전공 석사학위 논문.

재인용(1998), <은하우주도 창조한 진공의 정체>, 월간과학 뉴튼, 계몽사 刊.

장현갑(2009), 《마음 vs. 뇌》, 불광 刊.

최범석(2009), 《심상치료의 이론과 실제》, 시그마플러스 刊.

편집부(2009), 《천지인》, 한문화 刊.

하미정(2008), <MBSR 프로그램이 주부의 심리적 안녕감에 미치는 효과>, 창원대학교 대학원 석사학위 논문.

Assaraf, John, Smith, Murray(2008). The Answer / 《해답》(이경식 옮김), 랜덤하우스코리아 刊.

Begley, Sharon(2007). Train Your Mind, Change Your Brain / 《달라이라마, 마음이 뇌에게 묻다》(이성동 외 1명 옮김), 북섬 刊.

Blanchard, E. B.(1996). Stresses in modern life and coping strategies. In Korean psychological Association, Mind, Machine, & Environment. Seoul: Hakmun Publishing.

Boorstein. Seymour(2001), 《자아초월적 정신치료 임상사례집》(정성덕, Luke C. Kim 옮김), 도서출판 서조 刊.

Brian R. Greene(1999). The Elegant Universe / 《엘러건트 유니버스》(박병철 옮김), 승산 刊.

Bruce W. Scotton, Allan B. Chinen, John R. battista(1996). Textbook of Transpersonal Psychiatry and Psychology / 《자아초월 심리학과 정신의학》(김명권, 박성현, 권경희, 김준형, 백지연, 이재갑, 주혜명, 홍혜경 공역), 학지사 刊.

Chris Mace(2008). Mindfulness and Mental Health / 《마음챙김과 정신건강 치료, 이론과 과학》(안희영 옮김), 학지사 刊.

Christopher K. Germer, Ronald D. Siegel, Paul R. Fullton(2005). Mindfulness and Psychotherapy / 《마음챙김과 심리치료》(김재성 옮김), 무수 刊.

Deatherage, G(1975). The Clinical Use of Mindfulness Meditation Techniques in Short-term Psychotherapy. Journal of Transpersonal Psychology. 7(2), 133-143.

Deikman, A. J(2002). The Observing Self-Mysticism and Psychotherapy. Beacon Press: Boston.

Dunn, B., Hartigan, J. and Mikulas, W(1999). Concentration and Mindfulness Meditation: Unique Forms of Consciousness? Applied Psychophysiology and Biofeedback, 24, 147-165

Ervin Laszlo(2006). Science and the Reenchantment of the Cosmos / 《과학, 우주에 마법을 걸다》(변경옥 옮김), 생각의 나무 刊.

Frawley, David(1997). Ayurveda and the Mind: The Healing of Consciousness / 《아유르베다와 마음》(정미숙 옮김), 슈리크리슈나다스아쉬람 刊.

Goldstein, J.(1987). 《통찰의 체험》(현음, 이금주 옮김), 도서출판 한길 刊.

Hanh, T. N.(1976). The Miracle of Mindfulness, Boston: Beacon Press.

Herbert Benson, M.D. & William peoctor(1994). Beyond the Relaxation Response / 《과학 명상법》(장현갑, 장주영, 김대곤 옮김), 학지사 刊.

Hendler, N.(1984). Depression Caused by Chronic Pain. Journal of Clinical Psychiatry, 45, 30-36.

James Oschman(2003). Energy Medicine in Therapeutics and Human Performance / 《에너지 의학》(김영설 옮김), 군자출판사 刊.

Joan Borysenko, Ph. D & Miroslav Borysenko, Ph. D(1994). The Power of the Mind to Heal / 《마음이 지닌 치유의 힘》 (장현갑, 추선희, 김종성 옮김), 학지사 刊.

Jon Kabat-Zinn(2005). Healing Ourselves and the World through Mindfulness, New York : Hyperion p.35.

Nyanaponika Thera(1962). 《불교 선수행의 핵심》(송위지 옮김), 시공사 刊.

Matthew Flickstein(1998). Journey to the Center / 《명상심리치료입문》(고형일 외 4인 옮김), 학지사 刊.

Pilowsky. I., Champman. C. R., & Bonica, J. J.(1977). Pain, Depression and Illness Behaviour in Pain Clinic Population. Pain, 4, 183~192.

Paul Davies(1984). God and the New Physics / 《현대물리학이 발견한 창조주》(류시화 옮김), 정신세계사 刊.

Roger Penrose 외 8인(2007), 《Newton Highlight: 0과 무한의 과학》, (주)뉴턴코리아 刊.

Romano, J. M., & Turner, J. A.(1985). Chronic Pain and Depression: Does the Evidence Support a Relationship / Psychological Bulletin, 97, 18~34.

Sayadaw U Janakabhivamsa(1992). Vipassana meditation : Lectures on Insight Meditation / 《위빠사나 수행: 통찰 수행에 대한 가르침》(정원 옮김), 경서원 刊.

Simon Baker(2008). Ancient Rome / 《로마의 역사》(김병화 옮김), 웅진지식하우스 刊.

Serge king(1985). Mastering Your Hidden Self / 《후나웨이》(박인재 옮김), 침묵의 향기 刊.

Sternbach, R. A.(1974). Pain Patients: Traits and Treatment. New York: Raven Press.

Sherwin B. Nuland(2002). The Wisdom of the Body: Discovering the Human Spirit / 《몸의 지혜》(김학현 옮김), 사이언스북스 刊.

Talbot(1992). Holographic Universe / 《홀로그램 우주》(이균형 옮김), 정신세계사 刊.

Lazarus, R. S., & Folkman, S.(1984). Stress, Appraisal, and Coping. New York: Springer.

Nyanaponika T. (1972). The Power of Mindfulness. San Fransisco: Unity press.

Takeuchi Kaoru(2006). Zukai nyumon yoku wakaru saishin ryoshi-ron no kihon to shikumi / 《한권으로 충분한 양자론》(김재호,이문숙 옮김), 전나무숲 刊.

Teasdale, J., Segal, Z., & Williams, J.(1995). How Does Cognitive Therapy Prevent Depressive Relapse and Why Should Attentional Control (Mindfulness) Training Help? Behaviour Research and Therapy, 33, 25-39.

Washburn. Miche. C(1978). Observations Relevant to a Unified Theory of Meditation. Journal of Transpersonal Psychology, 1(10), 45-65.

Watson, G(2002). The Resonance of Emptiness. Routledge Curzon.

Wall, P. D., & Jones., M.(1991). Defeating Pain. New York: Plenum press.

Ward, N. G., Bloom, V. L., Dworkin, S., Fawcett, J., Narasimhachari, N., & Friedel, R. O. (1982). Psychobiological Markers in Coexisting Pain Depression: Toward a Unified Theory. Journal of Clinical Psychiatry, 43, 32~39.

다니구치 마사하루, 《생명의 실상 1권》(김해룡 옮김), 한국교문사 刊.

마하시 사야도, 《위빠사나 명상의 기초》

시치다 마코토, 《초 우뇌 혁명》

시치다 마코토, 《지능과 창조의 직감력 개발》

오까다 가즈요시, 《반야심경과 생명의학》(장순용 옮김), 고려원 刊.